〈심령 카툰〉은 저자 '오차원'의 실화입니다

보이지 않는 영과 혼의 세계를 찾아가는 카툰 라이프

Mysterious Cartoon

심령 카툰

〈심령 카툰〉은 인터넷 언론매체인 〈오마이뉴스〉에 연재된 웹툰을 내용 및 그림칸마다의 보완 수정을 거쳐 새롭게 책으로 묶어낸 것입니다.

보이지 않는 영과 혼의 세계를 찾아가는 카툰 라이프

심령 카툰

2010년 7월 18일 초판 1쇄 찍음
2010년 7월 28일 초판 1쇄 펴냄

글·그림   오차원
펴낸이   박종일
책임교정   임현옥

디자인   닮은엔터프라이즈(주) 02-3143-2851
제 작   창영프로세스(주)

펴낸곳   도서출판 펜타그램
등 록   2004년 11월 10일 (제313-2004-000259호)
주 소   서울시 마포구 서교동 463-28 공암빌딩 4층
전 화   02-322-4124
팩 스   02-3143-2854
이메일   cleanep@chollian.net

Copyright ⓒ 오차원, 2010
ISBN 978-89-956513-6-0 03180

보이지 않는 영과 혼의 세계를 찾아가는 카툰 라이프

Mysterious Cartoon

심령 카툰

글/그림 **오차원**

도서출판
펜타그램

Contents

한 만화가의 영적인 여행
공포에서 아름다운 신비로

●● 〈심령 카툰〉은 원래 웹툰의 형태로 연재되었던 작품이다. 하지만 〈심령 카툰〉은 대규모 포털의 인기 웹툰들이 화려하게 주목 받는 것과는 달리 이 만화의 독특한 개성에 대한 공감을 중심으로 마니아층이 형성되어온 작품이라고 할 수 있다. 물론 네이버나 다음의 연재 웹툰 중에도 귀신이나 환상을 소재로 다룬 작품이 있으며 그 중엔 심령 체험을 소재로 다룬 것도 있다. 그러나 대형 포털들의 입장이 당연히 그러하듯이, 이들 웹툰들은 심령 체험을 인기를 끌 만한 흥미로운 소재로만 다룰 뿐 이 분야의 사례들을 정면으로 탐구하는 일은 결코 없다. 심령 체험은 만약 그것이 제대로 진지하게 다루어진다면 논란의 여지가 많은 소재이며 즐거움과 위로를 주기보다는 무겁고 어두운 정서를 전달할 수도 있기 때문이다. 이런 이유로 대형 포털의 심령 소재 작품들은 코미디물이거나 기존 공포물의 장르 공식을 충실히 따르는 전형적인 작품들이다.

●● 〈심령 카툰〉은 바로 이 심령 체험이라는 소재에 정면으로 접근하는 시도를 보여준 아마도 첫 웹툰 작품으로 기억될 것이다. 이 작품의 기둥은 작가 자신의 심령 체험을 진실하고 과장 없는 목소리로 전하는 것을 중심으로 이루어져 있다. 그래서 이 작품의 가장 두드러지는 매력은 우리의 상식으로 받아들이기 어려운 심령 체험의 세계가 상당히 구체적인 작가의 사례들을 통해 소개되고 있다는 것이다. 작가의 목소리는 결코 자신의 심령 체험을 과장하거나 독자에게 믿으라고 강요하지 않는다. 재미있는 이야기를 만들기 위한 허풍 따위도 전혀 보이지 않는다. 오히려 이야기의 곳곳에서 발견할 수 있는 것은 이러한 특이 체험이 작가 자신에게도 얼마나 믿기 어려운 것이었으며 한편 고통스러운 것이었는가에 대한 보고이다. 이렇게 진실한 작가의 태도가 이 만화의 여성적이고 섬세하지만 귀기 어린 그림체와 함께 전달될 때 이 만화를 읽는 우리는 우리의 상식을 조금

은 흔들어보고 싶을 만큼의 공감을 느끼게 된다. 화가 파울 클레(Paul Klee)는 '그림은 보이지 않는 것을 보이게 한다' 는 말을 통해 예술 작품이 우리에게 가지는 의미를 설명하였다. 예술의 깊은 의미를 만화에서도 찾는 것이 적절하다면 〈심령 카툰〉은 더욱 예사롭게 보이지 않는다. 우리가 일상의 눈으로 볼 수 없는 심령의 세계와 영적 존재들을 〈심령 카툰〉은 그림으로 보게 해주고 간접 체험하게 해주기 때문이다.

●● 작가는 〈심령 카툰〉을 통해 물론 심령 체험들을 전달하고 있지만 그와 동시에 생활인으로서 그녀의 모습들도 조금씩이나마 보여주고 있다. 이 만화의 이야기들은 어린 시절의 기억, 가족, 이사, 운전, 직업, 반려동식물 등등을 등장시킨다. 이 모든 자잘한 소재들은 또한 기쁨과 어려움이 교차하는 에피소드들을 담고 있고 이것들은 다시 심령 체험과 얽혀 있다. 이렇게 조금씩 등장하는 세부들의 묘사는 비슷한 시대를 살아가는 비슷한 경험을 갖고 있는 우리들을 조용히 공감으로 이끌고 있다. 특히 앞부분에서 어두운 어린 시절의 이야기를 많이 다루다가 뒤로 갈수록 신비주의 중심으로 이야기가 펼쳐지는데, 이렇게 나름대로 정신의 세계와 일상을 성숙하게 조화시키는 작가의 성장을 보여주는 점도 흥미롭다. 작가의 성장은 우주의 아름다움에 감탄하는 것과 동식물 등 자연과 사랑으로 교감하는 것, 신비한 비밀들에 대해 겸손한 태도를 가지는 것, 밝고 따뜻한 보이지 않는 보호의 힘들을 신뢰하는 것으로 나아간다. 하지만 이러한 작가의 영적인 여정은 처음부터 설득력을 가지고 우리에게 선뜻 다가설 수 있는 것은 아닐 수도 있다.

●● 이런 경우를 생각해 보자. 만약 실없는 농담을 전혀 할 것 같지 않은 정직하고 진지해 보이는 사람이, 그것도 가까운 친구가 정색을 하고 꽤 긴 귀신 이야기를 들려준다면 우리는 어떻게 반응을 해야 할까? 무시하는 태도로 거부해야 할까 아니면 한번쯤은 귀를 기울여야 할까? 심령 체험에 대한 우리의 반응은 아마도 모순된 두 가지의 태도를 함께 포함할 것이다. 우선 표면적으로는 우리의 일상적인 상식을 위반하고 흔드는 이들 기괴한 이야기를 거부하는 태도일 것이다. 그리고 동시에 이 기이한 이야기에 어쩔 수 없이 호기심을 느끼며 매료되는 태도가 또 다른 한편에 숨어 있을 것이다. 마치 길티 플레저(Guilty Pleasure) 라고 불리는 은밀한 욕망처럼 우리는 이러한 이야기들에 대한 끈질긴 요구를 가지고 있다. 아마도 이러한 요구의 뿌리는 우리가 가진 지식과 인식이 우리 삶의 유한성 너머 즉 죽음 너머의 세계에 대해서 우리가 아무것도 알지 못한다는 가장 오래된 실존의 문제에 기인할 것이다.

●● 어쩌면 우리는 우리가 알지 못하는 것들에 대한 답은 우리가 기대하지 못한 방식으로 그 모습을 드러낼 것이라고 기대하는지도 모른다. 이처럼 우리가 죽음과 사후 세계에 대해 아무것도 모르는 만큼 그 미지의 세계가 어떤 방식으로든지 우리의 일상에 영향을 끼친다고 주장하는 사례들은 우리들의 마음을 유혹한다. 심령의 세계와 사후 세계에 관한 지식과 체험담들은 이와 같이 인간의 실존에 대한 뿌리 깊은

성찰과 이어지는 그 무엇이다. 그래서 이러한 소재는 종교의 영역에만 머무는 것은 아니다. 이러한 세계와 종교의 세계의 연관은 당연시할 만한 것이지만 종교의 영향이 이미 흐려지기 시작한 근대 이후에도 주목할 만한 사례가 있다. 그것은 이제는 특정 교파의 창시자로 그리고 사후 체험담으로 우리에게 알려진 에마누엘 스베덴보리(Emanuel Swedenborg)의 경우이다. 그는 그의 모든 방대한 저서를 라틴어로 쓸 만큼 당대의 뛰어난 지식인이었다. 이러한 스베덴보리의 위상은 칸트로 하여금 그의 철학서에서 스베덴보리의 사후 체험 사례를 언급하게 하였다. 또한 우리의 동시대에서는 통찰력 있는 문화 비평 저술가로 유명한 〈아웃사이더〉의 저자 콜린 윌슨(Colin Henry Wilson)의 경우도 있다. 콜린 윌슨은 심령 현상 사례의 수집과 연구에 몰두하고 사후 체험, 최면술, 신비 현상에 대한 책을 출간하였으며 그 중 일부는 한국어로도 번역되어 있다. 한편 기독교적인 배경의 강한 영향 아래서 쓰여진 것이지만 〈아직도 가야 할 길〉을 쓴 정신 상담 의사 스캇 펙(M. Scott Peck)도 재미있는 사례이다. 그는 귀신 들림의 사례들을 폭넓게 조사하고 연구하여 그의 저서 〈거짓의 사람들〉의 일부에서 소개하고 있다. 이와 같이 심령 현상은 단지 납량 특집의 싸구려 흥밋거리에만 머무는 것이 아니다. 여러 시대에 여러 분야에서 여러 문화권에서 심령 현상은 진리 추구자들의 진지한 탐구의 대상이었던 것이다. 그러므로 심령 현상은 만화와 같이 정보를 입체적으로 전달하면서도 대중적인 파급력이 높은 매체가 한 번쯤은 도전해볼 만한 세계인 것이다. 이런 의미에서 〈심령 카툰〉은 반가운 작품이다.

●● 〈심령 카툰〉은 전체적으로 볼 때 각성과 극복의 드라마이기도 하다. 물론 〈심령 카툰〉의 한 편 한 편들이 각각의 심령 체험 사례에 대한 소개로 이루어져 있긴 하지만 말이다. 〈심령 카툰〉의 이야기의 큰 흐름은 과거의 어린 시절에서 현재의 상황으로 진행된다. 작가는 이 과정에서 자신이 겪은 심령 체험을 나름대로 이해하려 노력하면서 일부는 받아들이고 일부는 물리치면서 이 힘들고 외로운 경험을 어떻게 적응하고 극복하는지 보여주고 있다. 작가는 오컬트 혹은 심령학이라고 불리는 분야의 지식들을 조금씩 습득하면서 자신의 현상들을 이해하기 시작한다. 물론 이러한 해결의 방향은 심령 체험 자체만큼이나 많은 논쟁의 요소를 가지고 있다. 비일상적인 체험을 그 과학성이 의심스러운 방법으로 극복하는 경우인 것이다. 그러나 심령 체험은 그 자체가 주류의 시스템들이 이해하고 지지하고 받아들이는 내용이 아니므로 여러 문제들에도 불구하고 이에 대한 이해와 소화의 실마리들도 비주류의 지식 속에 흩어져 있는 것일지 모른다. 작가를 따라 이러한 신비의 지식의 단편들을 접하는 것도 〈심령 카툰〉의 매력 중 하나이다.

〈심령 카툰〉의 내용은 회를 거듭할수록 작가의 심령학에 대한 소개가 자세하고 적극적으로 이루어지고 있다. 작가가 받아들이고 소화하는 심령학은 다행히 미망과 집착의 어리석은 믿음들을 잘 비껴가고 있는 것으로 보인다. 물론 이런 걱정이나 비판을 함부로 할 일은 아니다. 우리는 얼마나 자주 흔히들 건전하다고 이야기되는 주류 종교에서도 오히려 인간 정신의 집단적인 퇴행을 접하게 되는가? 〈심령 카툰〉의 초기 이야기에서 어둡고 힘든 경험을 많이 보여주던 작가는 신비학과 접하면서 자신의 경험을 어느 정도 객관적으로 바라보려고 하고 나름의 신비주의적 세계관 안에서 체계적인 이해를 도모하기도 한다. 그녀의 꿈과 우주의 신비와 지구의 미래에 대한 비전이 묶여지는 과정은 작가가 건강해지고 사랑을 나누어 주는 사람으로 자라가는 모습을 보여준다. 작품 속에서 나타난 그녀의 모습은 신념을 가진 사람들이 흔히 빠지는 독선의 함정을 피해 겸손과 조심스러움을 여전히 유지하는 것 같아 더욱 보기에 좋다.

●● 〈심령 카툰〉의 그림체는 이러한 신선한 소재들과 연결되어 더욱 의미심장하게 보인다. 이 작품의 그림체는 자칫 어울리지 않을 수 있는 두 세계의 충돌을 보여주는 것처럼 보인다. 한편으로는 곱고 여성적인 선의 일러스트이면서 다른 한편으로는 섬뜩한 ― 귀신과 망령의 모습이 무섭도록 실감나게 그려져 있다. 그 박진감 있는 공포스런 이미지의 묘사는 작가가 이런 형상을 직접 보고 경악했겠구나 싶은 생각이 절로 들게 해준다. 〈심령 카툰〉 전체의 시리즈를 통해서 전자의 고운 그림들은 화면 전체에서 작고 약하게 조연처럼 표현되는 경우가 많다. 심지어 이야기의 주인공인 작가 자신의 캐릭터도 이런 경우에는 작게 그려지는 경우가 대부분이다. 그러나 귀신과 심령 현상을 보여주는 컷은 상당히 강렬하고 크게 그려진다. 그리고 비록 비율이 작은 편이긴 하나 심령 현상의 아름답고 평화로운 그리고 매혹적인 요소를 표현할 때도 또한 큰 영역을 할애하고 있다. 이러한 안배의 연출은 평범한 일상의 모습은 한없이 여리고 부수적으로만 의미가 있는 것으로 보이게 하고 심령의 세계가 모든 것의 중심에 있는 인상을 받게 한다. 이러한 전복적인 세계관의 전달은 이 작품을 독특하게 하는 또 다른 면이다.

●● 한편으로는 일본 만화의 영향 하에서 그리고 한편으로는 독자적인 노력을 통해 자기 세계를 찾아가고 있는 한국 만화는 근래에 웹을 통해서 새로운 연출법과 소재를 찾아가고 있다. 그러나 한국 만화의 새로운 희망으로 대두되었던 웹툰도 문제점들을 보이기 시작했다. 대부분의 웹툰이 대형 포털들의 조회 수 끌기 경쟁의 흐름에 맞추어 색깔을 만들어 가는 것 같아서 안타

까운 점이 보이기 시작한 것이다. 우리가 기대했던 웹은 다양성이 공존하고 우리의 정신의 새로운 영역을 발견하는 소통의 장이 되는 것이 아니었던가? 그러나 현실은 늘 이상에 비해 실망스럽다. 이런 점에서도 또한 〈심령 카툰〉은 의미 있는 작품이다. 이 작품은 한국 만화의 새로운 소재와 표현 기법의 확장이라는 면에서 일정 정도의 성취를 이루었고 신비학이라는 특이한 지식의 분야에 대한 차분한 소통의 말 걸기를 조심스럽게 시작하고 있다는 점에서도 주목할 만하다. 이 작품의 비주류적이고 마니아적인 소재의 선택은 웹이라는 공간을 활용했기에 적절한 독자들에게 효과적으로 전달될 수 있었을 것이다. 또한 이 작품이 다루는 신비주의적인 지식들은 웹이라는 공간을 통해서 서로 교류하고 섞이고 종합이 되어가는 것으로 보이기도 한다. 오컬트가 기 수련이나 풍수와 만나고 이것이 특정 종교에서 파생된 신비주의와 만나는 식이다. 이전에는 특정 지역이나 인연을 통해서만 전달되던 이런 지식들이 이제는 웹에서 일종의 쇼핑 품목처럼 선택되는 경향이 있다. 〈심령 카툰〉의 신비학의 지식은 계보를 뛰어넘어 자유롭게 인용된다. 웹이 그런 것처럼 만화도 또한 지식들의 잡종 교배가 일어날 수 있는 흥미로운 장이 되고 있는 것이다. 〈심령 카툰〉은 이런 다른 종류의 지식들에 대해서 작가의 체험을 중심으로 실감 있는 설명과 소개를 해주고 있다. 이들 심령학 지식은 분명 주류의 학문 체계가 받아들이는 내용은 아니다. 그러나 만화라는 예술 작품을 통해서 전달되는 이 내용은, 한 사람이 자신의 삶의 무게를 극복하고 그 여정을 아름답게 가꾸는 일에 그것이 어떻게 영향을 미쳤는가에 더 주목하게 해준다. 우리는 아직 알려지지 않은 더욱 많은 방식으로 우리들 자신을 치유하고 더 행복해지는 방법을 찾게 될지도 모른다는 예감을 〈심령 카툰〉은 전해준다. 우리는 여전히 더 많은 다양성과 풍부함을 필요로 한다. 특히 문화의 생산물에서 말이다.

● ● **서승택**
홍익대 예술학과에서 공부한 후 미국 샌프란시스코 아카데미 오브 아트 유니버시티에서 일러스트레이션으로 석사 학위를 받았다. 경희대, 성공회대 등 여러 대학에서 강의를 했으며, 지금 인하대와 청강대학교에서 만화와 애니메이션을 가르치고 있다.

어린 시절
처음 만난
긴 머리의 영혼

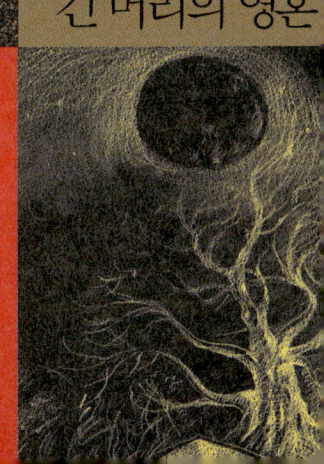

episode
01

어렸을 때… 이사 간 집은 북향에… 44평 4호의 집…

그 즈음은 어린 내가 처음으로 '무서움'이란 공포에 직면한 당시였을 것으로 기억된다.
해가 별로 들지 않는 음침한 집 구조, 을씨년스런 마루,
그때는 몰랐지만 나중에 커서 우연히 들었던 44평 4호란 불길한 숫자에
더욱 기인한 것이었을까?

북향에 겨울이면 얼음 같던 마루와 어둠침침했던 집…
서울에서 지방으로 전학 온 어느 날 밤의 경험은
아마도 영혼과의 최초의 대면이었을 것이다.

초등학교 삼사 학년 때로 기억하지만 정확하진 않다.
그날 밤! 건너방에서 동생 옆에 누워 잠을 자다가
소변 때문에 마루로 아무 생각 없이 나간 그때였다.

그 당시는 방안에 화장실이 없던 시절이었기에
요강에 걸터앉아 무념의 시각으로 무심히 앞을 보았다.
마루는 컴컴했고 별생각이 없던 나는 불을 켤 생각도 못 했었다.

그런데
일 미터 앞에 무언가가 있었다.
일 미터 앞에… 무언가가 있었다.

몇십 년이 족히 지났건만
아직도 생생히 기억나던 그 영혼의 모습…
새까만 긴 머리는 앞으로 넘어와 얼굴을 덮고 있었고
붕 떠있는 치렁한 하얀 천
무심히 들고 있던 팔과 손에 걸친 흰 옷가지
그리고 보이지 않던 발끝…

나는 순간 그대로 고개를 떨구었다.
몸이 얼어붙은 듯… 아무 행동을 할 수 없었다.

침묵이 흐르며 전율이 느껴지던 순간
그 짧은 순간…

얼어붙은 입술에선 창백한 공포만이 흘렀고
나는 그대로 일어서서
동생이 있는 방에 휘적휘적 들어가
추운 가을밤 창문도 닫을 수 없이
그대로 얼어버린 채 누워버릴 수밖에 없었다.

이불을 끌어당겨
나를 덮을 수도 없을 정도의 공포로…
나는 그저 눈을 감을 수밖엔 없었다.

그날 이후로 나는
그 집 영혼들의 표적이 되었던 것으로
기억한다.

악몽의
연속

episode
02

너무도 외로울 수밖에 없었던 시간을 기억하고 있다.
여자애라면 누구나 함께했던 단짝마저 없었던 시절이었다.
소풍조차도 두렵기만 했던 그 시절…
외톨이로 보내야 했던 사춘기.

친한 친구들이 생길 적엔
어김없이 반 편성으로 갈라지고
난 또 다시 외톨이가 되어야만 했다.

가끔은 혹시 그들(영혼)의 짓은 아니었을까
곰곰 생각할 때가 있었다.

초등학교 시절에 처음 본 망령들 때문에
내 사춘기 시절은 악몽의 연속이었고
마치 신들린 아이처럼
밤이 오는 시간을 두려워했었다.

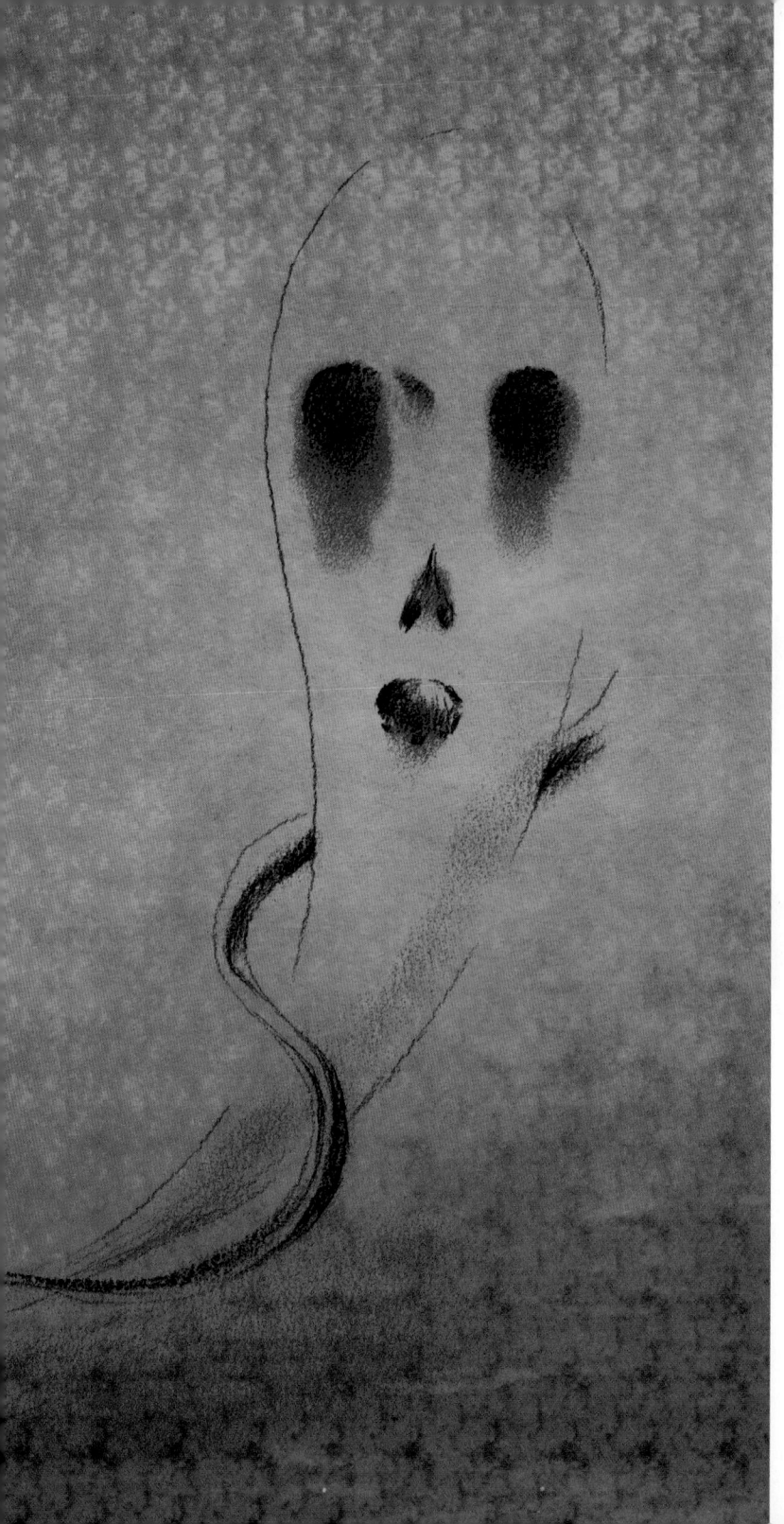

어느 책에서 우연히
보았던 글에선…

영혼의 영향력 때문에
나쁜 영의 기운이
사람의 운명을
불행하게 만들 때도
있다고 전하고 있다.

중고교 시절…
밤마다 꾸었던 꿈에서 총천연색의 귀신들은
종종 밤의 창을 통해 내 목을 조르기도 하였고
검고 긴 머리는 얼굴을 알 수 없이 흐트러져 있었으며 그들은 날아다녔고…
어느 때는 피로 물든 담으로 인도하며
나를 오래된 고가의 대문에 당도시키고 춤을 추었다.

어째서 그와 같은 장면들이 내게 선명한 것인가. 수십 년이 지났는데도…
난 붉은색이 끔찍했으며 종종 엄마가 사주는 빨간 옷은 절대로 입지 못했다.
밤마다 꾸는 악몽에서 소름끼치던 핏빛의 그림자가 다가오고 있었기 때문에…

스물한 살
여름날의
자취방에서

episode
03

대학 이학년 때였다.
아주 무더웠던 어느 여름날…
시골에 계신 엄마가 자취방으로 오셔서
즐겁게 한나절을 보내다가 푹푹 찌는 날씨에
모두 자취방의 옥상에 가서 자기로 했다.
날은 무척 더웠지만 반짝이는 별을 볼 수 있는 옥상은
조금 시원하기도 했다.
엄마와 남동생 그리고 나는 옥상에 돗자리를 깔고
시원한 밤바람을 느끼며
잠시 눈을 감고 편안하게 누워 있었다.
그때까지… 정말… 평화로운 여름밤이었다.

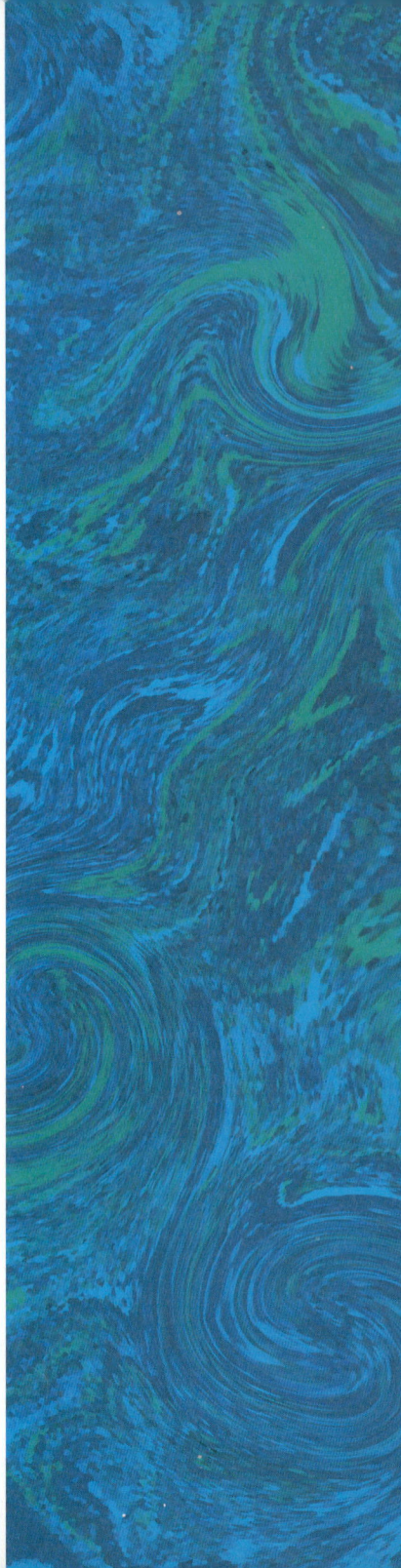

갑자기 감기가 오려는지
너무나 추운 나머지 이불 덮고
따뜻하게 자고 싶은 마음뿐이었다.
그날은 가만히 있어도
땀이 온몸에서 흐를 정도로
정말 더운 날씨였는데…

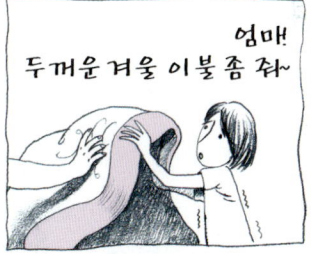

그런데… 어디선가… 한기가 느껴지고 있었다.
그 오싹한 기운 때문에
갑자기 난 오들오들 떨기 시작했다.

"엄마 …! 방으로 내려가자.
나 추워 죽겠어…"

그런데 그… 때 천장에 떠있는 시커먼 덩어리가 보였다.
옆에는 엄마와 동생이 자고 있었고 난 몹시 추위하면서
나도 모르게 천장을 무심히 바라보았다.
순간
모든 것이 정지되었다.

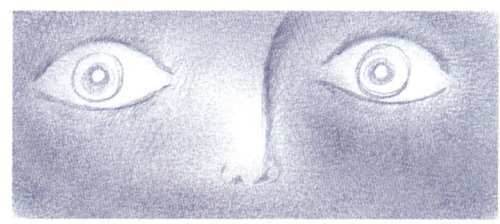

시커먼 덩어리는 안개처럼 공중에 떠있었으나
사람의 모습을 하고 있었고
내 얼굴과 마주하는 자세로
천장에서 나를 바라보고 있었다.

나의 몸은 살아 있었지만
어디 하나 움직일 수 없이 얼어 있는 상태였는데
천장에 떠있던 시커먼 덩어리는
서서히 내게 내려오기 시작했다 …
그 공포란!

"이대로… 난 죽는 것이 아닐까?"

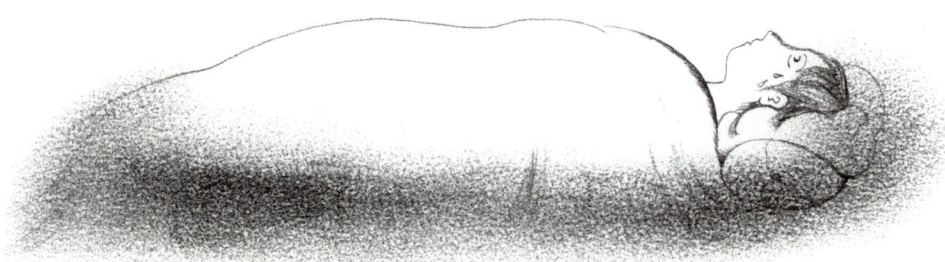

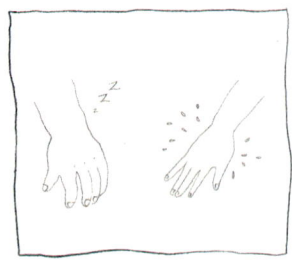

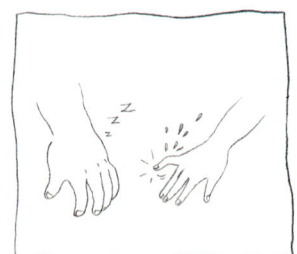

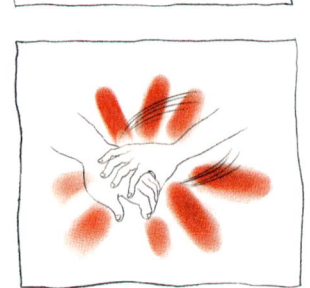

난 살고 싶었다.
이대로 죽고 싶지는 않았다.
그래서 마음속으로 하나님을 찾기 시작했다.
살려달라고 마음으로 절규하기 시작했다.

그리곤 온 힘을 다해
전혀 움직이지 못하는 나의 손가락을 움직이려고 애썼다.
바로 곁에는 엄마의 손이 있었다.
아무것도 모르시는 엄마는 편안하게 주무시고 있었는데…
엄마의 손을 잡을 수만 있다면 살 수 있을 거란 생각이 들었다.

"살아야 한다. 살고 싶다.
 귀신에게 죽고싶지 않다."

난… 필사적으로 손가락을 움직이려 애를 썼고
곧… 얼마 후에 새끼손가락이 움직였다.
순간… 동시에 엄마의 손을 꽉~ 잡았고
그와 동시에 온몸은 유령에게서 벗어날 수 있었다.
그러나… 무서운 여름밤의 체험은 여기서 끝나지 않았다.

6층
창밖에서

episode

1991년 , 어느 날 저녁…

G오피스텔에서 있었던 일이다.
신인 프리랜서 일러스트레이터로 활동할 때였는데
밤 아홉에서 열 시쯤 되던 시각이었고
한참 그림 작업에 골몰하던 중이었다.
한밤중도 아니었고 오피스텔은 도로변에 자리했기 때문에
음침하지도 않았고 오가는 사람들도 많았으며
나 역시 아주 컨디션이 괜찮던 때였다.

dglaᗡadkflglghablleu47wv.m..

그때…
갑자기 이상한 소리가 들려왔다.
여자들이 대화하는 소리였는데
파장이 울리지만 가까운 곳에서 말하는 게 느껴졌다.

구체적인 내용은 정확하지 않지만
너무도 가까이 들려서 호기심이 동하기 시작했다.
여자들은 세 명이었는데
(나도 왜 세 명이라 생각했는지 기억이 안 난다.)
아주 재잘거리며 수다스럽게 말하고 있었다.
그런데…
귀에서 느끼던 소리의 진동이 이상했는데
마치 동굴에서 듣는 것처럼 울리면서 퍼지는 소리였다.

곧 나는 소리의 출처가 궁금해졌다.
그래서 어디서 나는 소리인지 찾기 시작했다.
그 오피스텔은 방음장치가 안 되어 옆방의 소리도 잘 들렸기 때문에
벽에 귀를 대보기도 하면서 집요하게 소리의 근원지를 찾아가고 있었다.

한참을 지났을까?
나는 너무나 놀라고 말았다.
세 여자의 대화 소리는
육층 '창밖'에서 흐르고 있었던 것이다.

육층 창밖…

세 여자들은
오피스텔 육층 창밖에서
모습이 보이지 않은 채
대화를 하고 있었다.

육층 창밖은 허공일 뿐이다…
보이지 않은 채 괴이한 울림으로
대화하는 소리… 소리들…

그날…
그후의 일은
정확히 생각나지 않는다.
그러나 육층 창밖의 그들의 소리는
이후로 수많은 세월이 지났어도
내게…
잊혀지지 않는
특별한 공포로 남아 있었다.

mysterious cartoon

푸른 달빛,
깊은 새벽에
나타난
영의 눈동자

episode
05

1994년, 어느 날···

영혼의 눈동자와 마주쳤던 일은 생각만 해도 신기하다.
그때 그 오피스텔 분위기는 사무실로 아주 제격이었던 장소로
밤이면 모든 불을 끄고도 낮은 창가에 비치는 밤의 달빛이
아주 파랗게 사무실을 만들어가고 있었으며
내내 오피스텔에서 거주하던 나는 그림 작업을 하며 피곤할 때마다
소파 뒤의 침대에 가서 아주 곤하게 자던 시절이었다.
그곳에서 종종 잠에 곯아떨어지다가도 나도 모르게 무심히 눈을 뜰 때가 있었는데···
어쩌다 그럴 때면 순간 헛것을 보곤 했다.
실은 지금도 잠자다 문득··· 깨고 싶지는 않다.

그날도 평소처럼
깊은 잠을 자다가 어느 순간…

나도 모르게 문득 눈을 떴다.
그런데…

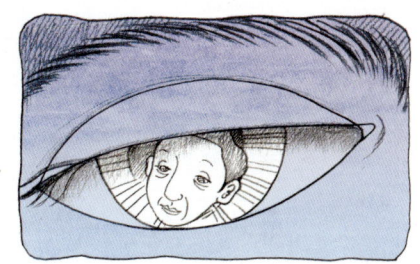

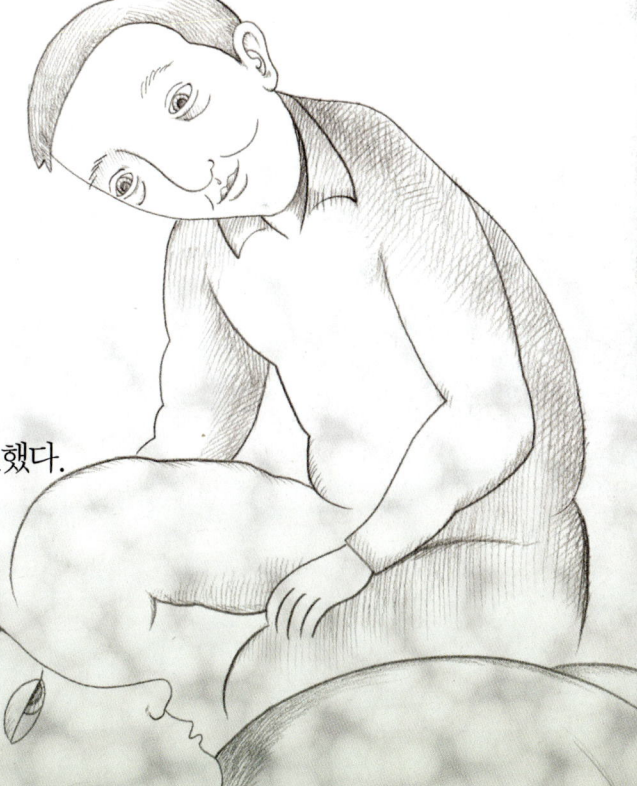

내 머리맡 베개 옆에 앉아서 나를
온화한 표정으로 쳐다보는 어느 사람을 발견했다.
아니 눈이 마주쳤다.
순간적인 일이라서 공포를 느낄 새도 없었지만
어쩜 그러한 지각마저
일순간의 시각이므로
제대로 판단할 새는 없었을 것이다.
그러기에는 너무나 졸렸다.

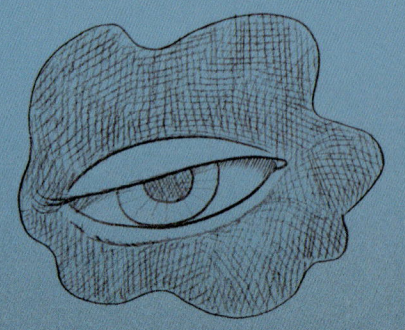

졸음으로
모든 시야가 몽롱했던
그… 몽환적인 순간…
어느 사람의 눈동자와 만나던 순간…
나는 다시 졸리운 눈을 감았고

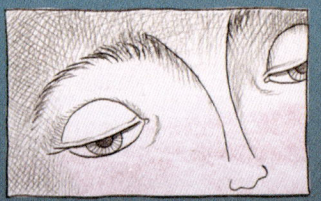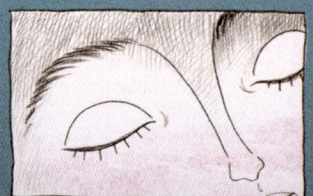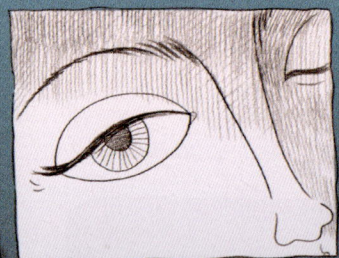

그러다 천천히 눈을 떴다.

그런데 그는 순간… 사라졌으며
나는 아무렇지 않은 듯
다시 꿈같은 잠에 떨어졌다.

다음날 아침…
나는 잠에서 깨어났다.
하품을 하며 일어나는 순간

간밤의 일이 생각났다.
너무나 깊이 잠든 지난 밤…
무슨 일이 있었던 것일까.

내 뇌리에는 갑자기 어느 사람의 모습이
선명하게 기억나기 시작했는데
눈동자…
**나와 마주친 눈동자와
순식간에 사라졌던 그 영혼의 모습이…**

많은 세월이 지났어도
밤에 나타났다 순간적으로 사라진
그 사람의 모습이
생생히 생각나는 건 왜일까?

푸른 달빛의 깊은 새벽에 나타난 영의 눈동자…
그의 모습은 마르고 온화한 표정의 나이드신 남자분이었다.
티셔츠 차림의 평상복으로 베개 옆에 앉아 있던 영혼은 누구였을까?
나는 왜 전혀 무섭지가 않았을까?

따뜻한 눈빛은
아직도 잊을 수가 없다.

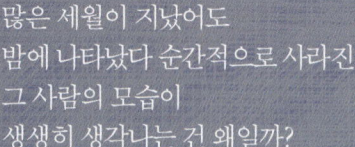

어느 날의
유체이탈

episode
06

1997년…
그 즈음은 빙의의 압박에서 벗어나려는 나의 몸부림이 아주 강하게 작용하던 때였다.
그 시절 어느 오피스텔의 어느 방안에서 나는 나를 휘감고 있는
요괴들이라 생각되는 존재들을 몰아내려고 많은 방법을 생각하고 있었다.
자주 있는 경험들은 아니었지만 잊어버릴 만하면 나타나서 나를 괴롭히던 존재들은
나의 마음이 병들어 있을 때, 분노가 하늘을 찔러서 나오는 음성마다 독이 가득했을 때,
몸이 더욱 약해지고 신열이 끓어올라 자신을 주체못할 때마다 매번 나타났다.

나는 그들이 싫었다.
너무도 괴기한 존재들이었으므로 내 곁에서 떠나주길 바랐다.
그래서 그 당시 유명한 영매와 어느 무당을 만나
겹치기로 굿과 살풀이를 진행했으나,
그것이 오히려 화근을 불러일으켰다.

열 평 남짓한 오피스텔에서 매일 꾸어야 했던
악몽과 무서운 영들의 공격…
매일 밤 내 몸을 가누지 못할 정도의 몽환적 시간들은
매우 공포스럽고 음습했던 심령 현상들로 채워졌다.

당시 나는 혼자 살았는데
내 몸에 끼인 영들을 풀기 위한 의식을
영매들에게 한 뒤부터
더욱 더… 매일 밤마다 최면 같은 잠에 시달려야 했다.
(그때의 의식은 부작용을 낳았는데, 모든 영매들의 의식 결과가 다 그렇다는 것은 아니다.)

매일 저녁만 되면 너무나 심하게 졸렸으며
최면에 걸린 것처럼 깨어나려 해도 깨어날 수가 없었고,
잠시 깨어나도 다시 잠 속에 빠졌다.
마치 위에서 누군가 최면 가루를 뿌리고 있는 것같이
자도 자도 잠이 왔으며
그러한 잠의 상태는 평소에 자는 꿀 같은 잠이 아니었다.

지치고… 무서웠고… 사람의 일부가 보였다.
자는데도 의식은 깨어 있어서 공포를 느꼈으며,
마치 환각 장소에 있는 것 같은 착각이 들 정도였는데,
이러한 공포에서 깨어나야 살 수 있다는 생각이 들었다.

"깨어나야 한다… 깨어나야 한다…"

밤의 귀신들은
나의 방에 들먹거릴 정도로 많았으며
이미 내 주변을 휘감고 있었다.
너무나 무섭고 위험한 상태…
어째서 유령들이 이리도 많을까?

그 즈음은 밤이 무서웠으므로
매일 밤마다 형광등을 켜둔 상태였다.
밝은 방…침대 위에서 안간힘을 쓰던 나는,

결국 깨어났다!

"몹시 피곤하다…
정말 피곤해…"

그런데 몸이 몹시 무겁고 지쳐 있어서
몸을 겨우겨우 들어 침대 위에 간신히 앉아 있던 나는,
곧 일어나 휘적휘적 걷기 시작했다.

걷고 있었지만 몸은 무거웠다.
한 걸음 한 걸음 뗀다는 게
마치 슬로우 비디오처럼 느려터지고
천근만근 무거운 발이 마치 밑으로 가라앉는 듯했다.

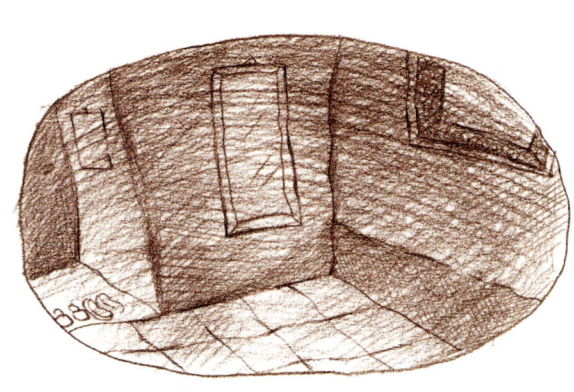

"몹시 힘들구나…
내 모습이 얼마나 지쳐보일까?
난… 내 모습이 궁금해졌다.

더구나 나의 방이지만 선명하지 않고
눈이 무거워서 잘 보이지 않았고
피곤한 눈으로 보이는
흐릿한 방의 풍경 속에서
휘적휘적… 한발씩 천천히…
거울 앞으로 다가가고 있었다.

거울 앞으로 갔으나
거울 속엔 이상하게도 내 모습이 보이지 않았다.
그러나 난 무섭게 생각하지 않았다.

난 다시 침대로 느리적거리며
천천히 힘겹게 걸어가고 있었다.

"지치고 피곤하다 … 침대에
가서 누워있고 싶다."

그런데! 순간~! 눈이 번쩍 떠졌다.
이미 나는 침대 위에… 누워 있었던 것이다.

그렇다면…
조금 전 힘겹게 걸어다닌…
나는 누구인가?

비로소 나는 깨달았다.
조금 전 거울 앞으로 힘겹게 발걸음을 했던 존재는
육체를 가진 내가 아니었다.
바로 나의 영혼이었던 것이다.

나의 영혼은 괴기한 악령들에 시달리다
살아야겠다는 의지 때문에 어느 순간 내 몸을 빠져나왔으며…
바로 그 순간 '영혼'이 이탈된 것이었다.
시야가 흐렸던 것은 육체의 눈이 아닌
'영혼의 눈'으로 방을 보았기 때문이었고,
그렇기 때문에… 거울 속의 내가 보이지 않았던 것이다.

유체이탈…
결국 나는 악몽 속에서
소름끼치게 경험하고 말았지만,
이날의 경험은 두고두고 내게 무서운 기억으로
오래도록 남게 되었다.

다세대 주택의
투명한 단발머리
여자 유령

episode

유령은 언제나 밤에 나타나는가?
대부분 그렇게 알고 있을 것이다.
그러나 내겐 그러한 오래된 선입관을 깨준
묘한 사건이 하나 있었다.
물론 당연히 내가 겪은 실화다.

1998년,
마포의 어느 다세대 주택에서…

아침이었다.
창가의 환한 빛이…
밤사이 잠자던 모든 사물에 생기를 넣어주며
어둡던 내 방의 공간을
서서히 찬란하게 비추던 그 시각…

졸리고 무거운 몸을 일으켜 가동시키고
밝은 빛을 지각하며 눈을 뜨고 일어나기 위해
몸의 세포들이 긴장하던 그 시간…

그런데
갑자기
몸이 굳어버렸다.

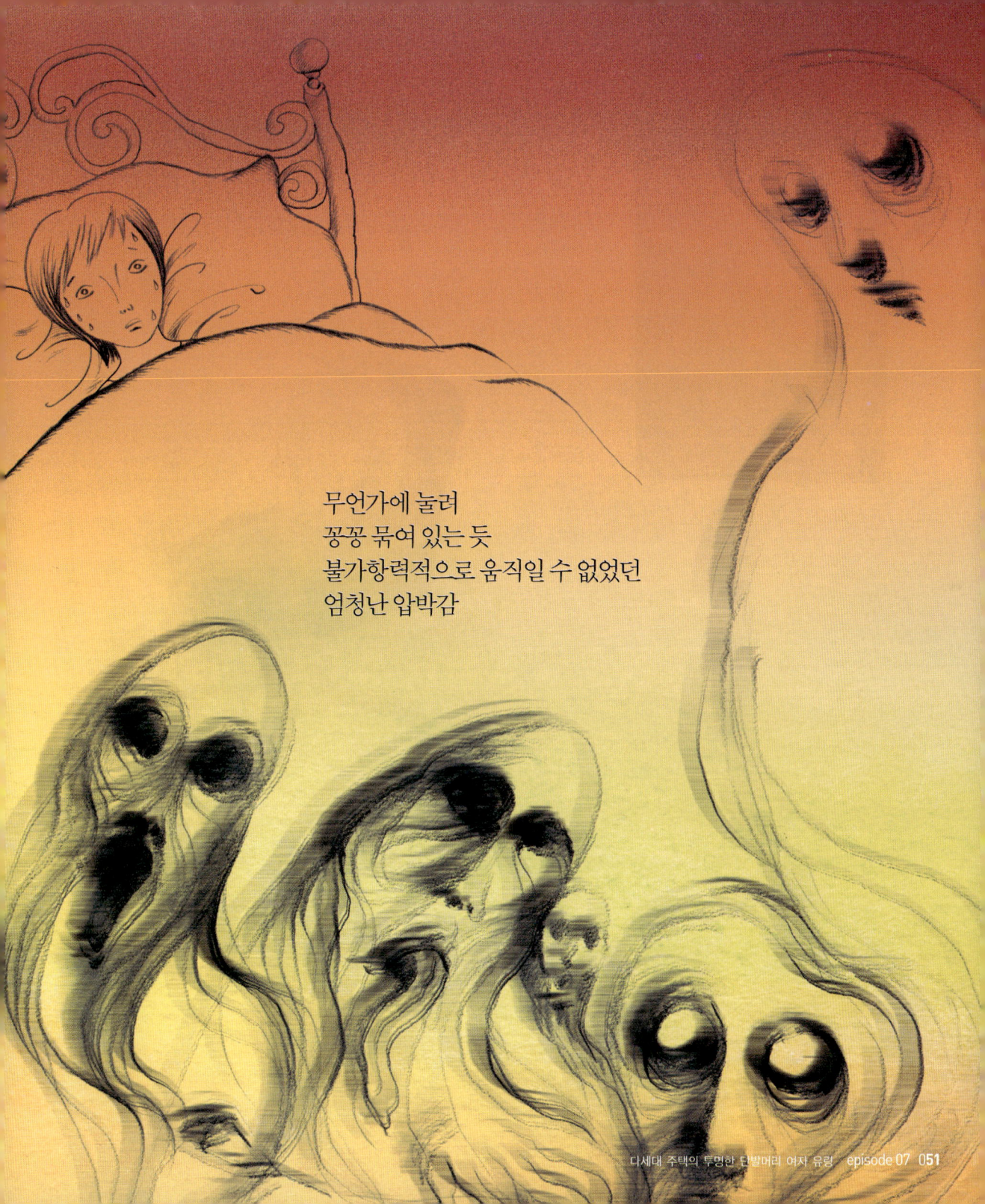

무언가에 눌려
꽁꽁 묶여 있는 듯
불가항력적으로 움직일 수 없었던
엄청난 압박감

간신히 눈동자만 움직이던 순간…

내 앞 책상의자에 앉아 미동도 않던
투명한 단발머리 여자 유령…

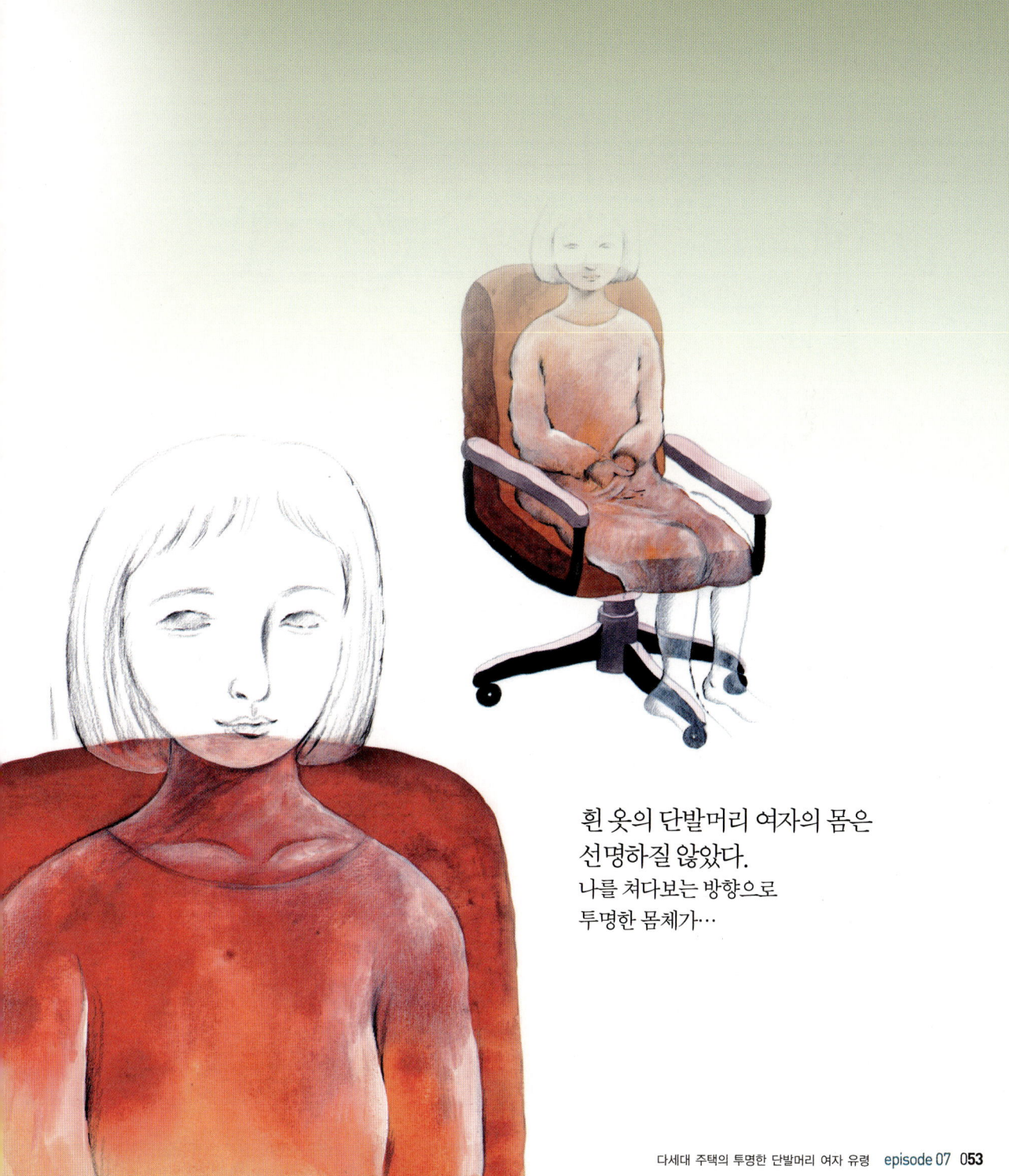

흰 옷의 단발머리 여자의 몸은
선명하질 않았다.
나를 쳐다보는 방향으로
투명한 몸체가…

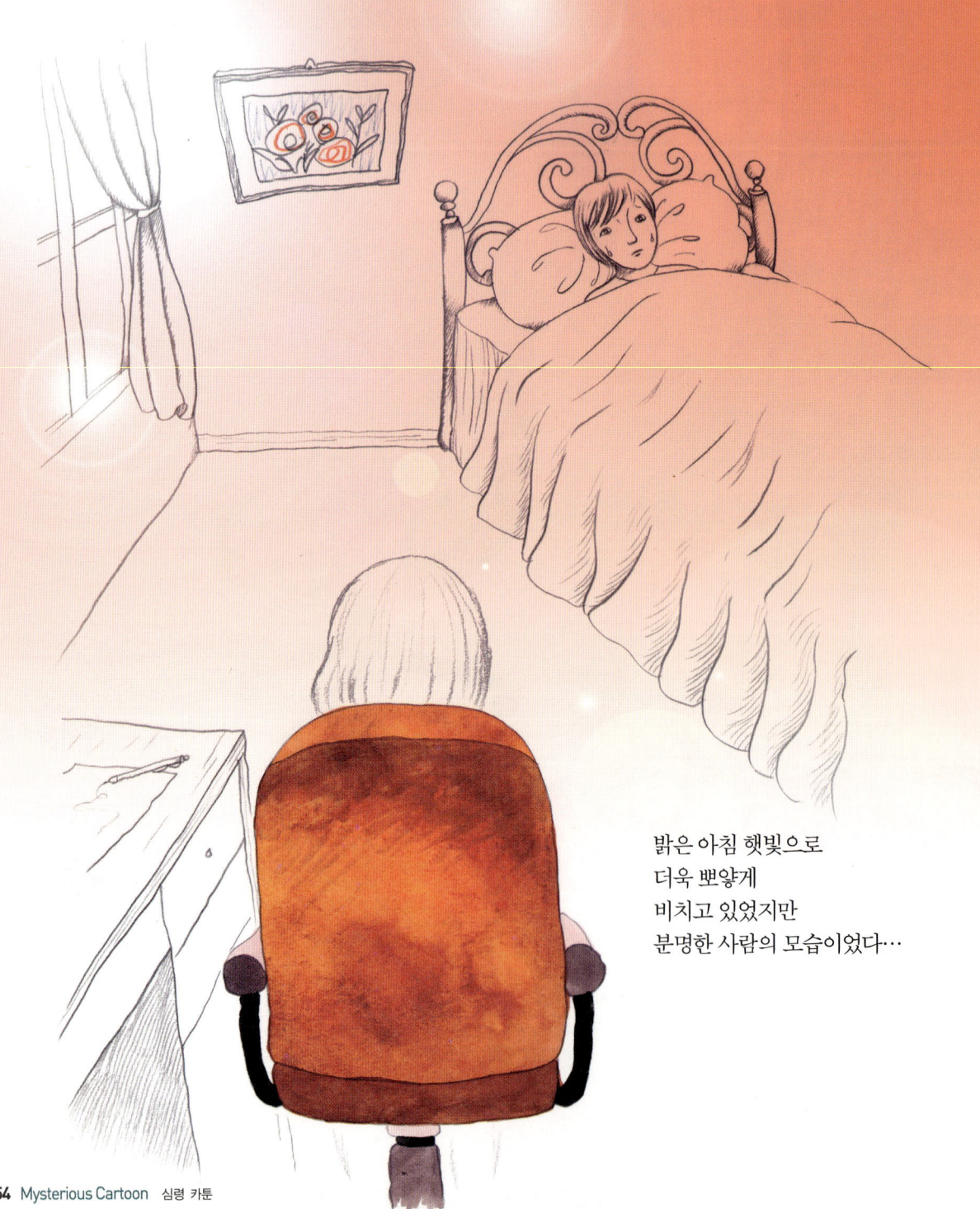

밝은 아침 햇빛으로
더욱 뽀얗게
비치고 있었지만
분명한 사람의 모습이었다…

오 분 정도의 시간…
유령은 서서히…
사라지고 있었다.

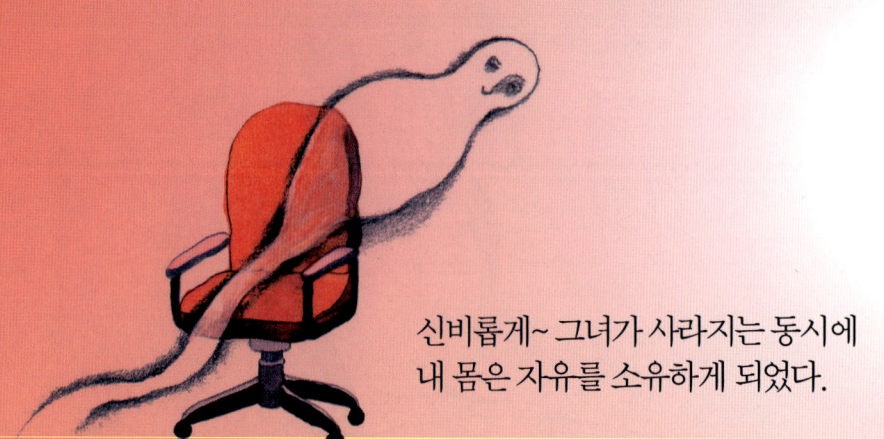

신비롭게~ 그녀가 사라지는 동시에
내 몸은 자유를 소유하게 되었다.

나는 그날의 체험으로 인해
동이 트는 아침의 햇빛을
유령이 꺼려한다는 통념에
의문을 갖게 되었고

죽은 자들을 볼 수 있는
순간적인 시공간이
우리에게 언제나 열려 있다는 것에 대해
정말 소름끼치지 않을 수 없었다.

매우 위험했던
그날의 악몽

episode
08

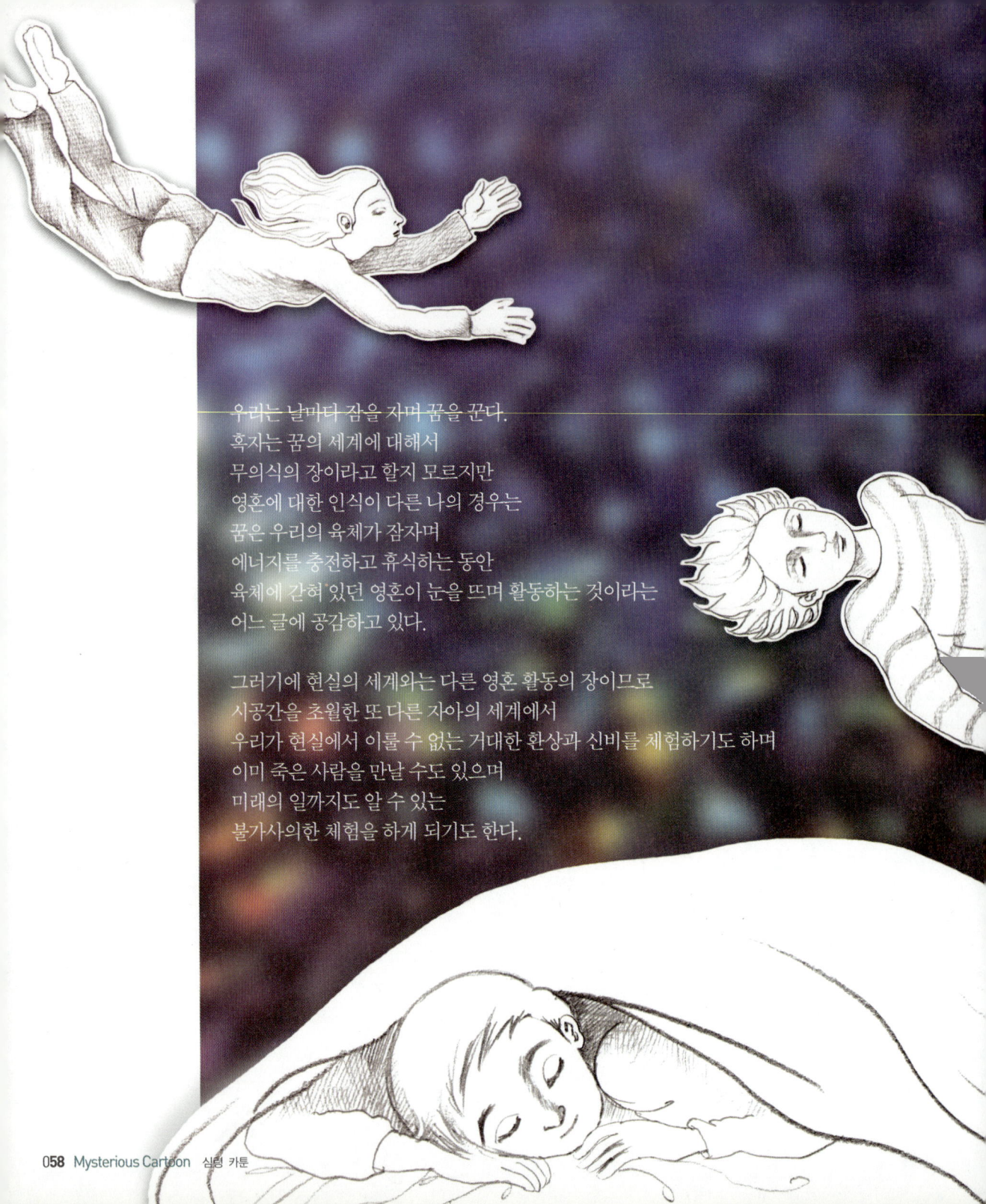

우리는 날마다 잠을 자며 꿈을 꾼다.
혹자는 꿈의 세계에 대해서
무의식의 장이라고 할지 모르지만
영혼에 대한 인식이 다른 나의 경우는
꿈은 우리의 육체가 잠자며
에너지를 충전하고 휴식하는 동안
육체에 갇혀'있던 영혼이 눈을 뜨며 활동하는 것이라는
어느 글에 공감하고 있다.

그러기에 현실의 세계와는 다른 영혼 활동의 장이므로
시공간을 초월한 또 다른 자아의 세계에서
우리가 현실에서 이룰 수 없는 거대한 환상과 신비를 체험하기도 하며
이미 죽은 사람을 만날 수도 있으며
미래의 일까지도 알 수 있는
불가사의한 체험을 하게 되기도 한다.

꿈의 세상은
시공간을 초월한 차원에 있으므로
그곳에서 상상도 못할 환상의 세계를 경험하기도 하고
무한과 신비를 체험하기도 한다.

그러다가 엄청나게 무서운 괴물에
쫓기면서 악몽을 경험하게 되는데…
육체가 병들고 약해서
드림바디가 약한 사람들은
꿈에서조차 힘을 쓰지 못하고
괴물에 쫓기다가 꿈을 깨기도 한다.

꿈은 우리에게 신비로운 영감과
상상을 불허하는
체험을 전해주기도 하지만
때때로 현실 세계가 아닌
영혼의 세계에서 사는
악령의 습격을 받게 하므로
매우 위험할 수도 있다고 한다.

1997년···
어느 오피스텔에서
살고 있던 때···

어느 날 밤에 꿈을 꾸는데···

피거품을 문
흉칙한 여귀가 나를 잡으러
따라오고 있었고…

나는 혼신을 다해 도망치던 중이었다.

그러나 결국 잡혔다.

그 손의 힘!
아귀의 힘은 엄청나게 강력하고
공포스러웠으며
나를 콱 잡은 순간에서야…

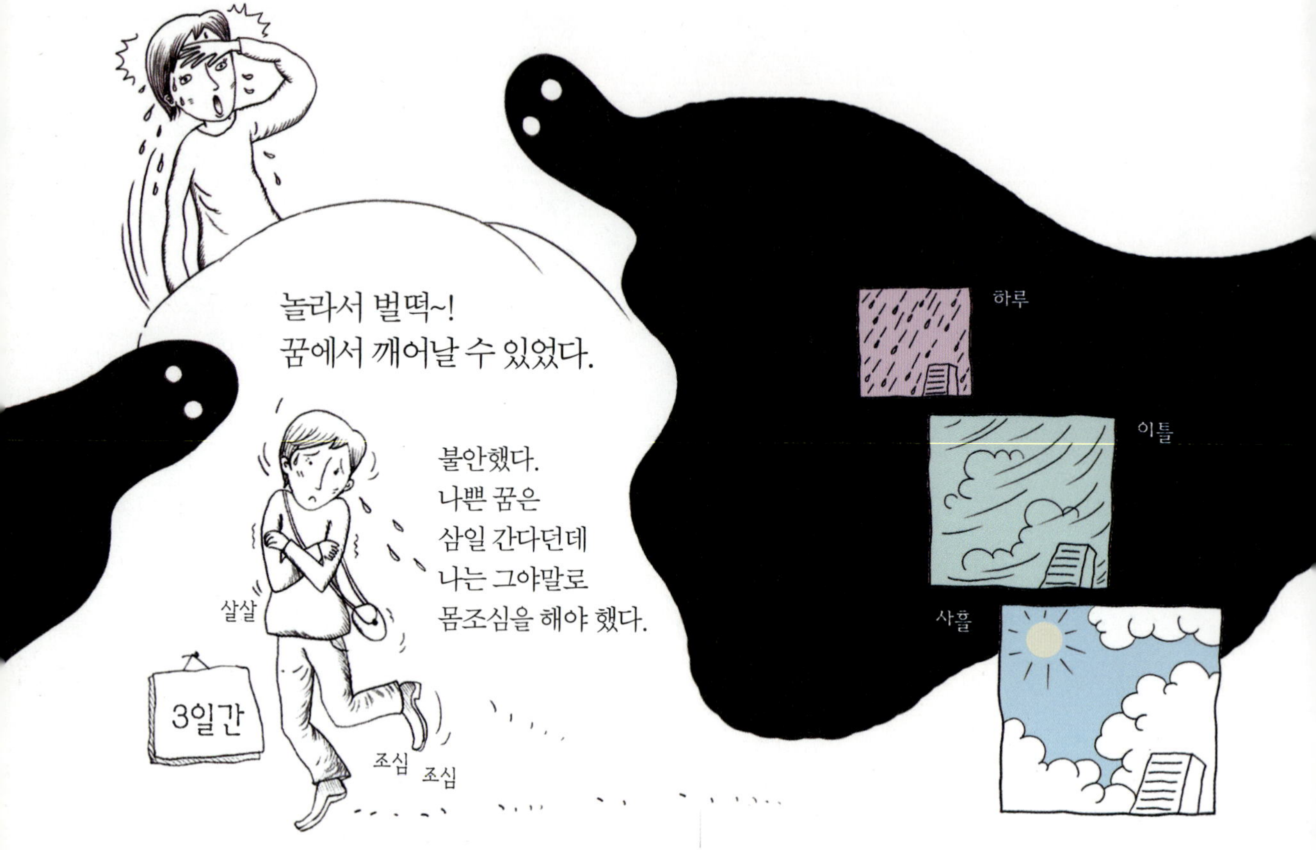

놀라서 벌떡~!
꿈에서 깨어날 수 있었다.

불안했다.
나쁜 꿈은
삼일 간다던데
나는 그야말로
몸조심을 해야 했다.

살살

3일간

조심 조심

하루

이틀

사흘

아무일이 없었다. 그러나 삼일째…
내 눈은 늘 뻑뻑하고 건조해서 종종 식염수를 넣기도 했는데
그날… 새로 사온 식염수의 입구를 따기 위해
칼을 준비해서 윗부분을 자르려고 하던 중이었다.
(입구 따는 요령을 전혀 몰랐다.)

식염

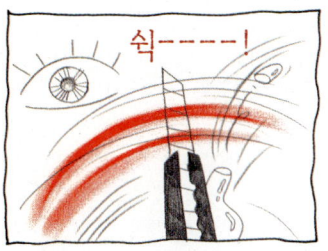

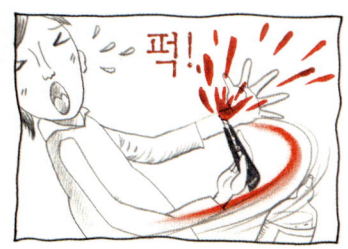

나는 바보같이
칼을 '안쪽 방향' 으로
해서 자르기 시작했다.

뚜껑이 잘라지면서 칼은
무시무시한 속도로
식염수를 가까이 보던
내 눈동자를 아슬아슬하게 피해
손목으로 갔다.

손목에서 피가 흐르기 시작했다.
그러나 나의 방엔 나를 도와줄
사람이 하나도 없었다.

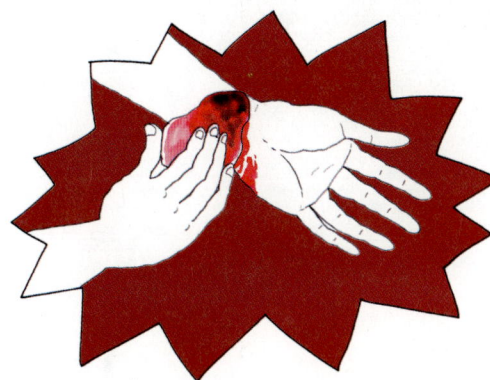

어이없이… 피가 줄줄 흐르는 손목을
휴지로 겨우 막고선
병원으로 황급히 갔는데…

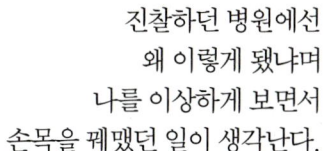

진찰하던 병원에선
왜 이렇게 됐냐며
나를 이상하게 보면서
손목을 꿰맸던 일이 생각난다.

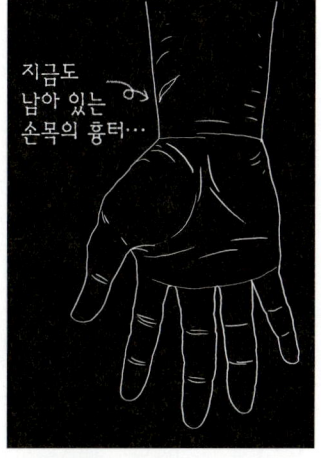

지금도
남아 있는
손목의 흉터…

(카툰 그림 당시에 순서를 잘못 그린 것 같습니다. 다시 기억해보니, 입구를 자를 때 칼이 손목을 먼저 긋고 내 눈을 아슬아슬하게 피해주었던 것 같아요. 그리고 우
측 하단의 손목 흉터 그림에서도 정확히 말하자면 '왼손'을 그려야 했습니다. 바쁘게 카툰 그림 그 당시에 정확성을 기하지 못해 이런 실수를 한 점에 대해 양해해
주시길 바랍니다.)

강한 염을 가진 악령은 정도에 따라
현실 세계에 물리적인 힘을 가해서
산 사람을 죽게 만들기도 하고,
병이 들거나 사고를 당하게 하기도 한다는
영 전문가들의 말에 수긍이 간다.
눈동자를 스스로 칼로 벨 뻔했던
지극히 위험했던 악령의 사기가
지금도 전율을 느낄 정도로 으시시… 하지만,
언제나 내 몸은 위험의 사선에서
반드시 벗어나기도 했다.
그 이유는 어느 분이 말한 것처럼
내게 강력한 수호령이 있을지도 모른다는
증거할 수 없는 미묘한 확신…
그래서일까?
종종 만나게 되는 악령에게서 내 육신은 보호받는 것 같았다.

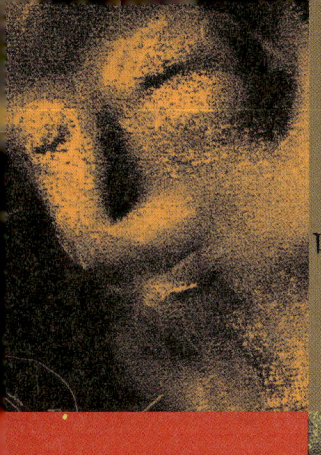

마포 모아파트의
섬뜩한
웃음소리

episode
09

심령 체험은 어린 시절부터 있었으나
대개는 거의 음성이나 소리가 들리진 않았는데
그래도 이때까지 단 두 번의 소리 체험이 있었으니
한번은 1991년 오피스텔 육층에서의 사건이었고

두번째는,
1998년 마포의 어느 아파트에서의 일이다.

그 당시 그곳은 새로 지은 아파트라서
매우 깨끗했는데
지은 지 얼마 되지 않은 상태에서
우리 가족은 곧 이사를 했다.
그러나 구조가 음침해서
그늘이 많았으며
특히 현관문 쪽이 음습했다.

내가 그림 작업을 하던 안방은
특히 사방이 막혀 있어서
더 답답한 느낌을 주고 있었는데
이사한 지 얼마 되지 않음에도
종종 무서운 꿈과 심령 체험을 자주 하던 터였다.

어느 날 밤이었다…
침대에서 자고 있던 나에게
섬뜩한 기운이 덮쳤다.

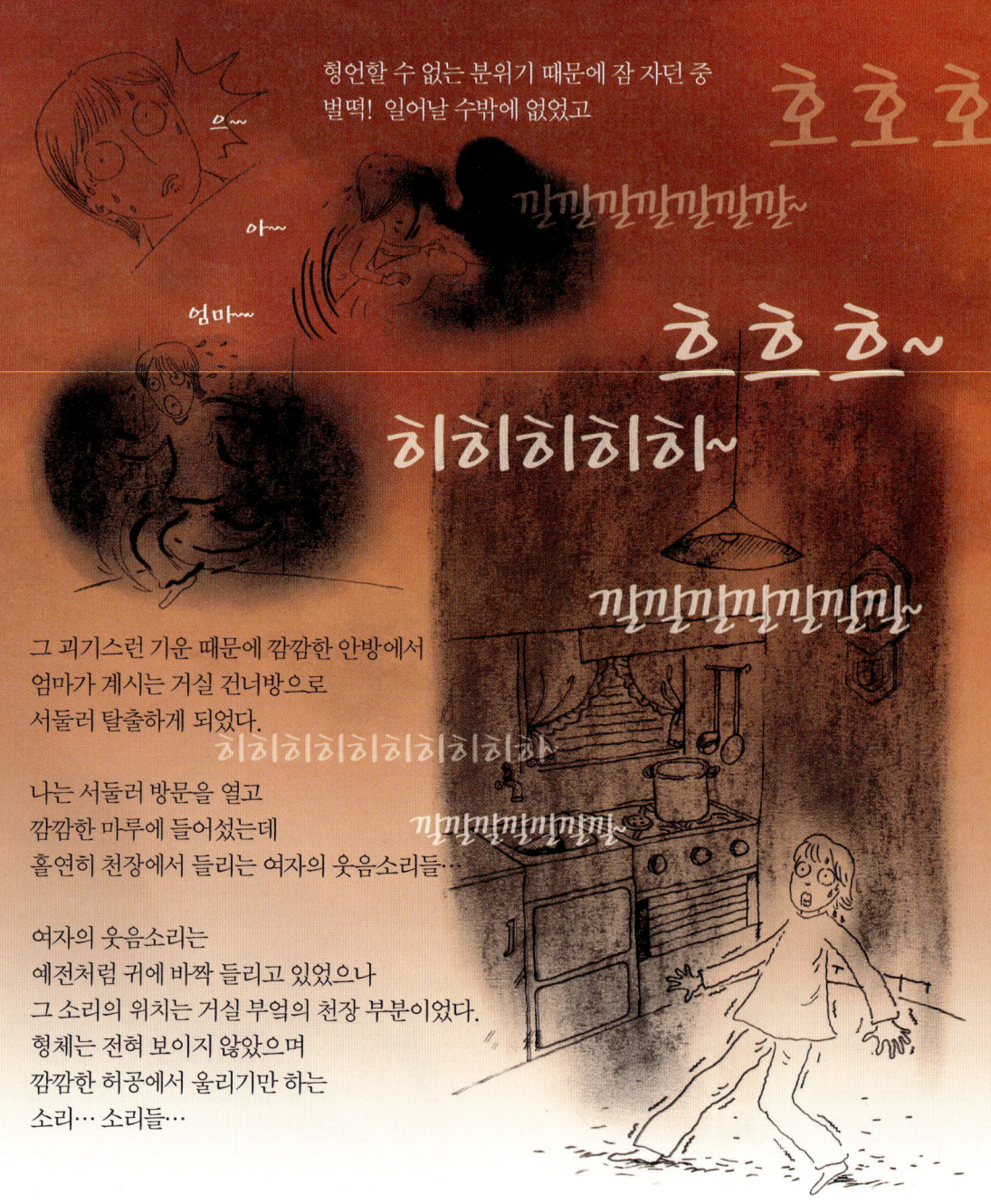

형언할 수 없는 분위기 때문에 잠 자던 중
벌떡! 일어날 수밖에 없었고

으~

아~

엄마~

호호호호

깔깔깔깔깔깔깔~

흐흐흐~

히히히히히~

깔깔깔깔깔깔깔~

그 괴기스런 기운 때문에 깜깜한 안방에서
엄마가 계시는 거실 건너방으로
서둘러 탈출하게 되었다.

히히히히히히히히히~

나는 서둘러 방문을 열고
깜깜한 마루에 들어섰는데
홀연히 천장에서 들리는 여자의 웃음소리들…

깔깔깔깔깔깔깔~

여자의 웃음소리는
예전처럼 귀에 바짝 들리고 있었으나
그 소리의 위치는 거실 부엌의 천장 부분이었다.
형체는 전혀 보이지 않았으며
깜깜한 허공에서 울리기만 하는
소리… 소리들…

호호~ 깔깔깔깔깔깔깔

ㅎㅎㅎㅎㅎㅎㅎㅎ~

한깔깔깔깔깔깔~

히히히~

귀신 소리에 놀란 나는
건너방의 엄마에게로
뛰어들어가면서!

…이 엄마!~

ZZZ ZZZ

ZZZZZZ

정신없이 환하게 불을 켠 뒤

허 허허
헉

너 왜 그래?

섬뜩한 웃음소리…
그 소리는 분명
사람의 선명한 웃음소리가 아니었다.
마치 동굴에서 들리는 것처럼
울림이 퍼지면서 천장 위 허공에서
더욱 미친 듯이 기괴하게 소리를 내고 있었는데…

덜덜 떨며 엄마 옆에서 억지로라도
잠을 청하려고 애쓰던 그날의 기억이 난다.

엄마 무셔!! 덜덜…

불 켜고 자려고?

덜덜덜덜…

ㅎㅎㅎ
히히히히~

지금도 기억에 선명한
그 밤 귀신의 웃음소리를
이제 그만 잊어버릴 수 있다면…

나는 왜
이런 경험을
하게 되었는가?

episode
10

심령 카툰을 연재하면서
언제부턴가
"저것이 사실인가? 실화라는 게 의심스럽다" 라는 말을
종종 듣기도 하고

또한 "귀신은 과연 있느냐?"
혹은 "당신은 심리적 불안감에 헛것을 본 것이다" 라고
일축해버리는 사람들도 많이 있었습니다.

물론 심령 현상을 경험하지 못한 사람들은
믿기가 힘들 수도 있습니다.
그러나 나는, 나의 일생 동안 과장하거나
거짓을 "사실이다" 라고 말하면서
살아온 적은 없었습니다.

많은 님들은 (믿지 못한다고 하는 분들)
나처럼 영 체험이 많다는 게
믿어지지 않는다고 합니다만
세상에는 얼마나 '나 같은 사람' 이 많은지
그들은 모릅니다.

'영매 체질' 이라고도 하고 '신기(神氣)' 가 있다고 불리우는 사람들은 미스터리 사이트에 가보면
의외로 많습니다. 간단히 말해 '귀신이 들어와서 잘 살 수 있는 체질' 이 영매 체질이라 합니다.

영매 체질이란? 자기의 영혼이 다른 영혼을 잘 받아들이는 성향을 가질 때 우리는 이런 사람을 '영매 체질 이라고 부릅니다.
영매(靈媒)가 될 소질이 있는 사람, 다시 말해서, 무당이 될 가능성이 높은 '신기(神氣)' 가 있는 사람. 본래 신기란 신이 와서 붙기 쉬운 기운이란
뜻이며, 알기 쉽게 말하자면 귀신이 들어오기 쉬운 사람으로서 귀신에 대한 면역성이 전혀 없는 사람이라 합니다. (출처- 대영계연구소)

영매 체질은 크게
세 가지로 나뉘어 삶을 살아갑니다.

"하나는 그 계통의 일에 종사하는 사람들로
역리에 관련된 일을 하는 무당, 심령사 등.

또 하나는, 이겨내는 사람으로 종교에 귀의.
이런 사람일수록 성공 가능성이 크다.

마지막 하나는 고통을 겪으며 살아가는 사람으로
예감이 아주 잘 맞으며 자잘한 병과 더불어 산다.
이런 이들은 요주의 인물로 지금까지 알려진
모든 나쁘다는 것을 피해서 살아야 한다."
(출처 - hgsaem.com.ne.kr)

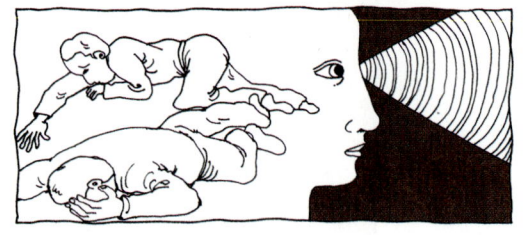

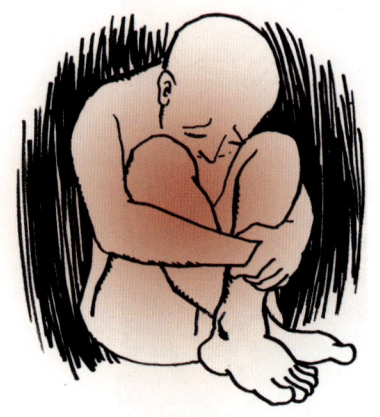

나의 삶은 세번째에 해당된다는 걸 알 수 있습니다.
'고통을 겪으며 살아가는 사람으로 예감이 아주 잘 맞으며,
자잘한 병과 더불어 산다.'

길지 않은 생이었지만 순탄치 못했던 삶 속에서
갖은 질환과 숱한 고통에 시달리며
원인이 무엇이었을까
되뇌이던 시설노
많았던 것 같습니다.

평생 영 현상에 자주 시달리면서
가위눌리며 사는 사람들은 의외로 많습니다.
저처럼 그림으로 표현할 수 없었던 것일 뿐
심령 사이트나 제 홈페이지에도
가위와 영 체험으로 괴로워하는 사람들의 글들이 즐비합니다.

"귀신은 존재하는가?"

이 화두는 언제나 사람들에게
많은 가십거리를 제공해줍니다만,
귀신의 분명한 존재성과
보이지 않는다고 해서
존재하지 않는 것이 아님을
저의 체험을 기록한
심령 카툰을 통해
여러 사람들에게
알려주고 싶었습니다.

金ㅇㅇ
1975 ─ 2005

저의 영 체험은 아주 어려서부터였을 거라 기억됩니다.
어려서부터 무척 심약한 아이였으니까요.
작은 체구에 빼빼 말라 힘이 별로 없는데다 겁이 너무 많아
운동도 제대로 못하고 살았던 기억이 납니다.

초등학교 삼 학년 때 서울에서 살다 어느 지방의
침침한 기운이 있던 집으로 이사가면서…

어느 날 밤… 잠 자다 깨어나 마루로 들어서면서 만난
그 확실한 모습의 옛날 귀신은
영화에서 볼 만한
한국의 전형적인 혼령이었습니다.
긴 머리에 손을 덮은 하얀 옷가지들.

특히 그 긴 머리는
수십 년이 지나도
너무나 선명합니다.

나의 영 체험은 그 집의 그날 밤부터
본격적으로 시작되었던 것 같습니다.
그런데 여기서 짚고 넘어가야 할 일은
어째서 다섯 식구 중에 나 혼자만
당해야 했을까라는 점입니다.
우리 가족은 부모님과 오빠와 남동생,
저를 합해 다섯 식구였습니다.

오로지 나 혼자만
공포스런 영의 공격을 당하며 살아야 했습니다.
밤이면 불을 환하게 켜놓아도
나의 뺨을 만지던 손의 감촉들과
잠을 자기가 무섭게
매일 밤 꾸던 흉측한 악몽들…

또…
죽었어…
엉엉…

그럼에도 식구들 중 아무도 나의 공포를
이해해주는 사람이 없었으니…
그저 아이가 몸이 약해 헛것을 보는구나라고
생각하신 부모님.
마당에 개들을 키우면 너무 자주 죽어가던 그 옛집.

그 집에서 초등학교 삼 학년 때부터 스무 살까지 살아야 했습니다.
아무도 인정해주지 않으니, 어린 나는 이사할 수도 없었고
내가 정신적으로 미치지는 않았으니 어른들은 크게 심각해하지 않았던 것입니다.

어째서 가족들 중 나 하나만 '영 공격'을 당해야 했을까?
이러한 의문은 나머지 생을 살아가며
내게 중요한 물음표를 제시하였고 늘 그 의문 속에 빠져서
여러 미스터리 책을 사보기도 했습니다.

님들도 궁금해할 것입니다.
특히 귀신이나 영혼들을 보았다는 사람들이
매우 궁금할 것입니다.
다른 이들에 대해 분석하기는 어렵지만
최소한 나는 이 의문에 대한 해답을 얻기 위해
많은 자료들을 보게 되었습니다.

그래서 나에 대한 몇 가지 분석 결과를 님들께 알려주려 합니다.
알려주기 전에 다시 한 번 말씀드린다면 나는 매번 영혼들을 보지는 못합니다.
내가 조절하지도 못했고 내가 원하는 시간에 영들을 만날 수도 없습니다.
나는 부지불식간에 아주 가끔씩 혹은 자주 영 체험을 한 것뿐입니다.

이렇게 나의 상태를 알려주고 왜 그러한 체험이 있었던 건지
참조한 자료를 토대로 몇 가지 나열해서 말씀드리겠습니다.

1 사주에는 귀신에 시달림 당할 수 있는
사주가 설명되어 있습니다.
신약한 사주(심신이 약한 사주란 뜻 같습니다.) .
관살(점술에서 다루는 육친(六親)의 하나. 이것이
발동하면 재앙이나 궂은 일이 생긴다고 한다.)이
많거나 강한 사주. 제 사주에는 관살이 너무 많습니다.
관살이 많으면 귀신과 접촉하기 쉬운 체질이라고 합니다.

2 옛날 전생의 많은 수행을 통한
  영적 능력이라고 말하는 사람도 있었습니다.
상단전의 차크라(인간 신체의 여러 곳에 있는
정신적 힘의 중심점 가운데 하나)가
조금 열린 것인데
즉, 신안이 열린 거라 합니다.

3 신을 모셔야 하는 신기와는 다르다고 합니다.
  영적 능력이 높은데 영적 에너지가
조화를 이루지 못해 몸이 이곳저곳 고통스러우며,
그 에너지 기운들이 여기저기 몰려 제멋대로 있어서
몸이 멀쩡할 수가 없는 것이고, 그러므로 몸은 아프고
약할 수밖에 없음을 알려주었습니다.
영안은 일부 열려 있고 중단전도 어느 정도
개혈되어 있으면 귀신이 탐을 내기도 한다고 합니다.

사는 게 힘들어…
너무 자주 몸이 아파.
툭하면 몸에 병이
생기고…
몸이 힘들어…헉헉…

4 어느 보살님이
  내게 말하길 '영적 능력' 이 강하다고 했습니다.

당신은 사주상
영적 능력이 강해요!

네? 전… 평생
골골하며
간신히 죽지 않고
살았는데요.

어느 보살님

5 지난 십수 년간 몸이 극도록 악화되며
화기가 위로 치솟으면서 상단전의 인당(양쪽 눈썹
사이)에 탁기가 흘러갔을 가능성.
그 시절 머리 꼭대기 정수리 부분이 늘 뜨거워서 정신이
없었으며 머리카락이 빠지는 현상들이 나타났습니다.

6 영적 에너지가 강할 경우,
전화 혼선이 자주 일어난다고 합니다.

7 빙의(사망하여 육신을 잃은 영혼이
다른 사람의 몸으로 들어가는 현상)가
좋아하는 사람은 우울증이 심한 사람.
(염세주의와 비관주의)

8 달의 인력이 가장 강한
시점인 보름날에 출생한 점.

이 늠의 기계!

아 뛰!! 짜증나!
또 고장이야!

9 염력(영적 파괴력)이 강한 사람들은 전화 혼선뿐만
아니라 기계만 사면 금방 망가지는 체질.

10 상단전의 과도한 활성화로 인한
불청정 천안을 타고났기에
불수의적(不隨意的) 영 현상 등을 체험.

1번부터 10번까지는 제가 자주 겪는 영 현상들입니다.
그런데 알고보니, 일반 영매 체질의 사람들에게 자주 일어나는 조건과 현상들이라 합니다.
어느 날부터 찾아보게 된 수많은 자료들을 보면서 나는,
나의 이러한 현상들이 내 생에 타고난 것임을 깨닫게 되었습니다.

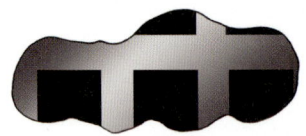

우리 가족들이 '내 이상한 현상'들을 모두 알고 있습니다.
왜 자주 내 주변의 기계들은 망가지는가? 어째서 전화 혼선이 그렇게도 내게 잦은가?
나는 왜 우울한가? 나의 머리는 어째서 그리도 뜨거웠던가? 나는 왜 이리도 생이 순탄하지 못한가?
내 생애 동안 나는 왜 늘 몸이 불편하고 아파야 했던가?

이제 "내가 왜 이런 경험을 겪게 되었는가?"에 대한 '최소한의 답'은 되었는지 모르겠습니다.
나 역시 내가 왜 이런 경험을 해야 했으며 내가 왜 이렇게 살고 있는지
오래도록 신에게 묻고 있던 중이었습니다.

내
어린시절의
악몽들

episode
11

꿈은, 영혼의 존재가 움직이는 동영상이라 했던가…
악몽은 빙의와 관련이 있어서
이러한 빙의된 영혼들이 더러는 꿈에서 나와 싸운다든지
아니면 그들에게 내가 쫓긴다든지 등
불유쾌한 장면으로 출현하는 것을 경험하기도 한다던데…

어려서 내가 살았던 집은
악몽의 연속으로 늘 나를 괴롭게 했지만
가족들 중 무서운 심령 현상은 내게만 계속되었다.
어릴 때 그 집에서의 악몽 중 지금까지 기억될 정도의
섬뜩한 악몽을 말해본다면…

어느 날 꿈에서 나는
안방에서 자고 있는
내 모습을 보고 있었고
어슴푸레 안방의
침침한 창문도 보였다.

곧 내가 자고 있는 어둠침침한
안방 창문에서
귀신이 나타났다.

그런데 귀신들은,
풀어헤친 긴 머리들이 덮인 상태로
얼굴은 보이지 않았고
치렁치렁한 삼원색의 컬러 옷을 입은 모습으로
흐느적거리며 오싹하게
내게로 천천히 날아오고 있었다.

그리곤
귀신의 핏빛 손가락은
더욱 더 천천히
내게로 다가오고 있었는데…

그 존재는 자고 있는
나의 목을 조르기 시작했다.

허…허…

허…허…

번쩍!

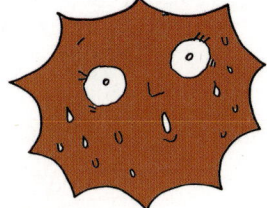
아- 앗!

허…허…

허…

허…허…휴…

허…

허…

그럼에도 불구하고 나는
그 존재에게 죽임을 당하지 않았다.
내 기억에, 이러한 악몽에 시달렸음에도
언제나 자다가
허우적대며 깨어났던 것으로 기억하고 있다.

아버지
이러저러한
꿈을 꿨어요.

그 시절 어린 나는 아버지께 악몽을 말씀드렸다.
아버지께서는 어린 딸의 이야기를
다소 심각하게 들으시더니
잠을 잘 때는 딸의 손을 꼭 잡고 잠을 자라고
엄마에게 말씀을 남기셨던 것으로 기억한다.
(이 당시 어린 난 종종 엄마 아빠와 같이 잠을 잤었다.)

이 현상은 가위눌림에 해당했다.

가위눌림이란? '어떤 영혼이 지상에서 살고 있는 인간이 주로 잠자는 동안에 영혼과 육체가 긴장이 풀리고 관계가 느슨해진 틈을 타서 육체의 목을 조이는 듯한, 즉 영혼의 목 부위에 경혈 혹은 경락의 흐름을 차단하여 기력을 빼앗으려고 함으로써 육체의 목이 눌리거나 숨이 막힐 것 같은 느낌이 유발되는 현상'이거나 또는 '다른 신체 부위에 빙의된 영혼이 부정적 사념이나 탁기(濁氣)로 압력을 가하여 거기에 분포하는 경혈 혹은 경락 회로를 차단하거나 그 흐름 자체의 강도를 감소시킴으로써 당하는 사람으로 하여금 불쾌감이나 심하면 마비감, 더 나아가 드물게 육체의 죽음을 유발시킬 수 있는 현상'으로 생각되어지는 것 여기서 짐작할 수 있듯이 빙의나 가위눌림을 유발하는 영혼들은 대개가 생각이 어두운 영혼들이기 때문에 상당히 부정적인 자세나 행동으로 나오게 된다. (출처-이윤기 님 글)

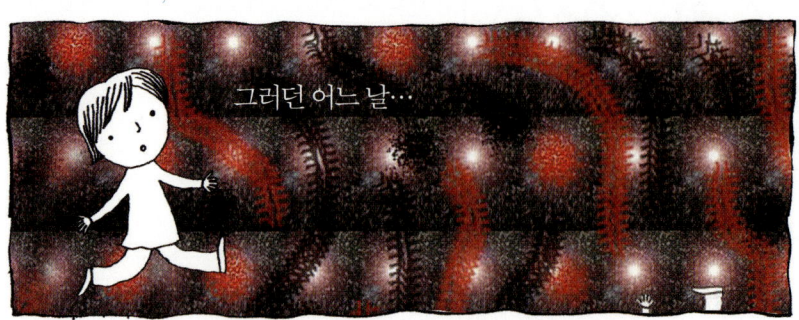

그러던 어느 날…

그러던 어느 날…
꿈속의 나는 어딘가를 헤매고 있었다.
피로 물든 담을 지나 고가(古家)의 대문 앞에 이르렀는데,
그 대문에 피들이 줄줄 흘러내렸다.

그러더니 그 집의 대문이
저절로 천천히 열리고 있었는데,
대문 안의 광경을 들여다보니
수천 수만 명의 귀신들이
긴 머리에 화려한 옷을 입고
현란하게 몸을 흔들며
춤을 추고 있는 것이었다.

너무 심하게 몸을 흔드는
존재들 때문에
옷이 흔들려 옷의 색깔마저
온통 뒤섞여 보였다…

엄청난 공포…

왜 나를 이곳으로 이끌었을까?
누가 나를 이 고가로 이끌었을까?
이곳은 어째서 수천 수만 명의
무서운 존재들이 축제를 벌이듯 춤을 추고 있을까?
그 존재들은 선령들이 아니라 악령들이었다.

이러한 꿈들은 어릴 때의 악몽 중
유난히 기억에 선명한 꿈들이다.
어쩜 어린 내 주변엔
악령들이 너무 많았는지도 모르겠다.
나에게 전생에
무슨 일이 있었는지 모르지만
내 주변에서 나를 섬뜩하게 했던
수많은 존재들로 인해
**나의 어린 날은
공포와 우울 속에 갇혀 지내야 했다.**

하지만 어린 나는 언제나
전지전능하신 하나님을 찾았으며
악령들이 호시탐탐 노리던 약한 나를
보호해주실 것을 하나님께
늘 간구하며 지냈었나.
나의 어린 날은
악령들에게 괴롭힘을 당해야 했지만
내가 죽지 않고 미치지 않았던 건
언제나 하나님의 은혜였을
거라고 생각한다.

밝은
빛의 힘

episode
12

큰 오빠는 '정신세계'에 관심이 많았으며
정신세계에 관한 책을 종종 읽고 내게 많은 것을 말해주곤 했었다.
오빠는 여동생이 자주 악몽을 꾸거나 귀신을 본다는 점을 염두에 두고 있었는데,
엄마와 내가 사는 아파트에 놀러온 오빠는 그 즈음에 읽었던 책의 내용 중에
아주 중요한 정보를 내게 알려주었다.
최근에 읽은 책에서 보았다면서 나보고
내 몸에서 밝은 빛이 나오는 걸 자주 연상하면서
지내라고 했다.

이미지 연상법…
어둠은 빛을 이기지 못한다고 했다.
어차피 승천해야 할 영혼들이
세상에 떠돌며 사람을 괴롭히는
망령이 되었을 땐 세상에 집착이 많은
원혼들이기 때문에
어둠의 영이라고 볼 수 있을 것이다.

이 책은 정신세계에 관한 책인데, 좋은 내용이 많더라구. 여기서 보면 어둠의 영들이 밝은 빛을 무서워한다더라.

엉?

난 오빠가 전해준 말이 납득이 되었다. 내가 지식이 많지는 않지만 '정화 의식' 이라 해서 수련하시는 분들도 몸의 정화를 기본으로 한다고 한다. 이때, 정화 의식에서는 이미지 연상을 하면서 여러 방법으로 나쁜 기운과 에너지를 내보내고 깨끗하게 만든다 하는데, 나쁜 기운들은 밝은 빛을 두려워하므로 오빠가 읽은 책에서 아마도 그 대목을 강조한 것 같았다. 나는 귀신들에게 오래도록 시달렸기 때문에 오빠의 말에 공감하고 깊이 새겼다.

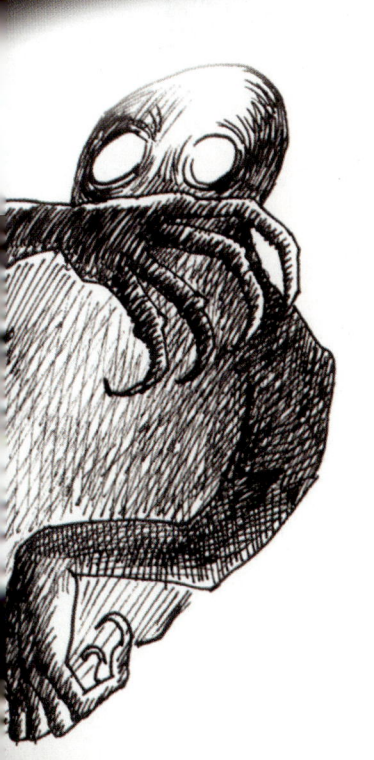

1999년 어느 날 꿈에…
오래된 고가의 마당에서 잠자는 내 모습이 보였다.
나의 모습은 움직임이 없었고,
나는 그러한 내 모습을 보고 있었다.

그런데 흰 옷을 입은 귀신들 넷이 나타나더니

잠자는 나를 향해
점점 다가오고 있었다.

위험한 순간! 그 순간…

누워서 움직임이 없던 내 몸에서
하얀 빛이 뿜어져나왔다.
얼마나 찬란하고 빛줄기가 크던지 내 몸의 하얀 빛은
커다란 별처럼 크게 빛나고 있었다.

이에 귀신들은 흠칫 놀라더니 뒤로 물러나 이내 사라지고 말았다.

그리곤 잠에서 깨었다.

1999년 바로 그날부터는 나 스스로 내 몸을 지킬 수 있는
퇴마의 능력이 생긴 것일까?

이러한 일은 자주 있지 않았다.
밝은 빛이 어둠의 영을 몰아낼 수 있었던 힘은
내 믿음의 결과이기도 했지만
나의 삶이 늘 복잡다단했기 때문에
부지불식간의 힘이었을 거란 생각이 들기도 했다.
아무튼 이후부터는 이둠의 영이란 존재기
언제나 두렵지만은 않았던 것 같다.

렘수면의
악영향

episode

13

내가 영 현상에 시달려온 세월을 돌이켜보면
많은 시간이, 자는 것도 아니고 깨어 있는 것도 아닌
'혼몽한 시간'과 연결되어 있었다.
내 삶의 80퍼센트는 거의 비몽사몽의 시간들로 채워져 있었고,
남들보다 두 배 가까이 '잠의 세상' 속에
빠져 살았을 것이다.

나는 어려서부터 기가 약하고 허약 체질이었는데,
밤마다 그 옛집에서 악몽에 시달려
자고 일어나도 밤에 잠을 잔 것 같지 않아
낮에도 늘 졸려서 피로한 나날을 보냈던 기억이 있다.
게다가 영 센서가 은근히 발달되어
내가 원하지 않는 순간에 귀신들을 자주 보게 됨으로써
밤이 무섭고 늘 삶이 두려웠다.
나의 삶이 대개의 사람들과
확실히 다른 것이 있다면
나의 뇌파와 수면 상태라 볼 수 있을 것이다.

보통 사람들이 '몰두하고 있을 때'의 뇌파는 '알파파'라 하고
'잠을 잘 때'의 뇌파는 '델타파'로 흐른다고 한다.

알파파

집중할 때

델타파

깊은 잠

깊은 잠을 자는 사람들의 뇌파는 델타파로 될 것이고 무언가에 집중할 때의 뇌파는
알파파로 흐를 것인데 이도저도 아닌 비몽사몽간 늘 졸음과 피로에 처해 있는 사람은
밤의 수면 상태도 묘하게 나온다고 한다.
바로 '렘수면'이라 불리는데…
깊은 잠을 자지 못하는 얕은 잠, 얕은 수면 상태를 '렘수면'이라 한다.

즉 렘수면은, 잠을 잘 때 나와주어야 하는
델타파가 흐르는 게 아니라
사람들이 깨어 있을 때 나오는 알파파가
잠을 잘 때 발생되기 때문에
얕은 잠을 잘 수밖에 없는 것이고
아침에 깨어서도 잠을 잔 것 같지 않아
하루 종일 피곤할 수밖에 없다는 것이다.

나는 많은 시간을 렘수면으로 보냈을 것이다.
렘수면은 결국 무기력과
졸음, 피로에 지친 상태로
건강을 악화시키는 요인이 된다고 한다.
이러한 요인들은 어둠의 영들에게
좋은 표적이 될 수 있을 것이다.
어차피 어둠의 영들은
약하고 어두운 심신을 가진 사람들을
공격하기 좋은 대상으로 삼기 때문이다.

알파파

어둠의 영들이 가장 침투하기 좋은 파장이 있다고 한다.
침투한다는 의미는 '빙의' 를 뜻하는데
빙의라 해서 영혼에게 나의 모든 것을 송두리째 뺏기는 것은 아닌 것 같다.

빙의를 뜻하는 많은 의미들을 찾아보았을 때
영의 '침투' 에 가깝다고나 할까…
침투했을 때 아예 자리 깔고 내 집인양 기거할 수도 있겠지만
침투하고 며칠 있다가 또 나갈 수도 있다.
또한 몰래 스며들어갔지만 그 육체의 모든 부분을
점령할 수도 있고 안할 수도 있는 것이니
빙의를 마치 공포 영화 속의 '엑소시스트
(엑소시즘은 귀신을 쫓아내는 행위를 말한다.
이것을 행하는 사람을 엑소시스트라고 한다.)' 같이
해석하지 않기를 바란다.

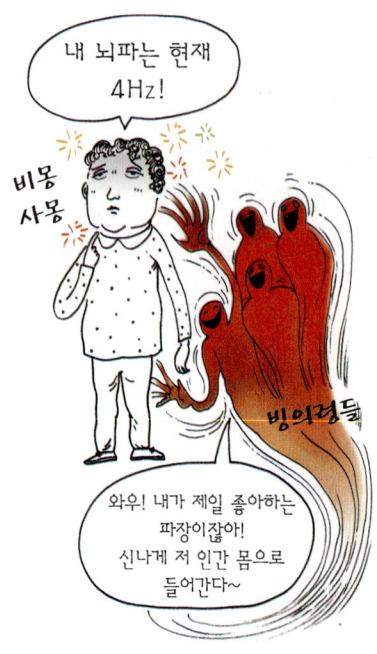

내 뇌파는 현재
4Hz!

비몽
사몽

빙의령들

와우! 내가 제일 좋아하는
파장이잡아!
신나게 저 인간 몸으로
들어간다~

아무튼 빙의가 좋아하는 파장에 대해 설명 드린다면,
사람이 깊은 수면에 들기 위해서 0.5~2헤르츠(Hz)의
뇌파 상태가 돼야 하고 맑은 정신을 유지할 때는
9헤르츠 이상의 뇌파를 유지하여야 한다고 한다.
그런데 사람이 잠이 들까 말까한 몽롱한 상태의 뇌파는 4헤르츠의
상태이고 빙의가 가장 잘 되는 뇌파 상태가 4헤르츠라 한다.

해서 빙의가 되면 깨어나도 4~8헤르츠의 뇌파 상태를 유지하므로
맑은 정신을 갖지 못하게 된다는데,
이 상태의 결론은 무력해지고 늘 피곤에 지쳐
온갖 질병의 원인이 될 수 있다고 한다.

(4헤르츠의 뇌파를 추측해서 쓴 위의 글은 기본 지식 없이 웹툰을 하던 당시 심령에 대해 알
아보러 다니던 중 '다음카페 tantra5000'에서 발췌한 글을 참고로 쓴 글이며 뇌파에 대해선
정확하지 않음을 밝힙니다.)

건강한 몸에 건강한 정신은 밝은 기운이라
어둠의 영들이 가장 두려워하는 대상일 것이다.

그러나 허약 체질에 염세주의를 가진 사람들은 어둠의 영들이
만만하게 보는 대상이 된다. 게다가 영매 체질까지 겸한
사람들은 더욱 세상을 피곤하게 살지도 모른다.

영매 체질의 사람들은 대체로 위에서 말한 4헤르츠의
뇌파 상태를 가지고 있을 테고,
깊은 잠을 자지 못하는 '렘수면' 상태로 대다수의
잠을 자게 되니 신체의 기능이 허약해질 수밖에 없는데다
귀신을 감지할 수 있는 센서가 있으니 한두 번 이상 정신장애를
경험하게 되는 사람들이라 할 수 있다.
이러한 센서적 능력은 영 능력이 아니라 한다.
영적인 교감대가 넓은 것뿐이라서
특별한 우월감을 가져선 안된다고 들었다. 오히려 영매 체질은
귀신의 피해자로 전락할 수 있기 때문에 매사 조심해야 한다고 한다.

허구헌날 몸이 아파…
자도자도 잠이 오고…
잠만 자면 꿈만 꾸고
사는 게 너무 고단해…

까꿍!

게다가
헛것도
자주 보이고…

영매 체질의 사람

1991년부터 2002년까지는
내 삶 중 가장
혼탁한 시간이었을 것이다.

이 시간은 일러스트레이터로
바쁘게 일하던 시기였으며
삶이 복잡다단하고 먹고살기
어려워 자주 이사하던
시절이었다.

거의 이삼 년에 한 번씩 이사 다녔는데
이사하는 집마다 발생했던 심령 현상으로
나는 무척 괴로운 시절을 보내야 했다.
게다가 어려운 생계유지를 위해
과로를 했기 때문에
만사가 무기력해지고 온갖 질병 속에
거의 약과 주사로 살아야 했다.

이 당시의 내 삶은 깨어 있어도
정신이 맑지 못했던 렘수면과
4헤르츠의 뇌파 상태로
더욱 괴로운 시간을 보낸 것 같다.

그 당시 몸이 너무 처지고
언제나 무기력하며 자주 아픈 나머지
한의원에 진맥을 하러 갔는데,
한의사는 내 손목을 진맥하더니

내게 기가 위로 숫구친다고 설명했다.

그때, 나의 몸은 늘 아팠으며
기운이 없었고 정신이 혼탁할 때가 많았다.
과로와 만성피로가 누적되어 그런 것이라고
생각했지만 일반인들과 달리 머리 꼭대기가
너무 뜨거웠다.

몸에 기운이 너무
없어서 왔어요…

한의사

거 참 이상하다…
보통 사람들은 기가 위에서
아래로 흐르는데 댁은
거꾸로 흐르고 있어.

활~ 활~

아 ~ 괴로워~ !
난 왜 이렇게
머리가
뜨거운 거야.

정수리 부분이라고 할까.
그 당시는 머리 부분에서
너무 열이 자주 발생하면서
탈모 현상까지 오고 있었는데…

그 현상에 대해서는 기가 위로 숫구친다는
진맥으로 알게 되었다.

훗날 알게 되었지만 이는 '주화와 입마' 였다.
'주화입마' 의 현상을 보면 기가 위로 치솟는 주화(走火)와
사악한 영적인 존재가 몸속으로 들어온다는 입마(入魔)는
동시 발생적이라 한다. 이 현상은 심한 경우
환청(幻聽)이나 환영(幻影)을
경험할 수 있다고 나오는데
나는 이미 그 시기에 환청과 환영에
시달리며 세월을 살았었다.

건강한 심신이 유지되기 위해선
수승화강(水乘火降)의 원칙으로 가야 하는데,
화기가 위로 치솟으면 정신이 없게 되면서
주화입마의 상태로 가게 되고
상단전의 인당으로 탁기가 흐르게 되면
빙의에게 좋은 환경이 되므로
폐인이 되는 지름길이 된다는 말도 있다.

현재 나의 머리와 얼굴은 차가운 상태를 유지하고 있다.
그러므로 탈모 현상도 없어졌다.
기억하기에 수년 전부터는 '기가 위로 솟구치는 현상들이
거의 사라지고 있음' 을 느낀다.
또한 밤잠도 대체로 깊은 잠으로 잔다.

내게 있어 심령 현상이
최고로 가속화되던 시기는 대체로
'서울에서 살던 1991년부터 2002년까지' 였다.
지금은 덤덤히 심령 카툰을 그리며 과거를 회상하지만,
환청과 환영을 겪던 가장 혼란스런 시간을 되돌아보면
삶이 어렵고 힘들어
세상을 비관하면서도 돈에 욕심을 부려 과로하던
시간임을 알 수 있었다.
부정적인 사념들은 결국 어둠의 영들에게
가장 좋은 목표가 되었던 것이다.

이 글을 읽은 독자들은
나의 어두운 경험들과
영적 정보들을 잘 분석해서
세상에 떠도는
악한 영들에게 빙의되지 말고
밝은 삶을 가꾸어 나가길 바란다.

원한령이
일으킨
차 사고

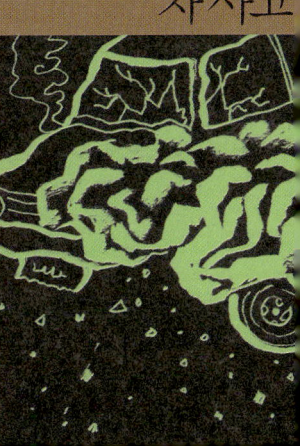

episode

14

귀신이란,
초인간적이고 초자연적인 능력을
발휘하는 주체리고 믿어지는
대상이며 또한 죽은 사람의 넋으로서
사령(死靈) 또는 사령귀를
지칭하기도 한다고 들었다. 대체로 공포스러운
탈자연적 존재라는 범주로 보면 될 것 같다.
귀신의 종류에는 여러 가지가 있지만 특히 사람의 목숨을
앗아갈 정도의 무시무시한 에너지를 갖고 있는
존재가 원한령일 것이다.

자료에 의하면 원한령은 원한이 많아 승천을 거부하거나
또는 승천할 수 없게 된 '원한있는 영'을 뜻한다고 하며
이러한 원한령은 지극히 위험해서
끝까지 인간을 괴롭히고 목숨을 앗아간다고 한다.

아~~

"죽은 사람이 산 사람을 못 이긴다."
이 말에 대해선
직접적인 의미로 받아들이지 말고
좀 더 '의미있는 깊이를 내포'
한다고 여기면 좋겠다.
실제로 죽은 사람이 산 사람의 목숨을 앗아가는
일들이 많은 것으로 나는 알고 있기 때문이다.

마치 산 사람들의 성격과 힘이
다양하고 많은 만큼
승천하지 못해
세상에 머무르고 있는
죽은 자들의 성향과 힘 또한
천차만별이란 것은
오랜 세월을 통해 스스로 알게 된 사실이다.

사람을 돕는 선한 영도 있겠지만
원한이 깊어 괴기스런 기운의 강도가 세진
귀신들은 직간접적으로 사람을
해하기도 한다.

원한령은 그 한 때문에 대체로
괴이한 모습을 지니고 있는데
그 존재가 사고로 죽어서 사고 당시의
모습을 생각으로 갖고 있게 되면
끔찍한 형상을 하고 나타난다고 들었다.

즉 귀신은 염(念, 생각)으로
자신의 모습을 보여준다는 것이다.

1995년, P오피스텔에서 지낼 때였다.
꿈인지 생시인지 모를 혼몽한
잠 속에서 무언가가 보이기 시작했다.
무슨 일이 있었는지 모르지만
참혹하게 부서진 폐허 속에서 희미한 연기가
창백하게 어른거리고 있었다.

그러더니
형용하기 어려울 정도의
'형체가 일그러진'
처참한 여자 혼령이
무너진 폐허에서 홀연히 나타나더니…

그 존재는 나를 보고 있었다.
그 존재로부터 느껴지던
싸늘한 공포의 기운들…
나는 순간 죽음의 에너지를 느꼈다.
그 존재는 마치
원한이 사무쳐 저주하는 것처럼
내 눈과 마주쳤다.
극도의 두려움이 전율처럼
내 몸에 퍼졌다.

헉!

마음이 뒤숭숭해.
오늘 아침 꿈에
귀신을 봤어.

박뽀미

순간 나는 잠에서 깨어났지만
꿈에서 본 혼령의
오싹한 감각 때문에
아침이지만 기분이 좋지 못했다.
침대에 누운 채 아는 이들에게
전화하며 악몽 꾼 이야기를 했다.
찜찜한 기분을
누군가에게 호소하고 싶었기 때문이다.

뽀미야~
엄마에게
갔다 오자!
너도 좋지?

오늘은 부평에 계신 엄마에게 가는 날.
자가 운전한 지 보름 정도 된 날이었다.
엄마가 계시는 부평 인근 아파트로 가서 엄마와 담소를
나눈 뒤 오후에 서울의 오피스텔로 돌아올 생각이라
동생 같은 강아지 뽀미를 데리고 오피스텔을 나섰다.

내가 과연 살아서
돌아올 수 있을까?

불안함이
엄습…

철컥!

오피스텔 문을 잠그는
순간 문득 이런 생각이
뇌리를 스쳤다.

내가 과연 살아서
돌아올 수 있을까?

그리곤 뽀미를 옆 좌석에 태우고
서울 마포에서 부평으로 출발했다.

부평 엄마 댁에서 오랜만에 해후하고 오후쯤 되어 다시 서울로 향했다.

그런데 인천 길가 도로에서
이상한 현상이 벌어졌다.
도로가 사차선에 넓고 길게 뻗어 있는데,
지나가는 차들이 하나도 보이지 않았다.

몇 번 와본 곳이라 눈에 익숙한데도 어찌 그리
차 한 대도 지나다니지 않을 수 있을까…
너무도 '마법 같은 현상' 이었다.
순간 나는 '멋지게 질주하고 싶은 충동' 이 생겼다.
아니 뭔가에 홀린 것처럼
누군가 나에게 마구 충동질하는 것 같았다.
분명히 나는 무언가에 홀렸을 것이다.

최면에 홀린 듯 액셀을 심하게 밟았다.
눈앞에 펼쳐진 넓은 도로에는 그야말로
차 하나 지나다니지 않았다.

달려~ 신나게 달려봐~

달려~   달려보란 말이야~

달려~

달려봐~

밟아

그래…
차도 하나
없는데
멋지게
달려볼까?

꾸욱

나는 질주했다. 나는 분명히 미쳤던 것 같다.
시내 도로를 시속 90킬로미터로
질주하기 시작했으니…

그런데 갑자기 요술처럼 교차로가 보였고 가려진 수십 대의 차량들이 내 눈앞에서
오른쪽으로 빠르게 지나가는 게 보였다.

광

아뿔싸!
이미 너무 늦었다. 내 차는 속도가 너무 빨랐다.
나는 정지 페달을 밟았다.
그러나 액셀을 밟은 것 같았다.

나는 정신을 잃었다.
이제 나는 죽는 거로구나.
뽀미도 이미 죽었겠구나.
그렇게 아득한 시간이 지났다.
모든 것은 정지되었고
나는 아무 생각도 안 났다.

허

그러다 문득 정신이 들었다.

나는 살아 있었다. 옆 좌석의 뽀미도 살아 있었다. 기적 같은 일이었다.

정신을 차리고난 뒤 나가보니 사거리의 중앙에서 내 차와 상대편 차가 많이 부서져 있었고 차의 파편들이 도로에 널부러져 있었으나 죽은 사람이 없었다

양쪽 차들이 반이나 박살이 나있었는데 어떻게 사람들이 멀쩡할 수 있었을까.
(다만 상대 차의 아줌마가 좀 다치셨다.)
뽀미도 벨트를 안 맸는데 아무 이상이 보이지 않았다.

세 사람이 타고 있었다.
(상대차)

나와 뽀미

내 차

나는 보호령의 도움을 받은 걸 느꼈다.
내 차가 세 사람이 타고 있던 상대 차의 운전석을 들이받았다면
사람이 죽고 크게 다쳤을 텐데 뒷부분을 친 것이다.
그날 이후 남은 삶 동안 운전은 절대 하지 않았다.
나와 뽀미가 그날 죽지 않았던 건 보호령과 수호령의 은혜였다고 생각한다.

아침에 나를 노려보던 원한령의 살기…
보호령은 그 귀신으로부터 나를 구해준 것 같았다.

그러나 내게 어떤 원한이 있었던 것일까 궁금했다.
전생의 원한인가?
아니면 그 오피스텔의 '지박령'으로서
그곳에 살고 있던
한 인간을 해치고
싶었던 것일까……

루시드 드림의
경험

episode

15

여러분은 '루시드 드림'을 꾸어본 적 있는가?

루시드 드림(Lucid Dream)이란 '자각몽'을 뜻한다.
자각몽(自覺夢)은
수면자 스스로 꿈을 꾸고 있다는 사실을 지각한 채로
꿈을 꾸는 현상이며
꿈을 꾸면서 스스로 그 사실을 인지하기 때문에
꿈의 내용을 어느 정도 통제할 수 있다고 한다.
다시 말하면 꿈을 꾸는 동안
갑자기 이것이 현실이 아니라는 생각이 들며,
꿈속 사물의 색깔까지도 선명하게 자각하게 되고,
깨어나서도 꿈의 내용을
생시같이 기억하는 특성이라 하겠다.

자각몽을 꾸는 사람은 꿈속 상황에 대한
판단이나 결정을 직접 하게 되지만 진행되는 과정은
완전하게 통제하지 못한다는 것에 나는 공감한다.

자각몽은 비자각 상태의 꿈과 달리 합리적이면서
이야기 전개에 일관성이 있다고 한다.
특히 가장 중요한 것은 자신이 현재 꿈을 꾸고 있다는
사실을 스스로 인식한다는 사실이다.

대체로 일순간 갑자기 이런 인식이 이루어진다. 일반적인 꿈에서 볼 수 있는 부정확하고 비논리적 장면이나 사건이 눈앞에 스치는 순간, 수면자는 자신이 현재 꿈을 꾸고 있다는 걸 퍼뜩 깨닫는다.

흥분이 고조되고 정신이 확장되는 섬뜩한 느낌이 수반됨으로 해서 선명한 꿈 체험이 가능해진다.

마치 베일이 벗겨져나간 것처럼 색채는 생생하면서 밝은 빛깔을 띠고, 사물들은 깨어 있는 시간대에 지각하는 경험 이상으로 광채가 두드러진 명징한 모습을 드러낸다.

특히 주목할 만한 건 뒤이어 수면자가 꿈 속의 사건들을 제어하는 능력을 보인다는 사실이다.

즉 수면자는 이제 어디로 갈 건지 무슨 일을 할 건지, 주어진 환경 속에서 어떤 경험을 할 건지 직접 결정한다.

꿈의 전개 과정을 인식하고 심지어 그 과정을 지휘하는 것을 통해 수면자는 무의식으로 한 걸음 더 접근할 수 있을 뿐 아니라, 의식적으로 무의식 속에 담긴 공포와 욕구와 에너지 등과 과감히 맞서기로 작정하는 일이 가능해진다.

자각몽을 꾸는 자는 꿈 세계 모퉁이의 그늘에 사는 어둡고 불가사의한 세력이나 끔찍한 괴물을 피해 허겁지겁 달아나는 일이 없다.

그는 꿈 지배력을 쥐고 있는 까닭에 그런 악마들을 마음대로 불러내서 정면 대결한다. 현실이 아니라 꿈이기 때문에 전혀 두려워할 필요가 없음을 스스로 인식한 결과이다. (이 글은 다음 카페 LucidDream에서 발췌하였다.)

내가 살아온 세월 중에 루시드 드림을
정확히 꾸었던 일은 단 두 번이다.

언제나
부지불식간

내가 경험하는 '신기하고 두려운 체험들'은
언제나 부지불식간 불수의적(不隨意的)으로
왔기 때문에 조절해서 작정하고
체험한 적은 거의 없는 것 같다.

루시드 드림을 스스로 조절할 수 있었다면 나는 내 삶을 괴롭혀오던 악몽에서
많이 벗어날 수 있었을까? 악령을 만났는데 이것이 꿈이로구나 하고 인식했다면
과연 그 악령을 이길 수 있었을까?

기면증(嗜眠症, Narcolepsy) 때문에 나는
언제나 '잠이 많은 게으른 사람'이라는 소리를
모두에게 듣고 살아왔다.
그때는 그 원인이 기면증 때문이었다는
사실을 몰랐었다.
단지 내 생의 거의 반 이상을
꿈속에서 살았기 때문에
깨어 있는 현실 시간이 많지 않은 이유로
마치 이상한 나라에 사는 사람처럼 '유난히'
공상의 세계를 즐기는 사람이 되었던 것 같다.

넌 게으른
아이야.
툭 하면
잠이나 자고.

졸려서
미치겠스...

ㄹㄹㄹ

기면증이란? 발작적으로 졸음에 빠져드는 증세.
수면 장애에 속하는 증세로 졸음과 함께 무기력감을 느끼게 되며,
선잠이 들어 환각에 빠지게 된다.

내가 초등학생 때
꾸었던 꿈을 말해본다.
어느 날 꿈에 나는 어느 동네를
걸어서 가던 중이었다.

어? 여긴
꿈속이잖아.

그런데 문득 내가
꿈의 세계에 있다는 걸 느꼈다.
그래서 이제부터 이 동네에서
무엇을 해야 할지 다시금 생각해보았다.

꿈에 돼지를 보면
좋은 일이
생긴다던데.
돼지를 찾아보자.

나는 어려서부터 돼지꿈이 좋다는 말을
참으로 많이 듣고 살았다.
그래서 어느 땐 도화지에
돼지를 그려 머리맡에
두고 잤던 적도 많았다.

돼지 꿈~

돼지 꿈~

돼지 꿈~

아무튼 나는 꿈속의
어느 마을에서 돼지를 찾기로 결정하고
집요하게 돌아다니기 시작했다.
그러나 우스운 건 그 다음 일이었다.
꿈속에서 나는 내가 하고자 하는
일에 대해 직접 결정하고
행동할 수 있었지만
꿈의 진행 상황은 내가 원하는 대로
이루어지지 않았다.

온 동네의 집들을 모조리 뒤졌지만
돼지는 전혀 보이지 않았다.
아니, 돼지의 그림자조차 보이지 않았다.
결국 나는 돼지를 찾는 걸 포기하고 말았다.

지금 생각해보면 복이란
저절로 때가 되어야 오는 것인데,
어린 나는 야무지게두
복이 오게끔 조작하려 했으니
그 모사가 잘 될리가 없었다.

또 한 번은 내가 중학생 시절에 꾸었던 꿈이다.
꿈에서 나는 바다에서 배를 타고 있었는데…
배에는 선원이 많았다.
복장을 보니 시대가 중세 유럽이었을 것이다.
물론 내 모습은 어린 청소년의 모습이었고
그 배의 선원이었다.

나는 용감한 선원!

중학교 때의 내 모습
단발머리에 굵은 안경

갑자기 배는 해적의 침입을 받았고,
해상 전쟁을 격렬히 치르게 되었는데
나와 칼싸움하던 해적이
나를 칼로 죽이려고 했다.
그런데 일순간
나는 '꿈속'에 있음을 알았다.

앗! 지금 내가 꿈꾸고 있구나,
해적들이 나를 칼로 쳐도
안 죽겠구나!

곧 해적의 칼이 내 몸을 잘랐다.

쉭-!

순간 나는 아프지 않았지만
내 몸이 잘리는 감각을 느꼈다.

아⋯⋯

다섯 토막으로 잘렸는데,
나는 이미 꿈이란 사실을 인식했기 때문에
잘린 채 웃고 있었다.

그리고 곧 요술 같은 일이 벌어졌다.
잘린 내 몸들이 아무렇지 않게 서서히 붙는 것이었다.

다시 합쳐지는
내 몸…

그 이상한 현상조차 나는 꿈이기 때문에
재밌게 받아들였다.
이 일은 자각몽으로서,
꿈속의 사건들을
제어하는 능력을 보인 것이다.

사각몽에서는 위에 언급한 내용처럼 의식적으로 무의식 속에 담긴
공포, 에너지와 과감히 맞서기로 작정하는 일이 가능하며,
꿈의 지배력을 쥐고 있는 까닭에 두려움을 느끼지 못해
잔인한 해적들과 정면 대결을 할 수도 있었던 것이다.
내가 살아온 세월이 그렇게 짧지도 길지도 않았지만
자각몽을 뚜렷이 꾸었던 일은 단 두번이며
일반적으로 이러한 경험을 한다는 것은 쉽지 않은 일이라고 한다.

지속적으로 꿈을 꾸며 통제할 수 있는 능력은
특별한 사람에게만 나타난다고 들었다.

실버 코드란
무엇인가?

episode

16

우주…

어렸을 때부터
나는 우주를
많이 체험해왔다.

물론 꿈에서나 가능한 일이었지만
꿈과는 또 달랐다.

어느 날 나는 우주 한가운데 떠있었다.
멀리 지구도 보였다.
별들만이 무수히 존재하던
광대무변한 은하 속에
나는 둥둥 떠있었다.

별들은 무한히 빛나고
어린 나는
끝없는 우주 공간에 누워서
찬란히 빛나는
무한한 불생불멸의 진공 속에서
영적 에너지의 근원을
찾고 있는 중이었다.
아득한 원천 속에
유정물의 원소는 쏟아지고
나는 그 헤아림 없는 깊이의
유한과 무한 속에서
무의식적인 비로를
꿈꾸고 있었다.

그러다 문득 눈을 뜨곤 했었다.
꿈이라 생각했던 그 어린 날…
이후에도 나는 꿈이라는 통로를 통해
우주여행을 많이 했던 것 같다.
내가 자주 꾸었던 은하 속의 우주여행은
언제나 내 몸 하나 둥둥 떠다니며
별들을 바라보는 여정 같은 것이었다.
그러나 훗날, 이는 유체이탈의 하나였다는 생각이 든다.

아…
너무나
아름다운 우주…

사주상으로 볼 때,
나 같은 영매 체질은 유체이탈이
불수의적으로 이루어진다 하니
증명할 길은 없지만
그렇게 이해해주면 좋겠다.

내 평생, 별과 은하 속의 여행은
생각보다 자주 있곤 했다.
꿈은 이야기가 뒤죽박죽되는 편인데 비해
영혼의 여행은 대체로
생생하다는 데 차이가 있는 것 같다.

이러한 이야기에 대해 아는 바가 없어
정확하게 주장하기는 힘들지만,
아무튼 나는 그간 내가 해왔던
심령 체험을 이상히 여기면서부터
심령 카툰을 그리기 시작한 것이니
내게 전문 지식이 거의 없음을 분명히 말할 수 있다.

그래도 그간 찾아본 자료들과
나의 기억들을 꿰어맞추는 방법으로
보이지 않는 세계에 대한 비밀을
여러분과 같이 더듬더듬 찾아가고자 하는 취지로
심령 카툰을 그렸으니
독자 분들의 많은 이해를 바라는 마음뿐이다.

이상한 일이야…
어째서 내가 이런 일을
겪는 걸까?
나는 알고 싶어.
왜 내게 이런 일이
일어나는지…

다시 본론으로 들어가면 '내 영혼이 우주를 떠다니다
어떻게 지구상의 내 육체로 금방 돌아올 수 있을까' 라는
의문에 대한 해답의 실마리 '은줄' 을
알아보고자 한다.

우주여행은 언제나 아련했다.
우주를 바라볼 때
어째서 애달프고 구슬펐는지 나도 모르겠다.
어느 날은 쌍둥이별들의 생성과 소멸의 과정도
본 적이 있었는데,
그 일은 내게 너무 생생하고 생동감 있게 다가왔으며
그 역사가 무척 한스럽기도 했다.
아름답지만 매우 아득하고 신비한 자태의 은하 세상…

나는 '꿈' 이라는 통로를 통해
영혼의 여행을 했던 것 같다.

그런데 이 여행에서 가장 중요한 수단은 바로 은줄,
'실버 코드' (Silver Code)라 부르는 '혼줄' 이다.
나로 하여금 우주여행을 가능하게 했고
또한 나의 육체로 되돌아오게 하는 데
실질적인 역할을 하게 한 '생명줄' 이다.

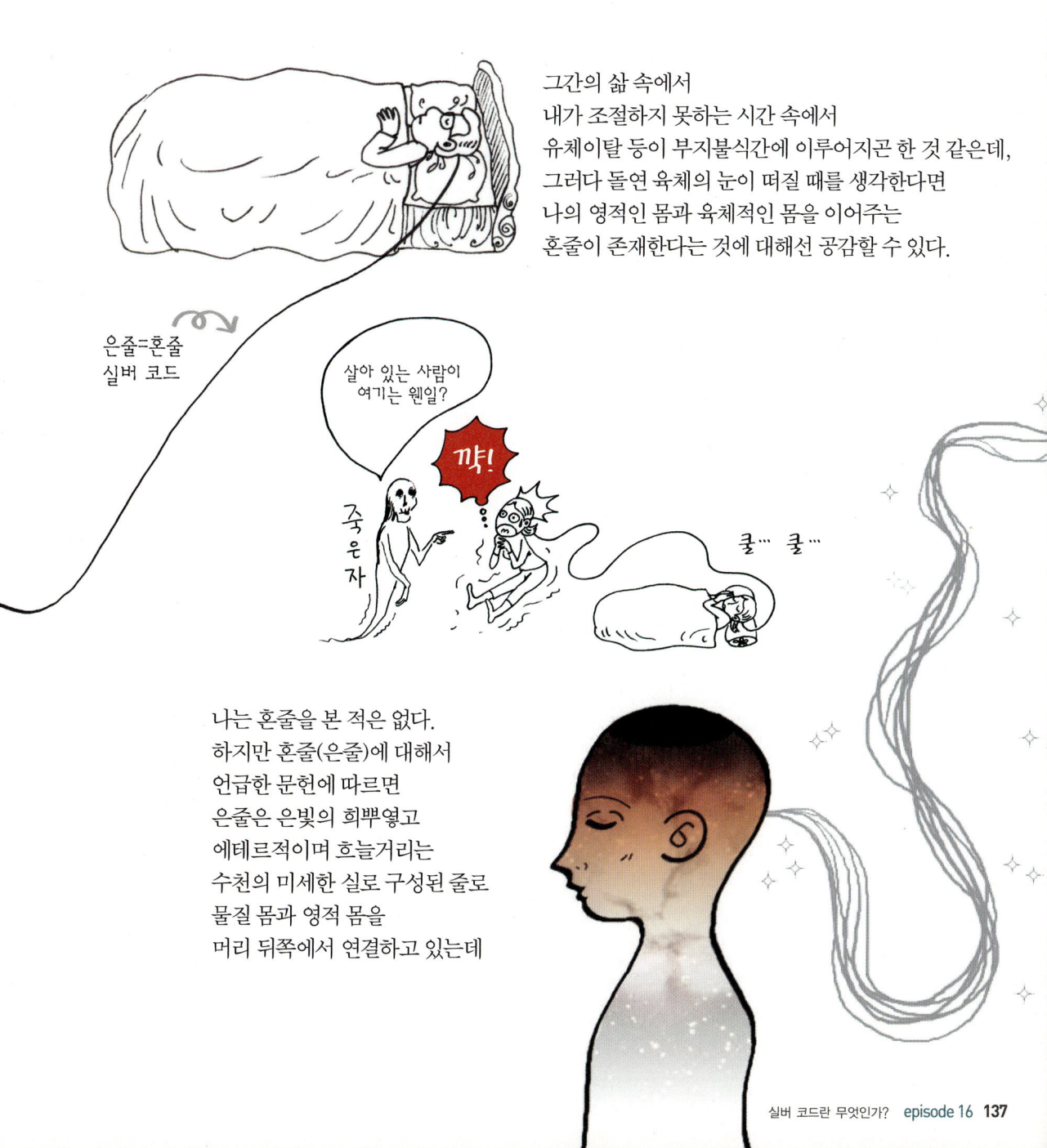

그간의 삶 속에서
내가 조절하지 못하는 시간 속에서
유체이탈 등이 부지불식간에 이루어지곤 한 것 같은데,
그러다 돌연 육체의 눈이 떠질 때를 생각한다면
나의 영적인 몸과 육체적인 몸을 이어주는
혼줄이 존재한다는 것에 대해선 공감할 수 있다.

은줄=혼줄
실버 코드

살아 있는 사람이
여기는 웬일?

꺄!

죽은자

쿨… 쿨…

나는 혼줄을 본 적은 없다.
하지만 혼줄(은줄)에 대해서
언급한 문헌에 따르면
은줄은 은빛의 희뿌옇고
에테르적이며 흐늘거리는
수천의 미세한 실로 구성된 줄로
물질 몸과 영적 몸을
머리 뒤쪽에서 연결하고 있는데

이 혼줄이 끊어지면
육체와 영혼이 분리되면서
죽음이 온다고 한다.

사람에게 유체이탈이 가능한 이유는
바로 육체와 영혼을 연결해주는
은줄이 있기 때문이라 한다.
은줄의 특성은
고무줄같이 유연한 성질에 있다고 하는데,
죽음을 일시적으로 체험한 사람이라 할지라도
은줄이 손상되지 않는다면
다른 세계를 안전하게 탐험하고
물리적인 몸으로
되돌아올 수 있다는 것이다.

아들아~
비이비이~

아버지!

이 세계는
어떤 곳일까…
처음 보는 신비한 하늘…

여행을 하다 만일
은줄이 손상되거나 끊어진다면
그 즉시로 죽음이 엄습한다고
은비학(隱秘學, Occultism)에서는
정의하고 있다 하니
우리에게 보이지 않는 은줄의 역할은
바로 생명줄과 다름이 없는 것 같다.

아앗…
나의 생명줄이
끊어지다니…

툭!

아주 오래 전에 어느 책에서 읽었던
글이 생각난다.
은줄은 아주 탄력적이며
매우 무한하기도 해서,
우리의 영적인 몸이, 머언 우주로 나아갔을 때도
상상하기도 힘든 짧은 시간에
물리적인 몸으로 포탈하게 하는
능력을 가지고 있다고 하는데,
실버 코드(은줄)는 인간이 측량하기엔 도저히 불가능한
초신비적 물질인 것만은 확실한 것 같다.

수귀의 유혹

episode

17

자연의 모든 사물에는
정령이 깃들어 있다고 하는 학설이 있다.
자연 만물을 이루는 풀잎, 나무, 바위, 돌
하나하나에도 혼령이 있다고 하는데
정령이란 만물의 근원을 이루는
신령스러운 기운을 말한다.

정령론 사상은 자연 숭배를 하던 원시종교이다.
그 대표적인 것에 신석기 시대에 나타난 토테미즘과 애니미즘이 있다.
대체로 토테미즘은 동물을 숭상하는 사상이며
애니미즘은 자연을 숭상하는 사상이다.

토테미즘(Totemism)은
동식물류(독수리·수달·곰·메기·떡갈나무 등)를
토템이라 하여 집단의 상징으로 삼은 데서 유래하며
신화·전설에 의하여 뒷받침이 되고,
동식물을 죽이거나 잡아먹는 일은
금기시하였던 사상이다.

무생물계에도 영혼이 있다고 믿는
세계관을 가진 애니미즘(Animism)은
사람이 죽은 후에도 영혼이 계속 살아 있고,
영혼이 몸을 떠나서 나무·바위·강 등에 거하며
그 영이 살아 있는 사람들에게 이롭게 혹은
해롭게 영향을 미친다고 생각하는 사상이다.

서양에서는 정령을 요정이라고도 표현한다.
요정에 대한 실질적인 조사를 할 수는 없지만
동양에서 언급하는 정령은 서양의 요정과 굉장히 흡사하다.
나는 종종 매체와 온라인에서 '요정을 보았다'는 사례를
접한 적이 있었다. 요정은 존재하는 걸까?
물론 나는 요정이 존재한다고 생각하는 사람이다.
요정을 본 적은 없어도 언제나 내 세계에선 존재해왔다.
자연의 정령인 '요정'의 성향은 심술궂고 변덕스러워
아주 위험하기도 하지만 그 행동 양식은
매우 다양해서 인간에게 행운을 가져다줄 수도 있고
파멸과 불행을 몰고올 수도 있다고 하며
또한 무시무시한 보복을 받을 수 있으므로
매우 조심해야 하는 존재라고도 한다.

이번에 나는 '물의 정령' 혹은
'수귀' 일지도 모르는 존재에 대해
말하고자 한다.
자연의 사물 중 하나인 강물,
위험한 강물에게 유혹 당한 그 어린 날의 경험…
그런데 나는 지금도 알 수가 없다.
강물의 정령(요정)이 나를 이끌었던 것인지
아니면 물귀신이 나의 목숨을 가져가려고 했던 건지
수십 년이 지나도 의문으로 남는다.

수귀는 물귀신을 말한다.
바로 물에 빠졌을 때 환천되지 못하고
지정령으로 되어

그 자리에서 벗어나지 못하게 되면서
나쁜 짓을 하게 되는
악령이 물귀신이다.

항상 자신이 빠졌던 자리에
도사리고 있다가
사람이 그곳에 위치하면
목숨을 앗아가는 존재라 한다.

내가 어렸을 적 여름방학 때 일이다.
기억하기에
내가 초등학교 삼 학년 때였으며
남동생과 오빠, 아버지와 같이
공주 큰아버지 댁으로 놀러갔을 때 일어난 일이다.
어른들은 일 보러 어디 가셨고
우리 삼남매는 여름의 뜨거운 강가에서 놀고 있었다.

그런데 강에서 누군가가 나를 불렀다.
어린 나는 시원해보이는 푸른 강물을 쳐다보았다.
강의 물은 가물지 않아
풍부했으며 매우 세차게 흐르고 있었다.
풍부히 흐르는 물줄기…

물은 나를 부르고 있었다.

나는 고개를 돌리고 강물을 보다가
이내 최면에 빠진 것처럼 강물 쪽으로 휘적휘적 걸어갔다.

물은 상류에서 하류로 세차게 흘러가고 있었다.
매우 힘차면서 매우 매혹적이었다.

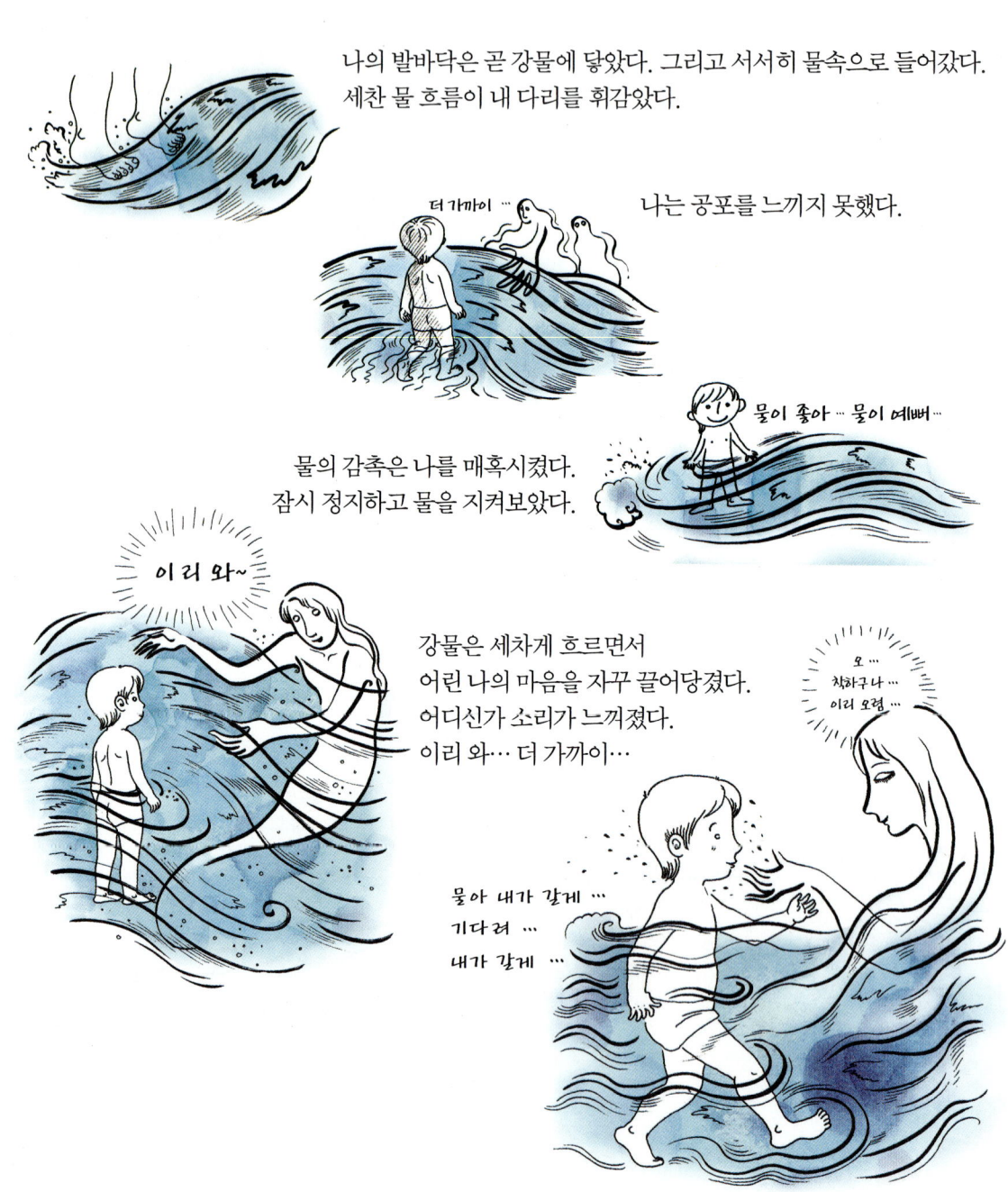

나의 발바닥은 곧 강물에 닿았다. 그리고 서서히 물속으로 들어갔다.
세찬 물 흐름이 내 다리를 휘감았다.

나는 공포를 느끼지 못했다.

물의 감촉은 나를 매혹시켰다.
잠시 정지하고 물을 지켜보았다.

강물은 세차게 흐르면서
어린 나의 마음을 자꾸 끌어당겼다.
어디신가 소리가 느껴졌다.
이리 와… 더 가까이…

나는 마법에 걸린 아이였다. 점점 더 물과 가까이 되고 싶었다.
나는 점점 물속으로 들어갔다. 대체 나는 왜 물속으로 점점 들어갔던 것일까.

지금 생각하도 나는 알 수가 없다. 그냥 최면에 걸린 무의식의 사람처럼 아무 생각 없이
어느 순간부터 벌떡 일어나 물속으로 점점 들어갔으니
왜 그랬는지 지금도 나는 알 수가 없다.
다만 물이 나를 끌어당기는 느낌을 받았던 것 같다.
어느 한순간 물의 정령이 나를 유혹했던 것이 아닐까.
아니 아무래도 수귀였을 것이다.

너무도 힘차게 흐르던 '아름다운 강물'은
어느 순간 내 목까지 차올랐다.

나는 내 눈앞에서 '흐르는 물의 신비한 장관'을 느꼈다.
지금도 잊을 수 없는 그 순간!

감탄을 하는 동시에
비로소 나는 마법에서 깨어났던 것이다.

그러나 초등학교 삼 학년의 작은 체격으로는 세차게 흐르는 물줄기를 더 이상 감당할 수 없었다.
무시무시한 위험이 나를 집어삼키려 했다.

나는 생명의 위협을 느끼면서
몸을 돌려 강가로 나가려고
정신을 차렸으나
이미 때는 늦었다.
강물에 몸이 뒤로 밀리면서
발이 강바닥에 닿지 않고
순간 몸이 가라앉으며 강물에 흘러갔다.

뒤로 떠내려가며 수심은 점점 깊어지는 걸 느끼고,
반사적으로 나는 살기 위해 물속에서 폴짝 뛰었다.
물에서 살짝 올라온 나는 '살려줘' 라고 소리쳤으나

이미 물에 밀려 떠내려가는 나는
더 깊이 물속으로 들어갔고 다시 살기 위해
위로 솟으며 '살려주세요~' 라고 소리쳤다.

그러나 오빠와 남동생은 웃으며
나를 바라보았다고 한다.

오빠와 남동생이 내가 장난한다고 착각하는 시간 동안
나는 점점 아래쪽으로 흘러 떠내려갔고 수심은 더욱 깊어져
이제 죽음을 눈앞에 두었다는 걸 느끼는 순간…

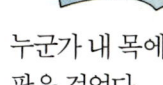

누군가 내 목에
팔을 걸었다.

순간 나는, 안도하며 나의 몸을
그 팔에 맡기곤 기절한 것으로 기억한다.
오빠가 나를 구했다.
수십 년이 지나도 오빠에게 감사한다.
오빠는 마침 수영을 잘하는
초등학교 육 학년 소년이었으니
내 생명을 구할 수 있었던 것이다.

그렇게 해서 나는 살아날 수 있었지만 그 날의 그 사건,
특히 점점 얼굴까지 차오르던 위험한 물줄기는 영상으로도 선명하게 기억한다.
어째서 전혀 수영도 할 줄 모르는 내가 물속으로 점점 들어갔던 것일까…

수귀가 부른 것일까…
정령의 유혹이었을까…

페인이 되는
귀접 현상

episode

18

1998년 10월
나는 가족들과 마포의 모 아파트로 이사했다.
마포의 모 아파트는 신축 건물이었기 때문에
귀신의 출몰에 대해선 아예 염두에 두지 않았다.

그러나 나는 이 아파트에서 삼 년을 지내는 동안,
거의 폐인이 다 되었고 사지에서 구사일생으로 살아나와
다른 지역으로 이사하면서
지독한 망령들의 시달림에서 벗어났으나
이후 그 후유증으로 칩거 생활에 들어가야 했다.

지독한 망령들…
이승에 집착과 한이 강한 영혼들은
사람들에게 미치는 영향이 실로 대단하다고 들었다.
단적인 예로, 귀신들은 사람의 생기를 흡수하며 산 자를 괴롭힌다.

저승

그런데 죽은 사람의 영혼들이
모두 귀신이 되는 건 아닌 것으로 안다.
귀신은 앞서 말한 것처럼 이승의 집착과 한이 넘쳐 저승으로 가지 못하고
중음계를 떠돌며 살아 있는 사람들에게 해악을 끼치는 존재들이다.
죽은 자의 영혼들이 이승에 나타날 때는 사람들에게 해코지를 하는 망령도 있고
저승에 있으면서 후손을 돕기 위해 나타나는 영혼들도 있다고 한다.
누구도 정확히 알 수는 없으나 '죽은 자의 세상'도
이 세상만큼 복잡하고
미스터리한 것 같다.

중음계

이승

죽은 자의 세상에서 가장 문제가 되는 존재는 바로
사람에게 해악을 끼치며
사람들을 괴롭히고 결국에는 사지로 몰아
죽게 만드는 귀신들이다.
이 존재들은 사람들의
생기를 흡수한다고 한다.

생기란 생명력이 있는 기운,
생명의 원인자라 하는데
사람에게 생기가 사라지게 되면
결국 죽음이 올 수밖에 없다.
그런데 귀신들은 특히
'몽마와 귀접 현상'을 통해
사람들의 생기를 흡수한다고 하니
그 얼마나 위험한 일인가.

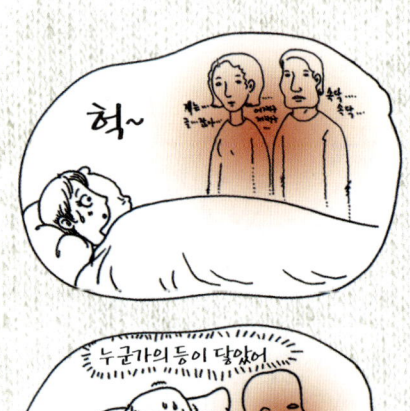

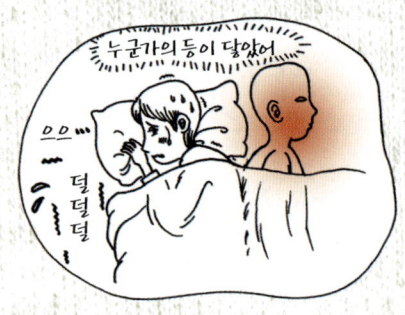

유령이 출몰하던 마포의 모 아파트에서
내가 귀접을 정확히 체험한 긴
약 두어 번 정도 밖에는 되지 않는다.
그러나 밤이면 망령들이 자주 보였고
마치 최면에 걸린 것처럼 나는 자주 잠 속에 빠졌었다.

환각, 환청에 시달렸고 몽롱한 상태에서
자고 있는 내 옆자리에 다른 사람의 등이 보였으며
닿고 있는 감촉까지 생생히 느껴져 공포에 떨기도 했다.

그곳에서 이상한 악몽들과
이상한 체험들이 줄지어 일어났는데,
그런 체험을 삼 년간 겪으면서 내 몸은
점점 유령같이 말라갔고
지인들은 해골같이 변해가는
내 모습에 놀라기도 했었다.
귀신들이 생기를 빼앗는 방법 중에는,
귀접과 귀교가 있지만
악몽을 통해서도 사람의 생기를
흡수한다고 하니 나는 여러 수단을 통해
삼 년간 나의 생기를 모두
귀신들에게 바친 셈이었다.

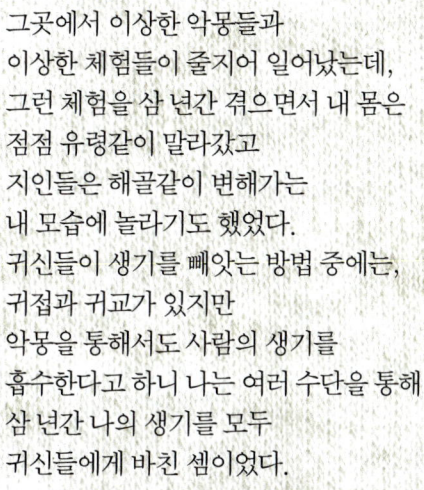

ㅎㅎㅎㅎ~

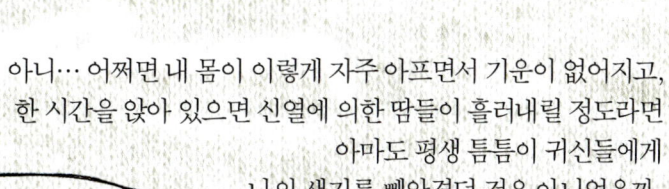

아니… 어쩌면 내 몸이 이렇게 자주 아프면서 기운이 없어지고,
한 시간을 앉아 있으면 신열에 의한 땀들이 흘러내릴 정도라면
아마도 평생 틈틈이 귀신들에게
나의 생기를 빼앗겼던 것은 아니었을까.

바짝 말라 비틀어진 새까만 살의 엄청 늙은 미라 노인이 나타나
나의 생기를 흡수하는 장면을 꿈에서 본 적도 두어 번 있다.
그런데 내가 반항하지 못한 이유는
이상스럽게 그 순간 최면같이 몽롱한 환각 상태가 되기 때문이었다.

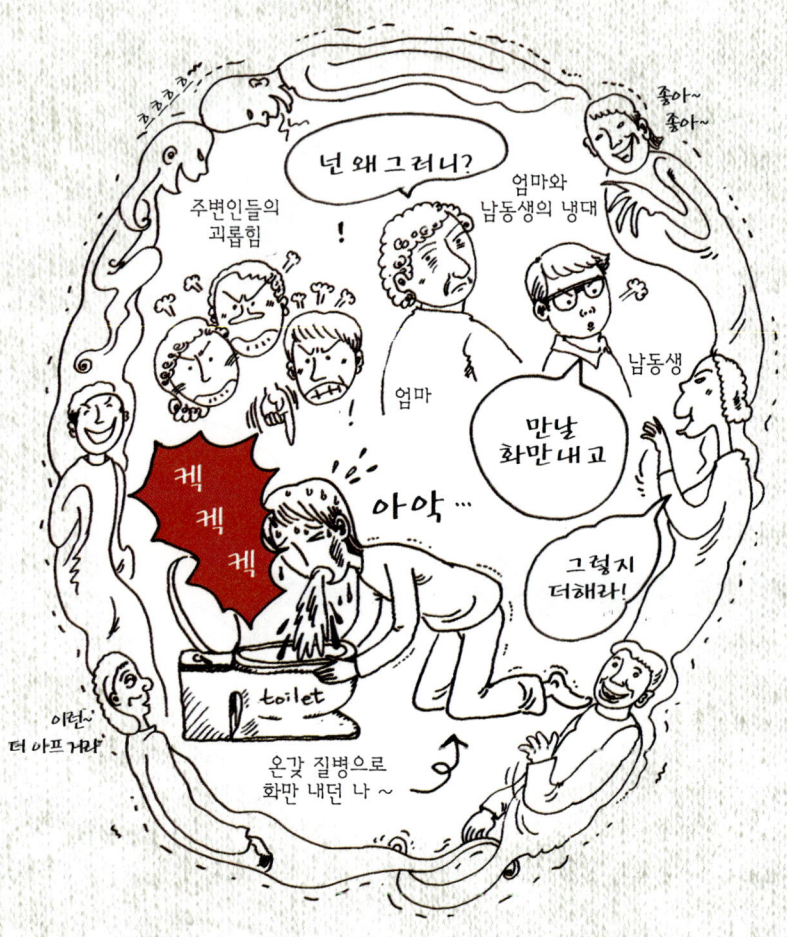

마포의 모 아파트에서 삼 년을 지내던 나는 그 당시 매우 포악해졌다.
온갖 질병으로 몸이 너무 아파 모든 것이 짜증 났고 화가 났기 때문이었다.
위는 극도로 나빠졌고 급체 증세가 빈번해지면서 화장실에서 죽을 만큼 토해내기 일쑤였어도
이상스럽게 엄마와 남동생은 나를 위로해주지 않았고 내게 무척 냉정했으며
주변인들은 아픈 내게 시비를 걸었고 정신적으로 괴롭혔다.
아마도 이 모든 상황은 그 아파트 유령들의 농간이었을 것이다.

그러다 어느 날 시내에서 아는 후배를 만났는데,
내 몰골을 보고 깜짝 놀랐을 정도였다.

그 당시 나의 몸은 점점 폐인으로 치닫기 시작했으며
얼굴은 급속도로 해골같이 변해갔고
눈 밑은 움푹 꺼지면서 거무충충한 게 아니라
아예 새까맣게 변해 있었다.
내 얼굴은 핏기 하나 없이
눈 밑만 새까만 저승사자같이 변해 갔다.
생기를 거의 빼앗기고 갖은 병과 정신적 괴로움으로
거의 죽어가던 시절이었다.

선배! 얼굴이 너무 심하게 말랐네요.
해골 같아요.
게다가 눈 밑 다크서클은
왜 그렇게 새까맣대요?

그림
후배

남동생

나

엄마

뽀미

오로지 내게만…

내가 그 아파트에서 삼 년 이상을 살았다면
분명히 이미 죽은 목숨이었을 것이다.
그 아파트에서는
나와 엄마, 남동생,
강아지 뽀미가 살았는데,
오로지 나 하나만
귀신에게 모질게 당했다.

그곳에서 나타난 귀신의 모양새가
어렸을 때 보았던 무서운 귀신 모습이었다면
아마도 엄마에게 이사 가자고 요청했을 것이지만
그 아파트에서 보았던 유령들은 그냥 보통 사람 모습이었고
왠지 내게는 두려움과 공포감이 많지 않아서
더 오래 그 아파트에서
살았던 것 같다.

비몽사몽

별로 안 무서워···

세월이 흐른 후,
그 아파트에서의 모든 나쁜 일들이
결국 나를 죽음에 이르게 하려던 귀신들의 짓이었음을 알게 되었지만,
그때는 깨닫지도 못했고
그 당시에는 그런 일들에 대해 누구도 믿어주지 않을 것이라 생각했으며
또한 부끄러워 아무에게도 말하지 못했다.

이번에 강조하고 언급하려는 주제는
바로 이러한 '귀접 현상'이다.

귀접(鬼接)은 글자 그대로
귀신(鬼神)과의 교접(交接)을 뜻하며
사람들은 이것을 꿈으로 착각하기도 하지만
절대 꿈이 아니다.
말 그대로 실제 귀신과 잠자리를 하는 것인데,
이 현상은 잠자면서 몽롱한 와중에
귀신이 다가와 함께 자는 것이다.

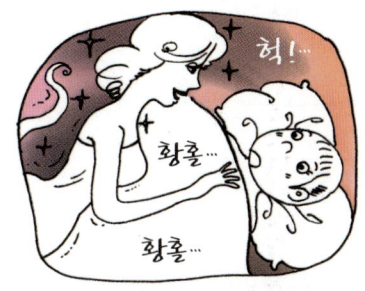

허!…

황홀…

황홀…

밤마다 찾아오는 그 남자…

이 때, 귀신의 모습은 대개 잘생긴 남자,
혹은 미녀의 형태로 나타난다고 하는데
그러한 귀신은 살았을 때의 쾌락에
한이 맺힌 망령들이라 한다.

'몽마'는 어린 청소년들에게 자주 나타나는 현상인데
이제 성에 막 눈을 뜬 청소년의 꿈에 나타나
아이를 흥분시키고 잠자리를 가져
청소년의 생기를 흡수하는 현상이다.

'귀교'는 바로 귀신과의 잠자리, 즉 귀접과 비슷한 현상이며
귀교가 깊어지면 중병이 들고 기력이 쇠해지면서
결국 귀신이 그 사람을 저승으로 데려가게 된다고 한다.

이러한 귀교, 귀접, 몽마 현상은 자신의 내적인 욕구와 갈망이
꿈속에서 실현되는 것일 수도 있겠지만
인간의 생기를 먹고자 하는 '귀신의 장난' 이 많다고 들었다.
좀더 세세히 설명하자면 귀신과의 잠자리는
대부분 잠이 들 무렵 비몽사몽간에 겪게 되며
그 느낌은 실제와 같다.
피부가 닿는 감촉의 느낌, 행위의 느낌,
이런 것들이 꿈과 다른 점이라 하겠다.

오늘은 또
누구의 생기를
섭취해 보실까나
낄낄낄~

생각해보면 귀신과의 접촉이란 그 얼마나 무섭고 두려운 일인가.
어렸을 때 만화에서 그와 비슷한 내용을 본 적이 있었는데
보면서도 너무 무서워 소름이 끼쳤다.
그러나 막상 그런 일을 당할 때는
비몽사몽 몽롱한 가운데 그 일이 일어나곤 하기 때문에
대다수 귀접 현상을 겪는 사람들은 공포감을 모르고
오히려 그 일을 즐기는 사람들도 의외로 많다고 들었다.

무서워

덜
덜
덜

만화책

겪어보지 않은 사람들은
말도 안 된다고 비아냥거릴지 모르나
인터넷 검색 엔진에 '귀접' 으로 검색해보면
사람들의 체험이 줄줄이 쓰여 있는 걸
찾을 수 있을 것이다.
귀접 현상은 생각보다 많은 사람들이
겪고 있는 것이다.
얼마나 많은지 어느 사이트에서는
'에로 가위' 란 용어까지 생겼다.

비몽~ 사몽~

꿈이야 …
생시야?

호호호~

누구세요?
무아지경

웬미녀

하늘에서 온
선녀세요?

귀접을 경험한 사람들,
그리고 귀접에 희망을 갖고 있는 사람들은
귀신의 속삭임에 속아서는 안 된다.
귀신의 장난에 현혹되어
결국 온몸이 뼈와 가죽만 남은 폐인이 되어서
저승으로 가는 사람들이 많다고 하니
이 무서운 유혹을 거부하려는
강력한 의지가 반드시 있어야 할 것이다.

걱정 마세요…
매일 밤 올게요…
사랑해요…

자기…
밤마다…
기다렸어…

아니?
여기가
어디야?

어느 사례들을 인터넷에서 읽어보았는데.
어떤 여성은 남편이 죽고난 후에도 죽은 남편이 매일 밤 와서
사랑을 나누고 집안일까지 참견한다고 하며,

저승 일이 바빠서
늦었어. 여보~~

오래
기다렸어요~

또 어떤 학생은 매일 밤 어떤 여자가 찾아와
잠자리를 하고 대화도 한다는
이야기를 읽은 적이 있었다.
귀신과의 교접을 즐기는 사람은
결국 귀신에게 계속적으로
생기를 빼앗기게 되므로
현실에서는 치유할 수 없는
중병이 들고 급기야
요절을 하고 만다는 것을 명심하라.

오늘은
뭐했어?
학교 생활은
어때?

고등학생

내 바람은, 많은 사람들이 현실에서 발생하고 있는
이러한 놀라운 일들과 두려운 초현상을 인식하고
꿈에서조차도 어여쁜 이성이 나타나 당신을 유혹하려고 할 때가 생긴다면
반드시 경계하고 거부해야 함을 잊지 말았으면 좋겠다.

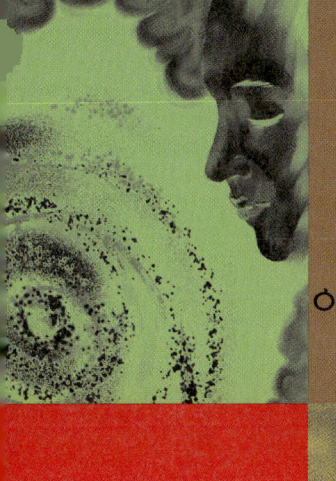

아스트랄 차원의
하부계 사람들

episode
19

밤이 되면 대체로 우리는 잠을 잔다.
잠을 자지 않을 때 우리의 육체는 항상 깨어 있으며
깨어 있는 만큼의 열량을 감소시키고 혹사시키는 데 반해
잠은 일종의 휴식 같아서 잠을 자는 동안은 몸과 영혼의 원기를 충전할 수 있다고 한다.

그런데 여기서 짚고 넘어가고 싶은 것은
우리가 잠자는 동안 일어나는 현상들이 모두 꿈일까 하는 것이다.
사전적 의미에 따르면 꿈은 '잠자는 동안에 깨어 있을 때와 마찬가지로
여러 가지 사물을 보고 듣는 정신 현상' 이라 하는데,
우리가 잠을 잔다고 해서 잠 속의 여행을 모두 꿈이라 단정 지을 수 있을까 하는 것이다.
수면 중에 일어나는 현상 중 하나로 유체이탈이 되어
영혼의 여행을 할 수 있다고도 영혼 전문가들은 말한다.

내가 심령 카툰 작업을 시작한 시기는 2004년 11월부터였다.
단순히 사람들의 호기심을 충족시키기 위해서
카툰을 작업한 것이 아니라
내 근원적인 아이덴티티를 찾기 위해 시작한 것이 주 의도였다.
이때부터 내게는 전혀 생소했던 분야인
오컬트(Occult, 과학적으로 설명할 수 없는 신비적·초자연적인 현상,
또는 그에 대한 지식)에 대해 관심을 가지기 시작했다.
내가 어째서 물질계에 속하지 않은
심령체들에게 평생 고통을
당해왔을까 하는 자문에 대해서도
오컬트 도서를 조금씩 접하면서
감이 잡히는 것을 느꼈다.

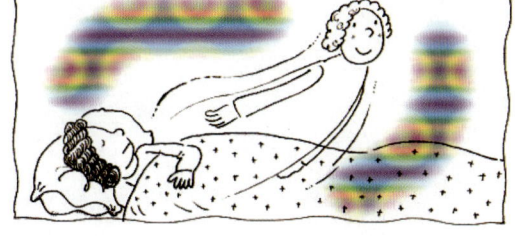

나는 누구일까?
나는 왜 이토록 이상한 체험을
하고 있는 것일까?
나의 정체성을 찾고 싶다.
내가 왜 긴 세월을 고통과
두려움 속에서
지내야 했는지…

물질계는 거대한 우주에 비하면 아주 작은 알갱이에 속한다고 한다.
진짜 세상은 대체 얼마나 거대한 것인가.
비가시 우주도 가시 우주에 비하면 우리의 상상을 초월한다던데.
내가 도저히 이해하지 못했던
물리학의 대가들이 발견하고 측정해왔던 우주는 대체 얼마나 넓은 세상일까.
그 거대한 우주 안에는 우리가 상상할 수 없을 정도의 많은 세계가 있을 것이다.

멘탈계

아스트랄계

물질계

그중에서 '아스트랄계'의 하부계에 대해 조금 언급하고자 한다.
나는 신지학(神智學, Theosophy, 보통의 신앙이나 추론으로는 알 수 없는
신의 심오한 본질이나 행위에 관한 지식을, 신비적인 체험이나
특별한 계시에 의하여 알게 되는 철학적·종교적 지혜 및 지식)을 통해 물질계와 인접하고 있는
세상이 아스트랄계라는 것을 알게 되었다.
아직 지식이 많지 않기에 정확히 서술할 수는 없겠지만 아스트랄계가 요즘 화두가 되고 있는
중천(중간계)이 포함된 세상이 아닐까 조심스레 추측해본다.
다른 정보에서 찾아보면 아스트랄계는 혼의 집합장소를 뜻하기도 하며
중세 용어로는 물질계와 멘탈계 사이에 있는 자연계를 가리킨다고 하는데
좀더 쉽게 말한다면 심령계, 정신계, 무의식 같은 정신세계라고도 언급하고 있다.
우리가 겪게 되는 초자연적 경험들이 일어나는 것은 대개 이 아스트랄계와 연관되어 있다고 한다.

물질계의 사람은 특히,
육체가 수면 중일 때 아스트랄계에 깨어 있게 된다고 하는데,
진동 주파수가 그 세계와 상당히 근접한 사람은
때때로 아스트랄계를 인식할 수 있는 것이 가능하다고 한다.
아마도 이러한 점을 볼 때 내게 신비 현상들이 많았던 건
'타고난 진동 주파수' 때문이었을 가능성이 많다.

오빠와 남동생은 종종 내게
어떻게 하면 귀신을 볼 수 있는지 묻는다.
대체로 많은 이들이 이와 같은 질문을 한다.
자신들이 체험하지 못하므로
신비하기도 하고 부럽기도 해서…
이들은 공포 영화를 흥미 위주로
볼 수 있는 사람들이기도 한데,
심령체와 진동 주파수가 맞지 않는 사람들이기에
심령체의 공격을 받지 않는다.
나는 그들이 부러울 따름이다.

언제부터인가 나는
때때로 잠을 통해서 유체이탈을 해왔음을 알게 되었다.
나는 '왜 꿈이 이렇게 이상하지?' 하고 되물어도
아무도 그 의문을 풀어주지 못했기 때문에 늘 가슴에 품고 세월을 보내왔다.
그러나 요즘은 꿈과 선몽, 유체이탈이 어떻게 다른지 알 것 같다.

뇌파의 활동인 무의미한 '꿈'은 언제나 스토리가 뒤죽박죽이었으며
별 의미가 없거나 혼란스러워
아침에 일어나면 거의 줄거리조차 생각나지 않았던 것에 반해,

'선몽'은 분명 어느 존재와 확실히 만나는 것이었으며
현실과 다르지 않을 정도로 그 촉감과 영상이 유난히 선명하고 밝으며
의미심장하고 상당히 상징적이었다. (선몽도 유체이탈로 존재를 만나는 것이 아닐까?)

그에 반해 '영혼의 여행' (유체이탈)은
대체로 내가 걷거나 떠다니면서 여행을 하며
만나는 존재들이 내게 말을 거는 것이
마치 현실과 똑같으면서도
상대의 느낌들이 예사롭지 않았으며,
장소의 풍경도 현실과 조금 다른 분위기이거나
조금 더 신비한 이미지를 나타내기도 했는데…

이러한 유체이탈은 잠을 깬 후에도
언제나 생생히 기억이 날 정도였다.
요즘은 그 일들이 유체이탈이었다는 것을
알았지만 그때는 꿈에서 누군가와 대화를 나눌 때
상대가 이성적이고 너무도 현실적으로
내게 말을 거는 일들이 몹시 의아했다.
하지만 물어볼 이들이 없어 그냥 넘어갔던 기억이 난다.

2005년 겨울, 약 삼 개월간…
나는 잠만 자면 이상한 여행을 한 적이 있었다.

아래 글은 그 당시의 꿈을
누군가에게 호소했던 글이다.

"꿈에서 죽은 자들을 많이 봅니다.
제가 잠들면 어두운 망령의 세계로 자주 가는 것 같습니다.
꿈하고는 다릅니다. 뭐라 말하기 애매하지만 꿈하고는
정말 다릅니다. 희미한 분위기 속에서
그들은 평범한 사람의 모습을 하고 있었구요.
저의 몸 상태도 너무 잘 지적해주었습니다.
제가 몸 일부가 좀 안 좋은데 지나가던 꿈속의 사람들은
길을 가다가 제게 와서 그 이유를 물어보기도 합니다.
너 왜 그러냐고 하면서요. 아무튼 잠을 자다보면
하늘 세상이 아닌 땅 밑의 세상으로 갈 때가 아주 많아요."

이 장면을 부연설명해보겠다. 아직도 기억이 선명하기 때문에 나는 자세히 말해줄 수 있다.
검은 안개에 뒤덮인 세상이었다.
지나가는 사람들이 평범한 모습을 하고 있다는 건
평범한 느낌의 사람이라는 것이지 모습도 평범한 것은 아니었다.
검은 안개 속의 사람들은 그 거리에 많았으며 모두 움직이고 자연스럽게 걷고 있었다.
공포스럽거나 무서운 악령은 하나도 없었지만 모두 흐릿하고 검은 형체의 모습을 하고 있었다.
말을 거는 사람들의 목소리는 이상하지 않았는데 일반인 같은 에너지가 느껴졌으며
보통 사람 같은 분위기로 내게 말을 걸었다. 나 역시 그들이 하나도 무섭지 않았다.
다만 거리가 좀 답답하고 음침해서 이상하게 여기기만 했다.

그 당시는 대체로 비슷한 꿈들을 계속 꾸게 되었다.
"예를 들면 지하철 계단을 통해 땅속으로 자꾸 들어갑니다."

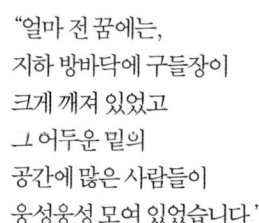

"그 컴컴한 곳에서 사람들과 만나
생생하게 이야기를 나눕니다."

"얼마 전 꿈에는,
지하 방바닥에 구들장이
크게 깨져 있었고
그 어두운 밑의
공간에 많은 사람들이
웅성웅성 모여 있었습니다."

"그 곳은 컴컴했으며
아주 약한 불빛에
의지해서 사람들이
지내고 있었습니다."

2005년 겨울, 약 삼 개월 동안…
나는 위와 같은 여행을 계속 하게 되었다.
그 기간 동안은 여러 수단을 통해 땅속의
세계로 내려간다거나 아니면
검은 안개의 세상에서 사람들을 만나
대화를 나누는 꿈을 계속 꾸게 되었는데
삼 개월 이후부터는
다시 그 세상으로 가지 못했다.

그 당시는 그 세상이 대체
어떤 세상인지를 알 수가 없었다.
다만 그들의 형체를 보면서 그들의 느낌에서
죽은 자의 분위기가 느껴졌을 뿐이었다.
그런데 그들은 악몽에서 나오는 악령들과는 또 달랐다.
악령들은 에너지의 흐름이 극도로 소름끼치는 양상을 보였지만
어두운 세상의 그들은, 그저 물질계에서 죽은 보통 사람들의
분위기였기 때문에 무섭지 않았다.

얼마전부터 나는 그 당시 내가 여행했던 검은 세계가
아스트랄계의 가장 낮은 일곱 번째 하부계가 아닌가 추정해본다.
요 근래 잠깐 읽어본 신지학에서 보면
'아스트랄계의 일곱 번째 하부계는 물도 없고,
공기도 없고 칠흑 같은 밤처럼 어두컴컴하고,
사람들은 이 어둠 속 어디선가
무기력하게 배회하고 있도다' 라고 나온다.
아스트랄계에는
상부구조와 하부구조가 있다는데
아마도 하부구조의
여행을 다녀온 것이 아닌가 어슴푸레 느낀다.

이들은 하나도 안 무서워.
그냥 좀 겁고 희미할 뿐이야.

이러한 낮은 아스트랄 차원계도 분명 넓고 다양할 수 있지 않을까.
나는 왜 그러한 여행을 수개월간 체험했던 것일까?
지금은 그곳을 가지 못한다.
어차피 그 어떤 체험이든 그 어떤 여행이든 내가 조절해서 가본 적은 없으니
내가 그 당시 왜 그 세상을 체험해야 했는지에 대해선
그 의미를 알 길이 없다.

나를 지켜주시는 나의 인도자는 그 의미를 알고 계시겠지.
그리고 언젠가는 알려주실 것을 믿어본다.

진짜 세계는
어디인가?

episode

20

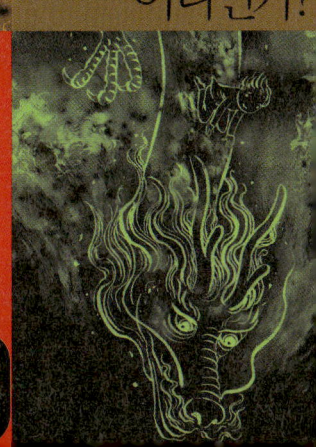

언제부턴가 나는 실제 세상이 어디일까 하는 의문을 갖게 되었다.
어느 곳이 진짜 세상인가?
요즘 접하는 정신세계에 대한 다양한 도서들에선 모든 실재는
정신적이라고 말한다. 우리가 실제 세상이라 부르는 세계는
실제로 존재하는지 확신할 수 없다고 한다.

이 세상은 실제로 존재하는 것일까.
이 모든 것이 혹시 꿈은 아닐까.
내가 꾸는 꿈의 세상은 과연 꿈일까.
실제로 존재하는 세상이 과연 이 세상인 것인가.
아니면 저편의 세상인 것인가.

초등학교 다니던 어린 시절.
몇 학년 때인지 기억이 가물거린다.
그 당시 나는 잠이 들면
아득하고 판타지한 꿈을 자주 꾸었나.

한 번이라면
스치고 잊어버릴 꿈이었겠지만
잠이 들면 그 세계로 들어가
휘황찬란하게 아름다운 체험을
반복해서 하게 되었다.

영원한 천상의 피조물인 불생불멸의 존재 '용'은 무시무시함을 뒤로 하고
우주를 나는 듯 어른거리곤 했는데
그 거대한 몸체는 엄청나게 웅장했으며
그 몸에서 터져나오는 무지갯빛은 매우 고혹적이었다.

그 웅장하고 신성한 용은
어린 시절 내 꿈에 자주 나타났다.
아름다운 색깔을 지닌 신묘한 용은
매번 꿈을 꿀 때마다
어린 나를 등에 태우고
하늘 세계의 절벽을 섬광처럼 날아다녔으며

하늘의 절벽을 타고
또 오르고 사이사이를 구부려가며
계속 비상하곤 했었는데
수십 년 세월이 흘렀어도
그때의 감촉과 광경들을
나는 잊을 수가 없다.

나는 지금도 용이 보여준
하늘의 절벽이 기억난다.
매우 가파르고 끝이 없어보일 만큼
거대한 천상의 절벽이었다.
계속 가다보면 염라대왕을 만날 것 같았던
오묘하고 기괴했던 하늘의 절벽.
그러나 절벽의 끝은 다다르지를 못했다.

그 시절에 자주 반복해서 나타나던
꿈속의 용은
이후에 다시는 나타나주지 않았다.
그러나 내 생애 동안 잊지 못할 만큼의
신기한 체험을 하늘의 용은 선사해주었는데…
이 체험은 과연 꿈인가…
이 체험은 과연 환영인가…

용아 … 그리워 …

여러분은 과연 우리가 꾸는 '꿈의 세상'을 환영이라고 확신할 자신이 있는가!
여러분은 과연 이 세상이 실제 세상이라고 주장할 근거가 있는가.

'뇌와 마음은 같은 것'이라는 인습적인 사고방식은
사후 세계를 부정하는 장애를 낳고 있었는데

현대의 많은 과학자들 사이에서는
뇌와 마음이 하나가 아니라는 학설이
점차 공감대를 넓히고 있다고 한다.
더구나 많은 이들이 경험하고 있는
유체이탈 체험은 생물학적 뇌가 의식의 근원이
아님을 알게 해주는 사례 중 하나이다.

뇌란 의식을 전이시키고 저장하기 위한
일시적인 생물학적 장치라는 것에
깊이 공감한다.
믿기 힘들지 모르지만
마음은 뇌라는 컴퓨터를 통해서 작동하며
마음이란 컴퓨터의 프로그래머로서의
기능을 하는 메커니즘으로
볼 수 있다는 것이다.

자… 한번 생각해보자.
많은 이들이 경험하는 임사 체험을 본다 하더라도 인간의 생물학적 뇌가
언젠가는 썩어없어지고 말 텐데 어떻게 인간의 마음이 죽은 후에도 계속될 수 있단 말인가.

다스칼로스의 책에서는 '실재라고 생각하는 이 세상은 사실은 좀더 빛나는 다른 세계의 그림자에
지나지 않는다' 라고 언급하고 있다.

다스칼로스   지중해 섬 마을
스트로볼로스에 사는 신비가.
신유가(神癒家). 죽은 자의 세계
를 마음대로 넘나들며 초자연
적인 힘으로 병든 사람들을 치
유하는 지중해의 성자, 영혼의
마법사라 불리운다.

또한, 다스칼로스와 몇몇 도서에서는
'이 세상의 색깔이란 실제로는 존재하지 않는다'라고 했다.
왜냐하면 색깔은 소리이며 빛이고 운동이며 진동 주파수의 산물이라는 것이며
결과적으로 색깔은 물리적 세계의 일부가 아니라 경험 같은 정신적 실재의 일부분이라는 것이다.

우리의 본질은 어느 것인가. 우리에게 본질적인 것은 육체가 아니고 영혼은 아닐까.
결국 '생물학적 몸을 입은 영혼'이 우리의 본질적인 모습이 아닐까.

플라톤은 본향(이데아의 세계)을 진짜 세계,
우리가 살고 있는 이 세상을 가짜 세계라는 식으로 나누었다고 하는데
그 이유는 이데아의 세계(진짜 세계)에 원형(진짜)이 있기 때문이라 했다.

그렇다면 우리가 살고 있는 이 세상은
가짜라고 볼 수 있는가.

신유가인 다스칼로스는
꿈속의 세계를 환상이라 생각하지 말라고 했으며
꿈이 비현실적인 것도 아니며,
거친 물질계를 포함한 모든 차원에서의 경험은
모두 꿈의 일종이며
사람들이 '현실'이라고 부르는 그것은
어디에도 존재하지 않으며
'모든 것이 꿈'이라고 서술했다.

다스칼로스

····· 모든 것은 꿈이지요 ·····

너의 뇌속으로
우리가 만든
삶의 시나리오를
주입하노라···

me

나의 지난 일생은 언제나
나의 뇌에 저장되어 있다.
우리는 삼차원 세상을 현실이라 단정하며
자신의 의식 속에
감각이라는 도구를 사용해서
실제를 인식하려 하지만
과연 저장돼 있는 이 생의 기억들은 진실일까?
과연 진실일까···

어쩌면 그 기억은 초자연적 존재가
우리를 속이기 위해
뇌에 주입한
환영의 질료인지도 모른다.

시각적 경험을 통해 모든 물체를 인지하는 삼차원의 존재들은
그래서 언제나 모순에 빠져 있을 수밖에 없다.
시각적 감각적 체험 또한 불완전한 도구일 뿐이니까.

나는 지금 컴퓨터 앞에 앉아 글을 쓰고 있지만 나의 어린 시절은 저 멀리 있지 않다.
마치 엊그제 나갔다 놀다온 아이처럼 어린 시절의 체험들이 내 뇌리에 너무도 가까이 존재한다.
분명 어린 시절이 엊그제였는데 길지 않은 눈 깜박임의 세월 동안 벌써 이렇게 나이가 들었다는
사실을 나는 종종 믿을 수가 없다.

내가 체험한 어린 시절의 용은 이상할 정도로 자주 꿈에 출몰했고
나를 태우고 하늘의 절벽을 생생히 보여주었다.
이러한 신비한 체험이 만일 꿈이라는 매개를 통해 가능하다면
나는 다스칼로스가 말하는 세 개의 신체설에 공감할 수 있다.

이지계

이지체

심령계

심령체

거친 물질계

육체

세 개의 신체설이란,
인간은 육체, 심령체, 이지체를 동시에 갖고 있다는 설이며
또한 모든 인간은 세 가지 존재 차원에서 산다고 한다.
거친 물질계와 심령계(사차원계이며 아스트랄계), 이지계(이데아의 세계)에
동시에 살고 있다고 하는데…

그렇다면 내가 용을 만나 하늘 절벽을 날아다닌 일은
나의 심령체가 아스트랄계에서 체험하는
그 세계의 일상일지도 모른다.
미지의 세계는 언제나 우리에게 환상을 심어준다.
그러나 그 환상의 진실은 과연 무엇일까.
과연 어느 것이 환상인 것일까…

귀신 퇴치의
여러 방법

episode

('귀신 퇴치 방법'에 대해서는 본래부터 본인이 알았던 것이 아니며 자료를 조사함으로써 요즘에서야 알게 된 것임을 밝힙니다. 그러므로 심령적인 문제에 대해 저에게 전문가적인 견해를 물으신다면 답변할 수 없음을 양해해주시기 바랍니다.)

나는 짧지 않은 생애 동안 무서운 심령 체험을 참 많이도 하고 살아왔다.
그런데 심령 카툰을 그리던 시기부터
예전처럼 많은 공포를 경험하지 않게 되었다. 참으로 다행스러울 따름이다.
과연 '지피지기면 백전백승'이란 말이 맞는 것인지.
귀신이 무엇인지를 알려고 하던 때부터는 예전처럼 무섭지 않은 게 사실이다.
아무튼 요즘은 아주 은근한 초자연적 체험만을 가끔씩 경험하고 있다.

과거의 시간 속에는 유난히 섬뜩한 집이 두 곳 있는데
하나는 어렸을 때 살았던 단독주택이었고 또 하나는 서울 모 아파트의 내 방이었다.
두 집의 특징이라면 그늘지고 음침한 분위기와 잦은 횟수의 악몽,
유령 출몰이었다.

어렸을 때의 집은 특히 귀신을 경계하는 길냥이(집 없는 고양이)들이 밤마다 소리를 냈으며
'귀신의 살기'가 많았던 것인지 집에서 기르던 개들이 자주 죽어갔다.

서울의 모 아파트는, 나도 모르게 나 스스로 커튼을 깊이 치고 어둡게 살았으며
전화 혼선이 자주 있었고 형광등 깜빡임과 심령 현상이 극에 달했었다.
그 외의 특징들은 벌써 오래전 일이라 더 이상 기억이 안 나지만,
자료 조사에 의하면 귀신이 사는 집은
시큼한 냄새와 알 수 없는 진동, 습기가 차는 등 많은 현상들이 나타난다고 한다.
내가 그 당시에 귀신 퇴치 방법을 알려고 했다면 얼마나 편했을까.
미신이라 회피하기만 하고 모든 공포를 다 체험하며
나의 생기를 뺏기고 살아야 했으니
지난 시간이 조금 억울하기는 하다.

서울의 모 아파트는 유령은 많았지만 무서운 형체의 귀신은 없었다.
그러나 어렸을 때 살았던 지방의 단독주택에는
온통 무서운 모습의 귀신들이 많았는데
대체로 긴 머리 귀신이나 혹은 섬뜩한 형체의 여자 귀신들이었다.

우측에서 좌측을 향하던 어느 귀신은
두려울 정도의 공포 에너지를 꿈에서 발산했는데
어느 곳으로도 도망할 수 없는 내게
점점 가까이 흐느적거리며 다가오던
그 흉측한 꿈은 특히 잊을 수가 없다.
내 살아생전 그 존재만큼 무서운 에너지를
느낀 적은 결코 없었으니까!
그래도 아직까지 내 정신이 멀쩡한 건
오로지 높은 존재의 은혜라 생각한다.

이제 '귀신 퇴치의 방법'에 대해 본론으로 들어가보겠다.
'세인들이 행하기 어려운 전문적인 방법'을 피하고
좀 일반적이며 행하기 쉬운 방법만을 알려주고자 한다.
어차피 나 역시 그 방면에서 전문가가 아닌 '학생'이기 때문에
어려운 방법을 누가 내게 설명해줘도 나는 행할 수 없기에.

아래의 설명은 많이 알려진
보편적인 '귀신 퇴치의 방법'들이다.

1 기본적으로 귀신은 약한 사람을
좋아한다고 한다.
그러므로 강한 정신력을 키워야 한다.

2 나쁜 마음, 올바르지 못한 생활,
온갖 나쁜 생각들은
귀신들이 좋아하는 것이라 하니
밝고 긍정적인 마음을 가져야 한다.

3 귀신은 악취를 좋아하므로
창문을 열어 집안의 환기를 시켜주어야 한다.

4 잠을 잘 때는 입을 다물고 자는 것이 좋으며 죽은 사람처럼 바로 누워 자지 말아야 한다.
누워서는 몸을 옆으로 하고, 무릎을 구부리면 좋다.
또 하룻밤에 다섯 번은 반복하여 돌아눕는 것이 좋다.

5 방안 분위기는 밝고 깨끗해야 한다.
장롱 속 아무렇게나 벗어둔 옷이 있는 곳,
쓰레기를 버리지 않고 두어 악취가 나는
쓰레기통, 함부로 구석에 처박아둔
몽당빗자루 등은 빙의의 놀이터가 된다.
집안에 써는 물건이나 지저분하고
냄새나는 물건은 치워야 한다.

6 늘 몸을 청결히 한다.
잡귀는 냄새나는 인간을 좋아하므로.

7 귀신들은 나쁜 마음과 음습한 환경을 좋아하므로 되도록 실내를 밝은 조명으로 바꾼다.

8 악몽을 자주 꾸거나 유령들을 보는 사람들은 혼자 자면 안 된다.

9 영적 정화를 위해 일광욕도 할 필요가 있다.

10 종교적인 힘도 귀신을 몰아낼 수 있다.

11 개들은 신령스러운 동물이므로 주인 대신 자신의 몸을 희생하거나 귀신을 보고 몰아내기도 한다. 그러므로 개고기를 먹으면 먼 훗날 집안에 불길한 일들이 생길 수 있다고 한다.

12 찬란한 빛이 내 몸을 보호하고 있다고 상상한다.

13 경동시장에서 파는 '안식향'은 동의보감에 따르면 귀신을 쫓아내는 역할을 해준다고 한다.

14 불교에서는 악귀나 잡귀를 몰아내는
광명진언이 있다. 진언을 염송하면서 마음
속에 빛을 만들면 효과가 있다고 한다.

옴 아 모 카 바 이 로 차 나
마 하 무 드 라 마 니 파 드 마
즈 바 라 프 라 바 를 타 야 훔~

15 고인이 아끼던 물건은 태워주는 것이 좋다. (영혼 빙의를 막기 위해)

이 옷 은 내 옷 이 야 …
내 가 제 일
아 끼 던 예 쁜 옷 이 야 …

저승에서
입고 다니세요~

16 교통사고 지역, 동물 도살장, 그늘이 많은 음침한 장소, 건물의 지하는 좋지 않은
장소이니 피하는 것이 좋다.

ㅎㅎㅎ~   히히히~

교통사고 지역

동물 도살장

도살된 동물들의
원한이
서린 곳 …

여기에서 말하는 '귀신' 이란
죽은 사람의 넋이기도 하지만
좀더 정확히 표현하자면
사람들이 두려움을 느끼면서 멀리하는
원령(怨靈) 내지 원귀(怨鬼)를 뜻한다.
신성한 영혼과는 본질적으로 다르며
대체로 사람들에게 해악을 끼치는 '악령'이니
이러한 존재들에게 많이 괴로우셨던 분들은
위에 살펴본 귀신 퇴치의 다양한 방법을 읽어보시고
도움이 되기를 바라는 마음이다.

지난 시간을 되돌아볼 때
나는 지독한 염세주의자였으며 겁이 많은 사람이었고
원망도 많았던 비관주의자였기 때문에
귀신들이 보기에는 괴롭히기 딱 좋은 육신이었을 것이다.
그런데 어느 때부터가 이러한 현상들이 누그러졌다.
아마도 마음의 변화가 컸을 것이고
또 귀신들을 막을 수 있는 능력을 가진 나의 강아지들과
나의 몸을 보호해주는 찬란한 빛의 상상법,
그리고 언제부턴가 믿게 된 보호령과 수호천사의 힘이
나를 지켜주고 있는 것 같다.

여러분도 귀신의 괴롭힘에서 벗어날 수 있다.

내 몸이 떠있다

episode

22

1999년, 서울 모 아파트의 어느 날 밤.

새벽의 고요함과 방의 정적은 세상을 잠들게 한다.
깜깜한 어둠 속에서 잠에 취한
내 숨소리만이
진동의 생기를 찾고 있던 그 시각.

침대 위에서 갑자기
섬뜩한 공포가 이글거렸다.

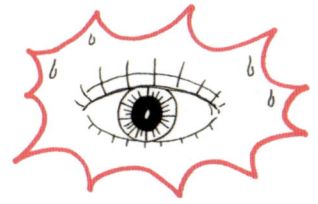

너무나 순간적으로 느꼈지만 나는 그 소름끼치는
에너지를 찾기 위해 졸린 눈을 번쩍 떴는데…

그 무서운 기운은 새까만 덩어리였으며
침대 옆에서 날 보고 있었다.

> 나는
> 일어나야 했다.

> 나는
> 도망가야 했다.

제발
일어나게해줘…

그러나 몸은 움직여주지 않았다.
극한의 공포와 부딪히면서 움직이지 않는
나의 몸을 나는 일으켜야 했다.
무서운 공포와 마주친 그 시각.
살고자 하는 나의 피나는 노력은 결국 나의 몸을 일으켰다!

나는 곧 침대에서 부지런히 일어나
방에서 뛰쳐나와 거실에 있는 엄마 방의 미닫이문을 열려고 하는데.

엄마…
엄마…

이 문만
열면…
엄마가 있어…

허…

아 아 아

내가 왜

떠있는 거야

그런데…
내가 붕 떠있었다. 내 몸이 허공에 떠있었다.
나는 그 미닫이문의 가장 윗부분에 떠있었다.
나는 너무나 놀라고 말았다.
그리고 나는 그때 너무 충격을 받은 나머지 그 이후의 기억이 없다.

이 현상은 윌리엄 불먼의 〈유체이탈〉(아름드리미디어, 2002)에 의하면
'순간 분리'라고 한다.

순간 분리란?
마음의 준비가 안 된 상태에서 침대에 누워 있다가 언제 물질 몸에서 빠져나왔는지도 모른 채,
홀연 전혀 다른 곳에 서있거나 공중에 떠있는 자신을 발견하고 깜짝 놀라게 되는
유체이탈 분리 방법의 하나라고 한다.

나 같은 경우는 대체로 공포와 마주쳤을 때,
이러한 '순간 유체이탈'이 일어나곤 했다.
그렇지 않고 스스로 조절해서
유체이탈이 된 케이스는 아직 한 번도 없었기 때문에
유체이탈을 조절하는 사람들이 신기할 따름이다.
세계적으로 볼 때 유체이탈을 하는 사람들은 생각보다
많다고 한다. 유체이탈이란 집중과 명상 수행을
오래한 사람들만이 가능하다고 하는데
반드시 거창한 명상 수행이 아니더라도
최선의 자기 노력을 꾸준히 한다면
가능할 것 같아 보인다.

얼마 전 나는 〈유체이탈〉 책의 안내에 따라
유체이탈을 시도하려 했지만
집중이 어려워서인지 내내 쉽지 않았다.
잠들기 몇 분 전 '고도의 정신 집중'은
내게 너무 어려웠던 것일까.
유체이탈 중에 일어나는 현상 중,
귀에 울린다는 '윙윙' 소리는
예전에 수련 흉내를 내던 시기에 발생해서
너무 놀라 수련을 그만두었던 기억이 있지만
유체이탈을 시도하던 때에는 오히려
발생하지 않았다.
얼마 전에는 비몽사몽간 유체이탈이 이루어져
내가 내 발밑에 있었지만
다시 몸이 심하게 무거워져
내 몸(영혼)을 일으키기도 어려웠던
기억이 난다.

이때는, 몸은(영혼) 무거웠지만 방안의 윤곽은 지나치게 뚜렷했다.

아이구… 내 몸이 너무 무거워 일어날 수가 없네.

이러한 유체이탈은 누구에게나 발생할 수 있는 자연스러운 현상이다.
이러한 현상은 자랑할 일도 아니고 특별한 것도 아니어서
부러워할 필요는 없다고 한다.
다만 뚜렷한 목적을 가지고 충분한 준비를 한 뒤에
유체이탈을 할 수 있게 된다면 진정한 자아를
체험하게 되고 영적 본질을 깨달을 수 있다고 하니
아마도 '참 나'를 알고자 하는 분들이라면
시도해봐도 좋지 않을까 한다.
다시 말해 유체이탈이란,
물질 몸에서 내 영혼(의식)이 빠져나오는 것인데
체험자들의 글에 의하면 빠져나오는 동안 다른 영이 몸을
점령하는 사례는 없기 때문에 위험하지는 않다고 한다.

내 경험에 의하면 유체이탈 후의 현상들은…

사물이 흐리게 보인다.

내 몸이 엄청나게 무거워 걷기도 힘들거나
일어나기도 힘든 때가 있었다.

환경이 지나치게 밝거나 선명하게
보이지만 내 몸이 무겁다.

거울 속에 내가 보이지 않았다.

피곤해서 누워야겠다고
생각한 동시에 몸으로 돌아왔다.

내 몸이 지나치게 가벼워져
나도 모르게 떠있다.

위의 현상들은 자연발생적으로 나타난 '내 유체이탈 경험'이며 호흡이나 집중, 수련에 의해 발생된 것이
아니므로, 유체이탈이 되었을 때 그 순간을 이해 못하거나 스스로 혼란스러워 당황하기 일쑤였다.

그래서 '내가 의도하는 아스트랄 여행'을 하지도 못했으며
그 때문에 비물질계와 다차원 우주를 탐험할 수 있는
중요한 기회들을 놓치고 말았다.

여러분도 '유체이탈 탐험'을 하고 싶은가?
우리는 대개 현재의 삶만을 즐기는 듯이 보일지 모르지만
우리 마음속의 잠재의식은 언제나 '삶의 본질'에 대한
격렬한 의문에 빠져 있다. 생은 즐겁기도 하고 때때로 슬퍼서
나의 벗들과 주변인들의 가벼운 대화 속에는
현실의 번뇌와 생의 고통이 보이며, 반려동물을 사랑하고 떠나보내야 하는
나의 이웃들은 사랑하는 존재를 통해 '죽음이 끝이 아니다'라는 진실을 느끼곤 한다.

유체이탈은 초능력도 아니고 자랑할 거리도 아니지만
'한 번쯤 죽게 되는 이러한 생물학적 몸'이 모든 것이 아니라는 자각과 함께
물질적 한계를 넘어 영원불멸의 에고를 깨달을 수 있는
좋은 기회가 될 것 같다.

mysterious cartoon

벽에 나타난
엘리멘탈

episode
23

나는 1998년에 보았던 물체가 무엇인지 알 수가 없었다.
자다가 본 것도 아니고
꿈에서 본 것도 아니었다.
다만 특이한 점이라면 괴현상을 자주 겪었던
바로 그 아파트 그 방에서 있었던 일이라는 것이다.

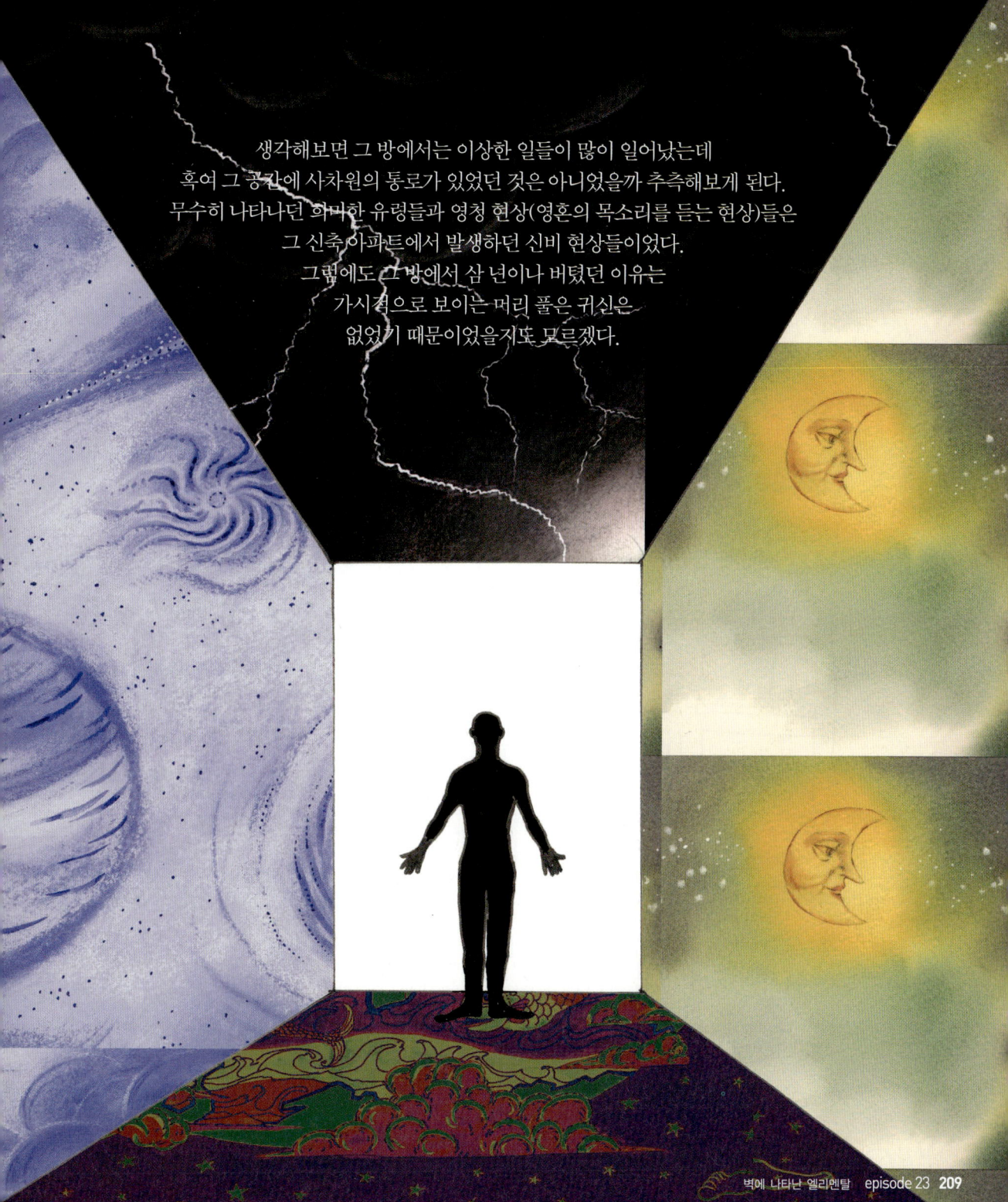

생각해보면 그 방에서는 이상한 일들이 많이 일어났는데
혹여 그 공간에 사차원의 통로가 있었던 것은 아니었을까 추측해보게 된다.
무수히 나타나던 희미한 유령들과 영청 현상(영혼의 목소리를 듣는 현상)들은
그 신축 아파트에서 발생하던 신비 현상들이었다.
그럼에도 그 방에서 삼 년이나 버텼던 이유는
가시적으로 보이는 머리 풀은 귀신은
없었기 때문이었을지도 모르겠다.

1998년, 새 아파트로 이사한 후 어느 날 저녁이었다.
내가 무엇을 하다 침대에서 상반신을 일으켰는지는 생각이 안 난다.
잠자다 일어난 건지… 아님 아직 자기 전이었는지 모르지만
책상 위의 스탠드 조명 빛이 방안을 음산하게 비추고 있었고
침대에 누워 있던 나는 잠이 든 상태가 아니었다.
그러다 문득, 묘한 기운에 이끌려 침대 옆의 벽을 보게 되었는데…

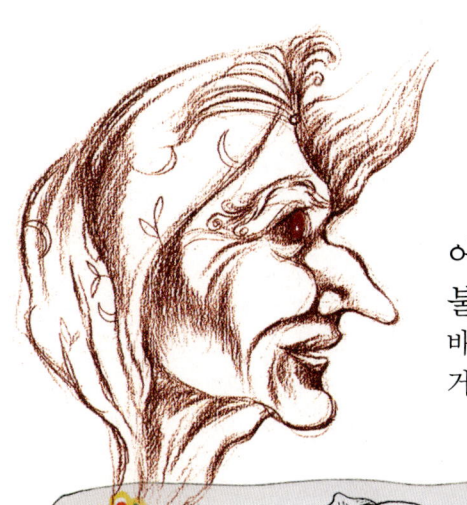

어두운 방에서 은은한 조명을 받고 있던 벽에
불시에 괴물체가 나타났다.
바로 마녀의 옆얼굴이었으며 빠르게 다른 얼굴들로 변해갔다.
거의 일 초에 열 개의 얼굴들로 교체를 해가는데…

정확히 기억나는 얼굴은 처음에 본 마녀 얼굴이었고,
그 얼굴은 십 분 이상 계속 여러 형상으로 정신없이 변해가고 있었다.
장난스럽게 꿈틀대며 변화되는 정령들의 모습들. 쉴 새 없이 바뀌어지는 그들의 모습.

나는 그 현상을 보면서 너무 재미있어서 피식 웃어버렸다.
이미 지나간 삶 동안 신비 현상들을 오래 겪었으므로 이 정도의 체험은 공포스럽지 않기 때문이다.
잠시 흥미 있게 지켜보다가 약 십 분 정도 지나고 나서야 손으로 그 얼굴들을 툭 쳐버렸다.
그제서야 그 현상은 일시에 사라지고 말았다.

그리고 며칠 뒤…
여전히 스탠드 빛이 은은히 비추던 어느 저녁 시간에
잠을 자기 위해 침대에 누워 있던 내 시야에
희미한 말이 보이기 시작했다.

허…

어두운 방의 허공에서 생생히 보여지던 움직이는 판타지.
나는 그 존재가 유니콘처럼 느껴졌는데
유니콘은 희미한 빛으로 모습을 나타내며 어딘가로 계속 달려가고 있었다.

정말이지 너무도 기이한 현상이었다.
도저히 내 눈을 믿을 수 없어서 무척 혼란스럽고 당황스러웠지만
그 순간 나는 황홀함에 만취되고 말았다.

숨도 쉬지 못하고 그 장면을 성스럽게 지켜보면서
내게 지금 무슨 일이 일어나고 있는지 도무지 이해가 가지 않았으며
내 방에서 어딘가로 달려가는 커다란 유니콘을 보면서도
어떻게 이런 일이 발생할 수 있는지 너무도 신비했다.

나는 이 현상들이 대체 무엇인지 알아보기 위해 자료들을 찾아보게 되었다.
그래서 조금 알게 된 바를 열거해본다.

1 영매 체질인 내가 부지불식간에 제 삼의 눈인 '영혼의 눈' (미간에 위치한 6번 차크라)이
개안되어 아스트랄계(심령계)에 사는 엘리멘탈의 존재들을 영안으로 보게 된 것이라는 추측.

2 그 아파트의 그 방에서는 삼 년간 무수히 많은 괴현상을 목격하였는데
그 공간 안에 사차원의 통로가 있었는지도 모르겠다는 추정.

엘리멘탈은 자연령 혹은
요정들을 의미하는데
내가 본 존재가 확실히 엘리멘탈이라고
장담하기는 어렵다.
다만, 그 시각에 그들이 나타날 수 있는
시공간이 열려 있어야 했고
내 영안이 뜨이지 않고는
분명 볼 수 없는 일이므로
'초자연적 현상'인 것만은 확실했다.

영안이 뜨여 유계(幽界)의 존재들이 보이는 현상을 '아스트랄 투시'라고 부르는데
W.E.버틀러가 쓴 〈초감각 투시〉(정신세계사, 1994)에서는
'요정들과 자연 원소의 영들은 모두 유계와 아스트랄계에 실재하고 있으며
독자의 투시력이 차츰 발달함에 따라 이들의 존재가 지각되어올 수 있다'고 전하고 있다.
이들은 바로 다른 차원에 거주하는 여러 종류의 존재들이라 한다.
투시가의 눈앞에 그 모습을 드러내는 이 초자연적 존재들의 세계를 일컬어
'환영(幻影)의 세계'라고도 부르고 있지만 자연계처럼 실재하고 있다는 것이다.
우리가 환영이라 말하는 그 세계가 환영이 아닌
실재하고 있는 세계라는 점은 참으로 경이롭다.

나는 아스트랄 투시를 조절할 수 있는 사람이 아니다.
즉, 잠재적인 투시 능력은 있었지만 수련을 통해 계발하지 못했으므로
방에서 보았던 유니콘과 마녀의 존재를 두 번 다시 볼 수 없었다.

말이 나온 김에 꿈에서 본 엘리멘탈적 존재도 말하고 싶다.
약 1988년 즈음.
어느 날 꿈에 동자신(童子神)이 선명하게 보였다.

동자신은 불화에서 보았던
동자신과 너무나 똑같았는데
그 아이는 방에 서있는 내 앞에서 예전에
돌아가신 친척 아저씨를 한 팔로 안더니
곁눈으로 나를 한참 노려보고는
구름을 불러 곧 하늘로 올라갔다.
나는 그 동자신에게서 서늘함을 느꼈던
그때를 잊을 수 없다.
이 동자신은 다른 차원에
거주하는 엘리멘탈적 존재라고
해석하고 싶다.

대다수의 많은 사람들은 잠자는 동안 시공간을 초월한 아스트랄 여행을 할 수 있다고 한다.
나 역시도 꿈을 통해 영혼계(靈魂界)에서 만난 초자연적 정령과 대면한 것이 아닌가 싶다.
물론 나의 추측이 옳을 수도 있고 아닐 수도 있다. 그러나 설명할 수 없는 사건과 상황들이
이 세상엔 너무나 많다. 현실계의 믿을 수 없는 기괴한 사건들과
초현실 존재에 대한 믿음은 모두에게 선택의 자유이나, 이러한 초자연적 현상들에 대해
과학적으로 증명하기란 언제나 불가능하고 그것을 믿지 않는 사람들이 생각보다 많다 하더라도
'보이지 않는 세상'은 엄연히 실존하고 있는 것이다.

빨간 볼펜의
빙의

episode
24

수년 전에 나는 기묘한 체험을 한 적이 있다.
베개의 방향이 창문 쪽을 향했는데
푸른 새벽에 몽롱한 트랜스(정상적인 의식이 아닌 상태) 상태에서
무언가 창문을 타고 날아오는 게 느껴졌다.
마치 영화처럼 아름답고 고혹적인 기운이었다.
그 존재는 드라큘라가 최면에 걸린 사람에게 말하듯
그렇게 마음으로 말하고 있었고
곧 천천히 날아와
내 머리에 들어오는 걸 느꼈다.
나는 왜 무의식적으로 받아들였던 것일까.
이후, 아무 일은 없었지만
베개의 방향을 반대쪽으로 돌려야 했다.

이 세상에는 물질계와 초자연계가 공존하며
존재하는데 빙의는 이러한 불가사의한 공존의
엉크러진 유형의 산물인지도 모르겠다.
인간은 영원한 육신을 갖지 못하여
백 년도 살지 못하고 자연계를 떠나지만
애벌레가 탈피하여 나비가 되듯
자유로운 영혼이 되어 다른 세상으로 가게 된다.
그런데 이렇게 죽음이 발생되는 순간에 일어나는
영혼의 미스터리들로 말미암아
세상 사람들은 두려운 가설들을 만들어내어
스스로 공포와 불안에 휩싸이기도 한다.

어느 평화로운 일요일에 엄마와 나는 돌아가신 할아버지에 대해 이야기를 나누고 있었다.

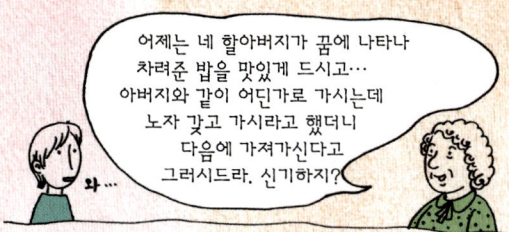

어제는 네 할아버지가 꿈에 나타나 차려준 밥을 맛있게 드시고… 아버지와 같이 어딘가로 가시는데 노자 갖고 가시라고 했더니 다음에 가져가신다고 그러시드라. 신기하지?

저번에는 할아버지가 사는 집을 내게 보여주셨어. 꽃도 많이 핀 초가집이었단다. 그런데 집안에 살림살이가 많지 않았어.

할아버지가 내 꿈에는 한번도 안 나타나셨는데. 그래도 엄마는 많이 예뻐하시나 보네. 할아버지가 그 쪽 세상에선 초가집에서 사시나?

엄마‥ 어느 사이트 가보니 수맥이 무덤에 흐른다고 혼이 춥다면서 덜덜 떨었다던데. 그런 거 보면 죽어서 무덤에서 사는 건지 원… 이해가 안돼. 죽어서 무덤에 사는 거라면 죽음이 얼마나 끔찍한 걸까?

많이 들었는데 혼이 세 개라더라…

세 개? 나도 들은 것 같은데… 도저히 이해가 안 가네… 혼이 세 개라니…그렇다면 죽은 뒤에 무덤에서 사는 혼, 하늘로 가서 사는 혼, 또…??? 어디?

옛부터 전해 내려온 '영혼은 셋' 이라는 말이 있다고 한다.
그때는 납득이 가지 않았지만
신비학에 등장하는 세 개의 신체설과
다섯 개 혹은 일곱 개의 몸에 대해 접하기 시작하면서
조금씩 이해가 되기도 했다.
불교에서 말하는 혼과 백의 논리도 다소
비슷한 점이 있다. 죽은 사람의 영혼을
혼백(魂魄)이라 칭하는데, 혼은 사고와 정신을 뜻하고
양기에 속하며 신(神)이 되는 것이고 하늘로 돌아가며,
백은 인간에게 기억을 의미하며 음기에 속하고
오래도록 남아서 땅의 힘으로
영향력을 미치는 귀(鬼)가 된다는 것이다.
이렇게 해서 남게 된 귀(鬼)들 중 일부는,
파장이 맞는 사람을 찾아 사람의 의식을
지배하게 된다고 하는데…

1977년…
내가 중학교 이 학년 때였을 것이다.
체력은 본디부터 약하게 태어난데다
겁이 많은 아이였기에 종종 보게 되는
귀신들과 악몽에서 헤어나기가 어려웠던 시기였다.

그 즈음 나는 미술부 활동을 하면서 어느 날 나도 모르게 귀신 그림이
그리고 싶어졌다. 점심시간이 되어 외톨이였던 나는 혼자 빨간 볼펜을
꺼내선 정신없이 취한 듯 귀신을 그리기 시작했다.
당시 꿈에서 자주 보이던 빨간 선혈들을 표현하기 위해 빨간 볼펜으로
피가 흐르던 귀신을 그렸다. 꿈에서 만났던 피 철철 나는 귀신을…

귀신 그림을 완성한 뒤 화장실에 다녀왔는데 누군가 갈기갈기 그 그림을 찢어버린 것이다.
아마도 반 아이들이 보고 무척 놀랐을 것이다.
내가 그런 걸 그리고 있었으니… 그때 그 장면은 많은 세월이 흘렀어도 내게 송연하다.

화장실
다녀와야지…

헉!
덜덜덜

숙덕숙덕

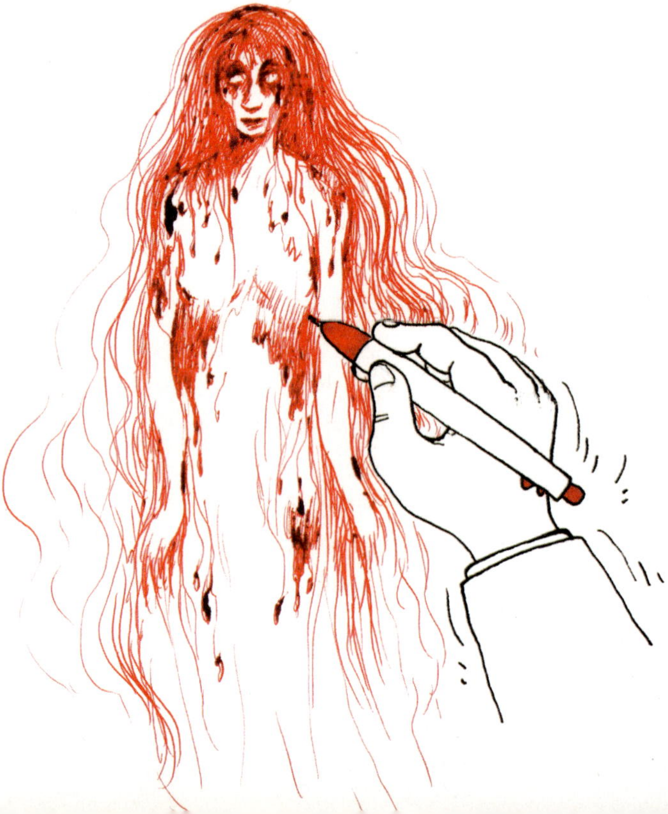

….

나는 그 당시 그 옛집에서 빙의되었을 가능성이 컸다.
아마도 빙의되었을 것이었다.
그러므로 나도 모르게 빙의된 귀신의 그림을
표현하려고 했을 것이다. 그리고 그러한 귀신들은
나의 삶에 불행의 나락을 가져다주었다.

행복해야 할 학창 시절은 불행의 그림자로
연속 나를 방황하게 만들었지만
귀신들의 영향력은 이후에도 계속되었다.
그러나 내가 죽지 않고 미치지 않았던 건,
나를 보호해주시던 신들과
돌아가신 아버지의 보호 덕분이었다.
그 분들 덕에 귀신들은 나의 의식을
온전히 지배할 수 없었을 것이다.

빙의란 이러하다.
빙의에 걸렸다고 해서 누구나
영화 〈엑소시스트〉의 열두 살 소녀 '리건' 같이 되는 것이 아니다.
그럼에도 이 세상에는 보이지 않는 초자연 존재 수가 생각보다 많기 때문에
아마도 많은 사람들은 부분 빙의에 걸렸을 가능성이 크다.
이러한 빙의들은 왔다가 어느 샌가 지나갈 수도 있고 몸을 지배하기도 하지만
이 세상에 선악이 존재하는 것처럼 보이지 않는 빙의의 세계에도
복잡다단한 해답과 상계(上界)의 길들이 있기에 너무 노심초사하지 않기를 바라는 마음이다.

빙의 증상에 영향을 미치는 대표적 존재는 '죽은 사람의 영혼' 이다.
죽은 사람 중 저속한 욕심을 소유하거나
세상에 대한 집착이 강한 영혼,
혹은 한과 증오심이 남은 영혼들이
지독하게 고통을 느끼며
아스트랄계의 가장 밑바닥에서 깨어
하부계에 머물면서 물질계를 오가며
자신과 가까운 사람과 장소를 배회하다가
심령의 파장이 맞는 사람이 나타나면
빙의한다고 한다.

내돈… 내돈…

그러나 빙의하려는 존재가 언제나 죽은 사람의 영혼만은 아니다.
'빙의 존재'들에 대한 견해는 신비학에서 여러 종류가 언급되는데, 좀 더 상세히 알아보자.

자료에 의하면,
사람이 죽을 때 나타나는 에테르 껍질인 청백색의
뿌옇고 끔찍한 형상의 '유령'들이 있으며

영혼이 아스트랄계에서 천상계로 이동할 때 남게 되는
송장 같은 아스트랄체인 '망령'도 있다.

이들은 그 영혼의 주인 형체와 기억 등을 가지고 있기 때문에 언젠가는 소멸해가면서도
그 영혼의 주인 행세를 하면서 빙의 존재가 된다고 한다.
위에서 언급한 유령과 망령에 대해선 불교에서 말하는 혼백 중 '기억 작용의 백'이 귀신이 되어
사람을 괴롭히는 것이라는 말과 거의 흡사하다.

또한, 아귀계의 악마들과 악령들이 현실계에 나타나 빙의하려 하며
초자연적 정령들도 죽은 자의 모습으로 나타나는 빙의 존재라는 것이다.

그런데…
이러한 빙의에는 사람들의 심리적 측면도 그다고 한다.
나쁜 귀신들은 우울증과 비관주의, 과욕과 극도의 슬픔,
좌절 같은 심리 상태의 공황 속에 슬며시 찾아온다고 들었다.
인간의 파장에 대해 별로 아는 바는 없지만
심리적 변화는 분명 자신의 파장에도 영향을 미칠 것이다.
악마의 유혹이나 악령의 침투는
이같이 밝지 못한 어두운 부분의 주파수를 맞추며
마치 스펀지처럼 침투하는 함정이 있다는 걸 생각해볼 여지가 있다.

그 하나의 사례를 살펴보면
1987년…서울에 상경한 지 얼마 안 되어 친구가 자취하는 전세방에서 신세를 지고 있던 시절의 일이다.
어느 날 밤 친구는 목돈을 잃어버렸던 것 같다.

그 친구는 한참을 애타게 자신의 짐을 뒤지더니만
결국 돈이 발견되지 않자 심히 좌절하는 것 같았다.
잠시 후, 희미한 전구가 켜진 방에서 뒤돌아 앉아 있던
그 친구가 내 쪽을 향해 사악~얼굴을 돌리는데,
순간 그 얼굴에서 악령의 빛이 소름이 끼칠 정도로
번뜩여서 나는 경악하고 말았다.
그 친구 입에서 흘러나온 악마 같던 목소리는
지극히 어려운 때에 나를 도와주던
고마운 친구의 목소리가 아니었던 것이다.
그녀의 소름끼치던 소리를 듣자마자
나는 너무 서러워서 울었지만
악마로 돌변하던 그 친구의 얼굴을
지금껏 잊을 수가 없다.
물론 그 친구는 이후
정상적인 눈빛을 되찾았지만
아마도 돈을 잃은 슬픔과 좌절 때문에
어느 나쁜 영에 의해
빙의되었던 것임에 틀림없을 것이다.

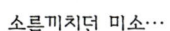

소름끼치던 미소…

빙의가 되었을 때의 자각 증상에 대해 말하고 싶다.
자료들을 찾아보면 내가 겪은 사례들이 나온다.(부분발췌-묘심화 님의 글)

1 등골이 오싹해지거나 간담이 서늘해지고 머리가 쭈뼛해지며
사지에 힘이 쭉 빠지고 온몸이 오그라들며 다리가 후들거려
꼼짝달싹을 못 하는 증세.

2 아무런 이유 없이
불안·초조해지고
심장박동이 빨라지며
숨이 거칠어진다.

3 정신적으로 불안정하고 고통스러워
매사에 안절부절하며 오한이나 한기를 느낌.

4 알 수 없는 사람들의 소리가 들리기도 함.

5 악몽을 꾸는 사람들.

사실 이러한 일들은 그저 신기가 많기에 겪는
영 현상과 괴현상인 줄 알았는데
빙의 증상이라 하니 결국 내 삶에는
빙의가 많이 오간 것이 사실인 듯하다.
허나 일반 사람들도 위와 같은 증상들이 종종 있을 것이므로
가벼운 빙의 증상들은 어쩜 흔한지도 모르겠다.

가장 흔한 증세는 부분 빙의인데
부분 빙의는 몸 기관의 일부에 영혼이 빙의되는 것으로서
그 존재의 탁기에 의해 경혈 혹은 경락 회로를 차단당하면서
그 신체 부분이 아플 수 있다고 한다.
하지만 빙의가 가고나면
그 부분은 다시 회복된다고 들었다.

그런데, 가장 무서운 빙의 증상이라면
자신의 의지대로 행동하지 못하고 이상한 존재의
커다란 힘에 모두 지배되어
비정상적으로 움직이는 빙의를 말한다.
이러한 빙의는 실화를 소재로 한
영화 〈엑소시스트〉와 거의 비슷하며
그 몸을 모두 지배하기 때문에
'힘이 강한 퇴마사나 종교가'에 의해
반드시 퇴치되어야 한다.

보이지 않는 존재들은 이 세상 사람들 수만큼이나 다양하고 많아서
힘이 세고 악한 성향의 존재들이 있을 것이기에 그만큼 조심해야 하지만
마치 영화나 만화에서 보는 것처럼
정의롭고 선한 영혼들(수호령, 보호령 혹은 수호천사와 그외)도 많기 때문에
우리가 느끼지 못하는 시공간에서는 자연계의 사람들을 위해 치열하게 투쟁하는
'이술상계(異術上界)의 전쟁들'이 매일같이 일어나고 있을 것만 같다.

귀신을 물리친
아버지의 영

episode
25

아버지를 생각하면 언제나 무한한 감사를 드리게 된다.
살아생전 그리고 돌아가신 이후에도 언제나 나를 수호해주신 분이었으니까.
어려서부터 내게 유난히 관대하셨던 아버지는
내가 고등학교 이 학년 때 뇌출혈로 쓰러지시면서 삼 년 투병 생활 끝에
내 나이 스무 살 되던 해에 돌아가셨다.
아버지의 영에 대해선 할 이야기가 많지만
오늘은 수호령이신 아버지만을 말하고 싶다.

혹자는 모든 사람에게 수호천사와 수호령이 있다고도 하고
또 다른 쪽에서는 선택받은 자들만이 수호천사가 있다고 한다.
만일 이 세상 모두에게 수호령과 수호천사란 존재가 있다면
불행한 사고와 예기치 못한 처참한 죽음은 왜 일어나는 것일까 하는 의문이 든다.
내 견식이 짧다보니 더 이상 이런 이해 불가한 의문을 풀지도 못한 채
나는 내가 체험한 아버지의 영(수호령)에 대해서만 말하려 한다.

약 1993년 즈음.
어느 날 밤에 꾸었던 꿈속의 일이다.

내 시야에 침대에서 자고 있는 내 모습이 눈에 들어왔다.
침대 옆에는 커다란 창문이 있었고 창문 너머로 멀리
산의 언덕이 음산하게 자리 잡고 있었는데
그 언덕에는 네 개의 무덤이 있었다.
내가 잠자는 방의 창문 옆에는 하얀 벽이 있었고
그 하얀 벽에는 마치 스파이더 맨처럼
벽에 밀착해 있던 물체가 희미하게 보이더니
차차 그 물체가 아버지의 영혼이란 걸 깨닫게 되었다.
아버지는 하얀 천의 치렁치렁한 옷을 입고
거미처럼 벽에 붙어 창문을 주시하고 계셨는데
곧 창문 너머 멀리 있던 산언덕
네 개의 무덤 위에 머리 긴 귀신 넷이 안개처럼 나타났다.

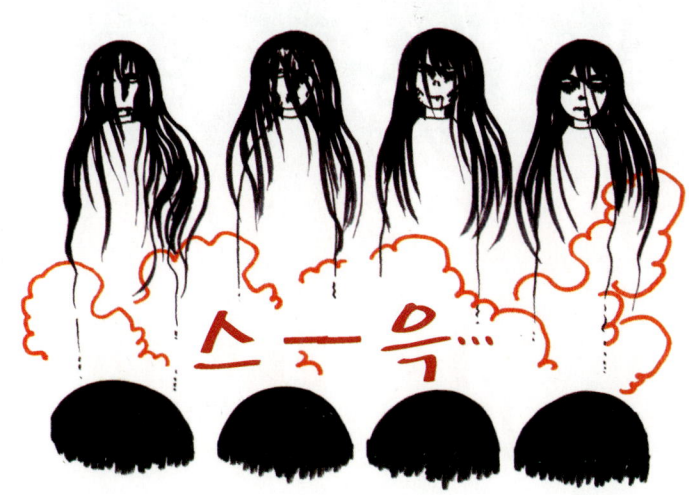

스－윽…

그리곤 그 산언덕이 마치 클로즈업 되는 것처럼 창문 쪽으로 가까이 성큼성큼 다가왔다.
팍…팍…팍… 내 창문으로 다가오는 네 개의 무덤.

팍!

팍!

팍!

자고 있는 내 모습은 꿈쩍도 안하는데
벽에 붙어 있으셨던 아버지가
갑자기 창문 쪽으로 번개같이 움직이시더니
팔을 치켜들고 귀신들을 향해 위협하셨다.

귀신들은 흠칫 놀라더니 언덕과 더불어 점점 뒤로 물러섰다.
무덤들은 뒤로 뒤로 물러나 이내 사라졌다.

이처럼 네 개의 무덤과 네 명의 귀신들에게서 아버지는 나의 영혼을 구하셨다.
그 끔찍했던 형상들과 풍경은 지금도 이루 말할 수 없이 소름끼치지만
그 사건을 생각하면 나는 정말 진심으로 아버지께 감사를 드린다.

그런데 생각해보면 나는 대체 왜 이러는 걸까.
내가 전생에 무슨 죄를 지었는지는 몰라도 흉령들에게 시달린 세월이 너무도 길다.
무엇 때문에 흉측한 존재들이 나를 긴 세월 괴롭히는지 몰라도
매번 이같이 아슬아슬하게 살아남게 되는 이유도 알 수 없다.
나는 언제부턴가 생에 대한 집착이 없어졌는데 죽음의 순간만큼은 여한 없이
좋은 죽음을 맞이하고 싶다는 욕심이 있어서 귀신들에게는 죽음을 당하고 싶지 않기 때문에
공포의 장소에서 나를 구해주신 신들과 아버지께 매번 감사한 마음이다.

1994년.
엄마의 허리 디스크가 악화되면서 다리까지 마비되는 사태에 직면하게 되자
엄마는 큰 결심을 하게 되었다.

다리가 마비되어
걸을 수가 없구나.
이젠 위험해도
수술해야 될 것 같다.

수술의 위험을 직시하면서도 목숨을 걸고
대수술에 임하게 되었는데
대수술이 있기 전날 나는
꿈에서 아버지를 보게 되었다.
엄마 옆에 아버지가 서계셨다.
아버지는 환하게 웃고 계셨으며
아주 경쾌한 하늘색의 꽃무늬 와이셔츠를
입으시고 엄마 곁에 즐겁게 서계셨다.

대수술이 있던 날,
**나는 아버지의 영혼이 엄마의 대수술이
잘되도록 돕는 것을 느꼈다.**
그리고 네 시간 이상의 대수술이 끝나고
이후 엄마는 완전하게 회복되셨다.
이같이 아버지는 우리 집의 수호령으로서
우리 가족을 돌보고 계셨다.

수술실

1995년.
내 신상에 변화가 왔다.
굉장히 불운한 일이었으며
나는 엄마에게 알리지 못했다.
그러나 어느 날 엄마가 내게 전화를 하셨다.
밤마다 엄마 꿈에 아버지가 나타나
딸인 나를 걱정하는 메시지를 보내셨다고 하면서
나를 위로해주셨다.
그때도 나는 굉장히 놀랄 수밖에 없었으며
결국 모든 일은 잘 해결되게 되었다.

2004년,
어느 날 꿈에 아버지는
내 곁에 나타나시더니
내 의복에 붙어 있던 세 개의 벌레들을
하나하나 집어서 없애버리셨다.
마치 딸에게 잔재하던
안 좋은 빙의를
떼어내기라도 하시는 듯.

오로지 성실하게 사셨던 아버지는
사십 대 후반에 돌아가셨는데
그 당시 꿈에서 뵌 아버지의 영혼은
오래도록 병들고 슬픈 영의 모습이었다.
투병 생활 때처럼 어두운 방안에서
고독하게 누워 계셨기 때문에
하늘을 원망한 적이 많았다.
아버지의 영혼이 밝은 모습이 되어
우리 가족을 돕기 시작하던 시기는
돌아가신지 십일 년이 지난 후부터였다.

아마도 남은 가족에 대한 염려와
걱정에 대한 집착으로
처음엔 낮은 아스트랄계에 갇혀 계시다가
점진적으로 영혼의 깨달음을 얻으신 뒤에
좋은 세상으로 가신 뒤 선령이 되어
가족을 도와주시는 것이 아닌가 추측된다.
예전에도 어느 도서에서 읽은 기억이 있다.
집착과 욕심 때문에
이 세상에 떠도는 귀신이 되면
자신의 가족을 도우려 해도 사고와 질병을
일으켜 오히려 해악을 끼치게 되지만,
'좋은 죽음'을 맞이해서
밝은 세상으로 가게 되는 영혼은
오히려 가족을 돕는 수호령이
될 수 있다고 들었다.

죽음 후의 세상이 종교의 흑백논리처럼 단순하다면
우리 삶의 방향도 조금 간편해질지 모르지만,
생전의 삶이 오로지 성실하고 착하다고만 해서
천국으로 가는 것이 아니라는 사실은 주시해볼 필요가 있지 않을까.
집착과 욕심, 염려와 한을 갖고 떠날 것인가.
아님, 이번 세상에서 내가 배운 것이 무엇일까 하는
초월적인 심정으로 이 세상을 떠날 것인가.
이에 따라 다음 세상에 영향을 끼치게 된다면 어찌하겠는가…
육신으로 사는 삶은 언제나 유한하고
삶의 방정식은 복잡 미묘하기만 하다.

오피스텔의
유령

episode
26

P오피스텔에서 살던 시기였다.
1993년 어느 날 밤…
잠을 깊게 자던 중 나도 모르게 문득 눈을 뜨게 되었을 때
양복 입은 남자가 창가에 서서
새벽의 푸른 창밖을 보고 있는 장면이
어슴푸레 내 시야에 보였다.
남자의 옆모습…
순간 직감적으로 유령임을 알았다.
그로부터 몇 개월 뒤, 어느 날 저녁 시간에
다시 그 존재가 나타났다.

어?…

그날, 나와 문하생은 밖에서 식사를 한 후에
다시 P오피스텔로 돌아가는 중이었다.

육교로 올라가 점점 가까이 보이는 P오피스텔의 우리 사무실 창가를
무심코 보던 문하생은 놀라서 소리를 질렀다.
우리 사무실에 책을 꺼내보는 남자가 보인다고.
분명 그 방은 삼십 분 전에 열쇠로 잠그고 나왔고
우리 외에 사무실 열쇠를 가진 사람이 아무도 없었기에 들어갈 사람이 없어야 했는데.

아무렇지도 않게 창을 통해 보이는
움직이는 사람의 그림자…

이해가 안 가서 곧 오피스텔로 달려갔으나

고요한 정적만이 우리를 반겨주었다.
그 문하생도
신기가 있었으며 직감에 강했다.
우린 그날 이후 그 오피스텔에서
두려움에 떨며 지내야 했다.
융자를 끼고 매입한
오피스텔 사무실이었기에
그냥 유령이 있다는 걸
인정하며 살아야 했다.

유령이란 무엇인가.
나는 좀더 구체적으로 알아보기 위해 여러 자료를 통해 조사해 보았다.
인간의 몸은 물질체와 정신체로 나누어져 있는데
사람이 죽음에 이를 때 육체에서 떠나는 순간
인간에게 제 1의 몸에 해당하는 에테르체(에텔체)도 벗어야 한다고 한다.

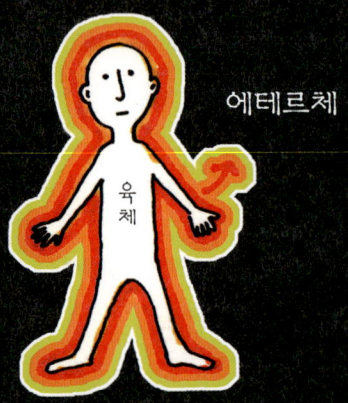

에테르체

육체

에테르체란 육체와 같은 크기의 에너지체이며
사람의 몸에 프라나(생기)를 공급하는 '진정한 육체' 라 할 수 있지만
세상의 집착이 강한 인간일수록 에테르체를 벗어나지 못해
에테르체 안에 갇혀 그 집착이 없어질 때까지 에테르계에 떠돌면서
자신의 파동과 유사한 대상에게 기생하여 생기를 공급받는다고 한다.

에테르체는
아스트랄체와
다릅니다.

내 돈 … 내 돈 … 복수하고 말테야 …

에테르체

육체의 사망

이러한 상황은 그 대상에게 부정적인 일을 일으키게 되고
에테르체에 갇힌 자신조차도 점점 존재의 기억이 희미해지며 결국은 집착만 남게 된다고 한다.
비학(秘學)에서는 이러한 존재를 '유령' 이라는 엔터티(entity)로 정의하고 있다.
또 다른 자료에서는, 사람이 죽을 때 모든 영혼은 반드시 승천하며 그 사후 과정 중
인간이 물질계에서 천계에 이르는 여정 중에 서서히 부패되어가는 송장을 남기게 되는데

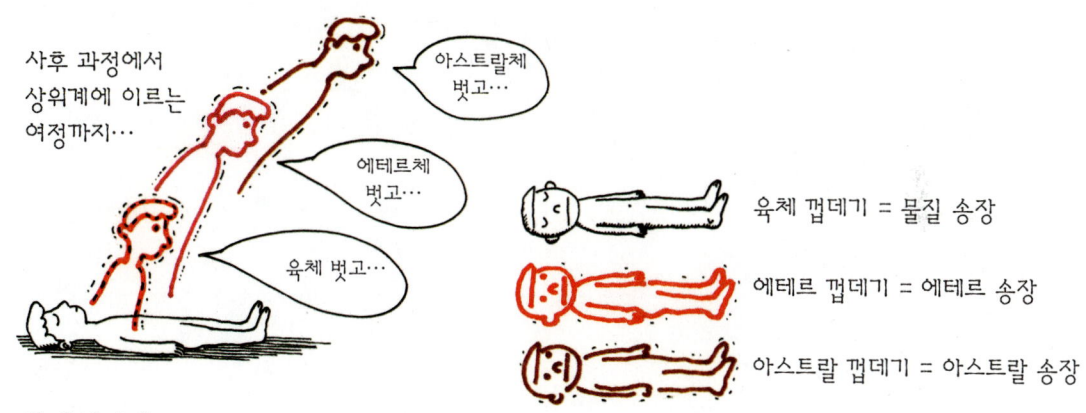

사후 과정에서
상위계에 이르는
여정까지…

아스트랄체
벗고…

에테르체
벗고…

육체 벗고…

육체 껍데기 = 물질 송장

에테르 껍데기 = 에테르 송장

아스트랄 껍데기 = 아스트랄 송장

그 중에 하나가
에테르 껍질이라는 '껍데기 존재' 이며 이를 유령이라 부른다고 한다.

유령은 동양에서 말하는 '백' 혹은 '넋' 과 유사하며 영혼의 주인 형체와 기억 등을 가지고 있기 때문에
그 영혼의 주인 행세를 하고 있지만 이러한 존재들은 '영혼' 과 달리 그 수명이 유한하다고 한다.
물론 내가 처음 언급했던 오피스텔의 유령이
껍데기 존재일지 아닐지는 알 수 없다.
어차피 보이지 않는 존재들은
도널드 마이클 크레이그가 말하는
엔터티의 종류만큼 많으니까.
에테르체, 아스트랄체, 아조트, 인공 자연령,
껍데기 존재, 노움, 실프, 운딘,
샐러맨더, 라바, 유령, 거짓유령, 폼…

에테르
껍질
or
아스트랄
껍질

흐흐흐~ 나의 한이…
나를 떠돌게 하는구나~

치!
어이없다
껍질 주제에
영혼의 주인
행세를
하다니…

그 외에도 이름을 알 수 없는
미지의 존재들은 지금도 무수히 많을 것이다…

악령을
십자가로
막았지만

episode
27

정확히 그때가 언제였는지 기억이 희미하다.
꿈속 장면은 선명하지만
꽤 오래전 일이라 연도가 기억이 나질 않는다.
다만…
그때가 초등학교 시절이었다는 사실은 확실하다.
당시의 나는 어리고 약한 학생이었다.
그 꿈은 의미심장한 꿈이었다.
물론 기가 허하고 겁이 많았던 내가
악령들에게 시달리던 세월이었으나
그 꿈은 또 달랐다.

어느 날… 꿈에 드라큘라가 나타났다.
그 존재는 웃고 있었다.
곧 어린 내게 달려들 기세였는데
당시에 교회를 다니고 있던 나는 그 악령에게
십자가를 들이대었다.
그런데 십자가를 주시하던 그 악령은
빙긋이 웃더니 곧 큰소리로 웃기 시작했다.

드라큘라는 십자가를
전혀 무서워하지 않았다.
나는 너무나 어이가 없었다.
감히 십자가를 안 무서워하는
악마가 다 있다니.
이후 나의 잠재의식에는
십자가가 소용이 없다는
결론이 자리 잡았다.

그로부터 수년이 지났다.
어느 날 밤…
중학생인 내 앞에 이전보다 훨씬 멋있어진
드라큘라가 나타났다.
그 악령은 이전에 보지 못한 망토를 입고 있었으며
곧 내게 최면을 걸더니 이내
자신의 망토 안으로 나를 걸어들어오게 해선
목을 물었다.

그 순간 비록 나는 어렸지만
마치 노예가 된 것처럼 영원한 시간 속에 갇힌 새가 되어
지옥의 황홀함에 취해 있었으며 그 장면을 나는 제삼자가 되어 지켜보고 있었다.

악마는 왜 존재하는 것일까. 내가 체험한 존재는 드라큘라가 맞을까.
선과 악이 존재하는 이유는 '균형'을 위해서라고 들었다.
'선'을 더욱 선명하게 하기 위해 '악'이 존재하는 것이라 한다.

신지학에서는 악령의 발생에 관해 이렇게 말해주고 있다.
현실계의 생활이 저속하고 야비하며 탐욕에 젖은 사람들이 물질계를 떠날 때
심령계의 하부계에 친화성을 갖게 되면서 무시무시할 정도로
사악한 존재로 발전하게 되는데

악한 카르마(Karma, 業,
전생으로부터의 업, 윤회, 인과응보)를
생성하는 이들은
육체가 없기 때문에
그들이 빙의할 수 있는 예민한 사람이나
파장이 맞는 인간들로부터
생기를 흡입하여
수명을 연장한다는 것이다.

또한, 실제로 드라큘라 같은
흡혈귀가 존재한다고 한다.
흑마술의 기법을 아는 타락한 자가
죽음 뒤의 운명을 거부하고
반(半) 물질화된 아스트랄체로 다른 인간들로부터
흡입한 혈액을 자신의 육체에 주입하는
무서운 편법에 의하여,
일종의 강직성 트랜스 상태로
자신의 육체를 보존한다는 설명이다.
생각해보면 그 얼마나 끔찍한 존재일까.
내 꿈에 나타난 악령이 드라큘라의 모습을 하고 있었으나
신지학에서 언급하는 존재인지는 알 수가 없다.

나는 저주를
일삼는 흑 마술사

반 물질화 된…

피를 다오…
ㅎㅎㅎ~

그러나 다스칼로스의 책에서는
양치기 로이조스의 영에 대해 이와 같이 설명하고 있다.

귀신 쫓는 의식이 그에게는
먹혀들지 않더군. 그는 십자가를 두려워
하지 않았거든. 그는 예수를 받아들였어.
그는 말하자면
엉터리 신자였지.

다스칼로스

그렇다면 내가 십자가를 들이대었을 때 비웃었던 악령도 마찬가지가 아니었을까.

십자가의 효력은 결국 그 대상의 종교적 믿음에 좌우되는 것일까.

그리고 나의 목을 문 '드라큘라 아스트랄체' 에 대해선

신지학의 설명대로라면

그의 생존을 위해 예민한 나로부터 혈액과 생기를 흡입했던 것이다.

어렸을 때부터 나는 허약했다.

기가 하나도 없는 사람처럼 기운이 없고 병약했다.

이 모든 것이 심령계를 통한 엔터티들의 영향이었던 것일까.

길가에 서있던
푸른빛 형상

episode

28

와우~!!
오늘 저녁도 건강을 위해
런닝 코스로 출발~!

1999년은
새로 이사 온 모 아파트에서 건강을 위해
매일 저녁마다 아파트 단지를
혼자 걸어다니며 운동하던 때였다.
구역이 워낙 커서
구석구석 인적이 드문 장소가 많아
걷기도 하고 천천히 뛰기도 하며
매일 저녁 밖으로 나가던 시절이었다.

그날도 저녁을 먹고 런닝을 하러 나갔는데
매일 가던 코스 중에 조금 후미진 장소가 있어서
눈 딱 감고 어서 빨리 지나쳐야지 하고
생각하던 중에…
내 앞쪽 조금 더 멀리 약 삼 미터 앞에
파란 방사광이 보였다.

아앗…
나는 순간 내 눈을 의심했다.
형체는 마치 사람의 외형만을 본뜬 빛의 모양이었으며
색상은 너무도 환하고 영롱했다.
그 푸른빛은 진동하듯 흔들리고 있었고
나를 주시하는 것 같았는데…

앗…

그와 동시에 나는
기묘한 공간에 빠져드는
이상한 느낌을 받아야 했다.

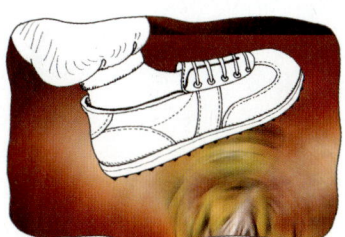

이상해…
어째서 허공을 밟는 것 같지?
마치 날 것 같아…

뛰어가는 나의 발바닥은 마치 허공을 밟는 느낌이 나기 시작했고
곧 천천히 날 것만 같아 차라리 날아다오…라고 마음으로 외치고 있었고,
푸른 방사광의 존재가 서있는 근처를 지나면서
마치 슬로우 비디오처럼 내 시간이 느려지고 있음을 인지하게 되었다.

내가 그 미스터리 물체를 안 보려고 노력해서인지
그 존재는 희미해졌다가 다시 반짝반짝 나타나는데
유령이나 귀신의 모습이 아니어서 더욱 섬뜩했다.
그날의 현상은 그렇게 무사히 지나갔다.

휴…!

간신히 지나왔네.

수년 전 일이지만 나는 아직도 그 존재가 무엇인지 알고 싶다.
그 빛은 과연 무엇일까.
자료들을 찾아보니 오라(aura)라고 불리는
영혼의 에너지 같다는 추정을 하게 되었다.

오라란 무엇인가.
많은 자료에서는 이렇게 말해주고 있다.
자신만의 고유한 대기, 불가시의 미묘한 정기,
생명체 주위에 있는 특수 전자기장과 흡사한 생명 에너지장, 생체 에너지,
물체의 표면에서 방사되는 에너지장, 신체 내부의 미세한 생명 에너지의 장, 빛을 발하는 에너지의 장.

이 세상 모든 생명체와 우주의 엔터티에는 생체 에너지인 여러 빛깔의 오라가 있으며
빛과 진동으로 구성돼 있다고 한다. 바위를 비롯한 물질계의 모든 현 생명체와
망자를 비롯한 에테르 껍질 존재나 아스트랄 망령에도 오라는 존재한다고 한다.

사람의 오라

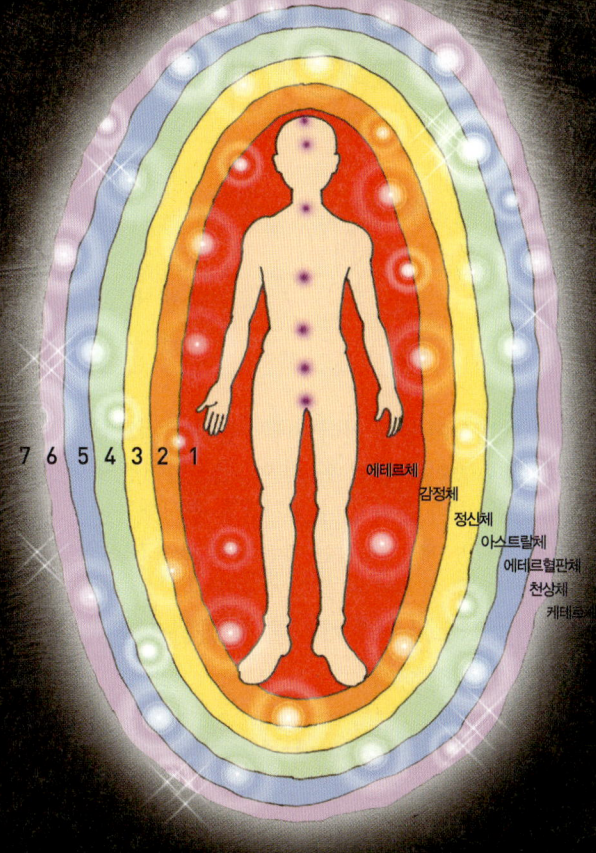

7 6 5 4 3 2 1

에테르체
감정체
정신체
아스트랄체
에테르혈판체
천상체
케테루체

오라는 일곱 개의 에너지 층으로 구성되어 있고
계란형의 빛을 내는 안개덩어리의 형태를 취하고 있으며
존재의 모든 정보가 오라의 빛으로 기록되어 있다고 한다.
에테르체, 아스트랄체, 멘탈체의 영적 에너지장이며
사람의 오라는 차크라(chakra)에서 발산된다고 한다.
이러한 오라는 아무나 볼 수 없으며 영적인 특별한 사람만이 볼 수 있다고 하지만
평범한 사람들도 약간의 방법으로 자신의 오라를 볼 수 있다고 한다.

나 역시 호기심이 동해 인터넷에서 찾아낸 정보를 갖고 실험을 해보았다.
벽에 흰색의 종이를 붙인 후, 약 이 미터 떨어진 곳에서 손을 눈높이로
들어올린 뒤 벽과 손이 만나는 지점을 응시했는데
잠시 후 손 주변에 안개 같은 하늘빛이 보이기 시작했으며
그 빛은 가늘게 진동하는 걸 알게 되었다.
이 실험으로 나는 나 자신을 포함한 모든 존재에 빛이 있음을
자각하기 시작했다.

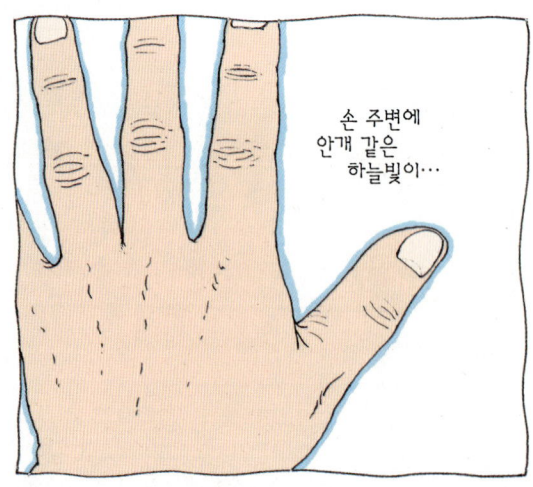

그런데 1999년에 만난 영롱한 푸른빛은
무엇이었을까.
어째서 그 빛은 유난히 선명했던 것일까.
몽롱한 상태에서 체험했던 유령들은
대체로 빛이 없었으며
대개 안개 같은 윤곽 때문에
그 실체가 현존하고 있음을 알려주었다.

그럼에도 몇 번은 흐릿한 푸른색 유령을
본 기억이 있다.

예전에 어느 방에서 촛불을 켜고
수련 흉내를 내다가 기면증 때문에
잠시 몽롱해질 때,
방에서 배회하던 파란 유령들을
얼핏 보게 되었지만
그들은 흐릿하고 탁한 청색의 빛이었으며
어린 유령들이었다.

영화에서 나타나는 소름끼칠 정도의 푸른빛 유령은
공포의 극대화를 위한 영화적인 장치이기 때문에 거의 존재하지 않을 것이라 생각하기에
유난히 영롱했던 그 미스터리 형상이 무엇인지에 대해 늘 의문이 남는다.
운동 코스에서 만난 푸른빛의 방사 물체.
과연 무슨 존재였을까…

숫자 4의
저주

2005년 어느 날
엄마는 내가 어렸을 때 살았던 집의 평수에 대해 처음으로 내게 비밀히 말씀해주셨다.
"말 안했지만 그 집이 44평 4호였어. 네 아빠가 그러는데 그 집을 살 때
옆집과 땅을 나누면서 그렇게 되고 말았다고 하더라. 4호까지는 안 만들려고 했다던데,
그 일로 옆집 아저씨와 내내 사이가 안 좋았다고 하지, 아마."

44평 4호…
우연의 일치였는지는 모르지만 어릴 때 그 집은 햇빛도 잘 안 들어오던 집이었다.

나는 그 공포의 집에서 어린 시절과 성장기를 보내야 했으며

아버지를 잃었고 숱한 귀신들과 마주치면서 두려움에 떨고 살아야 했다.

그 집에서 살 때는 어린 시절이라 평수에 대한 개념이 없었다. 나의 엄마는 그 집에서
이사한 후 약 이십여 년이 흐른 뒤에 그 집의 이상한 면적(평수)을 알려주게 된 것이었다.
그러니 나의 잠재의식에서조차 '4'라는 숫자와 그 집을 연결시키지 않은 상태였다.
아니… '4'자를 의식하지 않았다.

1993년, 나는 P오피스텔로 이사했다.
P오피스텔에서도 이상한 일들이 자주 있었는데

유령들이 자주 보였으며
나쁜 일들이 일어났고 건강도 점점 안 좋아졌다.
먼 훗날 예전에 살았던
그 오피스텔의 주소를 우연히 찾아보니
'4'라는 숫자가 너무 많았다.
○○시 ○○구 ○○동 404번지 P오피스텔 414호.
결국 나는 사 년간 고생해서 매입한
그 오피스텔을 스스로 잃고야 말았다.

1998년에 이사한 모 아파트의 주소는
모 아파트 ○○동 308호.
그러나 4층이었다.
아파트 측에서 단지 '4'라는 숫자를 피한 것이라 했으나
이 아파트에서도 끊임없는 심령 현상을 겪다 못해
거의 죽기 일보 직전까지
여러 중병들을 앓아야 했으며

결국 나는 불행을 당하고 말았다.

그리고 2001년, 또 이사를 갔다.
(나는 역마살이 꼈는지 자주 이사 다니는 팔자였다.)
어쩔 수 없이 살게 된 그 아파트의 주소는
446-○○번지.
이곳에서도 결국 안 좋은 일들이 계속 이어지더니
나의 소중한 아이가 가족 대신 불행한 일을 당하게 되었으며
결국 그 도시를 떠날 수밖에 없게 되었다.

나는 자주 이사를 다닐 수밖에 없는 사정으로
늘 아슬아슬하게 집을 구했기 때문에 선택의 폭이 넓을 수가 없었다.
게다가 그 당시는 '나의 삶을 분석하던 처지'가 아니었기에
군이 미신처럼 숫자 4에 대해 연연하는 마음이 없었다.

4자가 어때서?
불운의 숫자라는
생각은 미신일
뿐이야

4자를 염두에 두지 않았기 때문에 언제나
가볍게 이사하게 되었었다.
숫자 4에 대한 부정적인 사람들의 인식은
단지 민간신앙적인 어리석은 미신이라고만 생각했다.
집을 구할 때도 별로 신경 쓰지 않았고
또한 시간도 없어서 이삿날만 되면 늘 바쁘게
간신히 구해진 집으로 이사가야 했었다.
그러나 그 결과를 요즘 분석한다면
기가 막힐 정도로 나와 숫자 '4'와의 인연은 악연이었던 것이다.

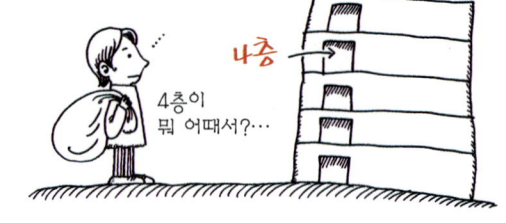

4층

4층이
뭐 어때서?…

모든 사람에게 이러한 숫자 '4'의
부정적인 영향이 미칠 수 있을까.
그건 또 아닌 것 같다.
이런 일들은 모든 사람에게 해당되지 않을 것이다.
그렇다면 영매 체질에 해당되는 건지.
어쩜 이러한 상관관계도 수비학(數秘學, Numerology,
수의 마법적인 힘과 신성한 의미를 찾는 학문)적
측면에서 본다면 우매하기 짝이 없을지도 모른다.

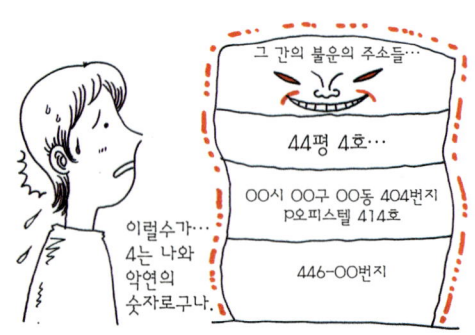

이럴수가…
4는 나와
악연의
숫자로구나.

그 간의 불운의 주소들…

44평 4호…

○○시 ○○구 ○○동 404번지
P오피스텔 414호

446-○○번지

수비학적 관점에서 서양 사람들이 꺼려하는 불길한 숫자 '13'과 '6'을 살펴보자.
6은 악마를 막는 다윗의 별이며 완전수이고 신비의 육각형인 헥사그램을 상징한다.

13이란 숫자는 어떠한가.
13은 새로운 순환을 의미하는 여신의 숫자이며
성경에서는 통치를 뜻하는 아주 좋은 수라고 한다.

숫자 4는 또 어떤가.
4는 흙, 물, 공기, 불인
신성한 4원소를 상징하고 있으며
테트라 그라마톤이라는 신의 이름도
YHWH라는 네 글자로 이루어진다.
또한 타로에서는
황소자리(봄), 사자자리(여름),
전갈자리(가을), 물병자리(겨울)
네 가지 생물을 상징하며
이는 네 개의 성배 심볼들을 의미하고 있다고 한다.

이같이 불길한 숫자의 상징적 역사를 다시금 분석하다보면
실제는 신성한 숫자라는 걸 알 수 있다.
그렇다면 모든 불길함은 사람의 정신과 의식에 기인한 것일까.
나에게 있어 불길한 숫자 4를 상징하는 의미들을 서양적으로 고찰해보면
신성한 숫자의 표상이라 할 수 있는데
어째서 나에겐 지독하게 저주스러운 숫자로 자리하고 있는 것일까.

우주 삼라만상의 이치와 음양의 미스터리는 하잘것없는 피조물인 내가 알 길이 없다.
다만 지성을 초월한 천지의 흐름 안에 현존하는 창조주의 섭리만이
신비한 우주의 비밀을 품고 있을 것이다.

불수의 영장애

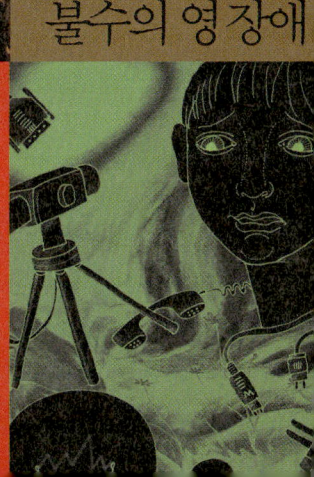

episode
30

나는 비록 육체적으로는 허약 체질이지만
조금 강한 영적 에너지를 가지고 있다는 사실을 안 것은 불과 몇 년도 되지 않았다.

오랜 세월 내게서 나오는 에너지의 흐름을 파악하지 못해
나의 에너지들은 부조화의 흐름으로 바뀌고
종종 내 주변 현상들을 보며 당황하는 세월을 보내곤 했다.
내가 가지고 있는 영파나 염파는 일반인들보다는 조금 강하다.
그래도 괴력의 염파를 발산하는 사람이 아니어서 참으로 다행스럽다.

군이 유명한 사람이 아니어도 세인들 틈에는
신비한 눈빛을 발산하는 염력의 소유자들이 묻혀 있다고 한다.
그중에는 자신의 정체를 인식하고 그 능력을 어둠 속에서
해소하는 사람도 있고 영파를 자각하지 못해
늘 의문을 품고 사는 사람들도 있다고 한다.

당신은 기계만 사면 자주 망가지는가?
화를 내거나 흥분하면 주변 기기들이 고장 나는가?
전화할 때 잡음이나 혼선이 많이 일어나는가?
그렇다면 당신도 영파가 강하다고 할 수 있을지 모른다.

다음은 내 '영 장애' 현상의 몇 가지 예이다.

1 2003년 시골로 이사한 후, 나는 개들을 돌보기 위해 깜깜한 밤에 마당으로 나가 매일 엄마 몰래 개똥들을 치워야 했다. 그러자면 야맹증인 나는, 손전등 없이는 개똥을 발견하기 어려워서 손전등을 마련한 뒤 밤마다 마당과 개집을 살폈으나 건전지가 너무 자주 방전되어 한 달이면 두 번을 갈아야 했다. 게다가 큰 사이즈의 건전지 값도 비싸서 그 부담감에 결국 충전용 랜턴을 새로 구입할 수밖에 없었다.
그러나 전기 충전식 랜턴도 오래가지 않았다. 짧은 시일 동안 두 번이나 고장 나고 세 번째가 되어서는 AS 받는 일이 귀찮아져 자가발전 손전등을 샀지만 일주일이 안 가 고장나버렸다. 지금은 손전등을 포기하고 잘 안 보이는 눈으로 밤의 감각을 발전시키는 중이다. 이러한 현상은 제품의 문제가 아니라 영파가 강할 경우 전자기의 흐름을 왜곡시키거나 전자파를 흡수할 수 있다는 글을 본 적이 있어 그 경우에 해당하는 것이 아닌가 생각해보았다.

2 오래 전부터 내가 내 책상의 기계를 작동하기 위해 만지게 되면 고장이 잦았다.
(나는 기계를 함부로 다루지 않으며 아주 조심하는 편이다.)

3 인터넷을 하다가 화가 나거나 초조한 일이 발생하면 인터넷이 다운되거나 먹통이 된다. 어느 때는 폴더가 없어진 적도 있었다. 그런 일이 자주 있어서 되도록 조심하려 하지만 내 성향이 다혈질이라 쉽게 바꾸어지지 않는다.

극한 심적 상태에서 TV 채널을 돌렸을 때는 화면이 안 나온 적도 있었다.

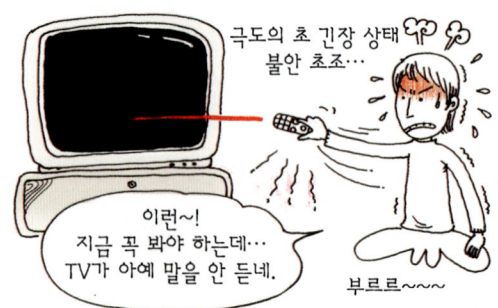

4 도시의 모 아파트에서 살 때 전화 혼선이
극심해서 자주 끊어졌으며, 친한 지인이 말하
길 전화기의 잡음 때문에 내 말이 안 들린다고
했다. 결국 전화국 직원을 불러 원인을 찾아
고치려 했으나 고장 원인을 도저히 찾을 수 없
다며 난감해했었다.
그리고 그 이후에 다른 지역에서도 유난히 혼
선이 심했으나 다행스럽게도
최근 몇 년 전부터는
전화 혼선 현상이
거의 종적을 감추었다.

5 나에게 괴력이 있었던 것일까. 2001년에 구입했던 '복근 운동기'는 시작한 지 두어 달 동안 세 번이
나 고장이 나서 주위 사람들을 놀라게 했었다.

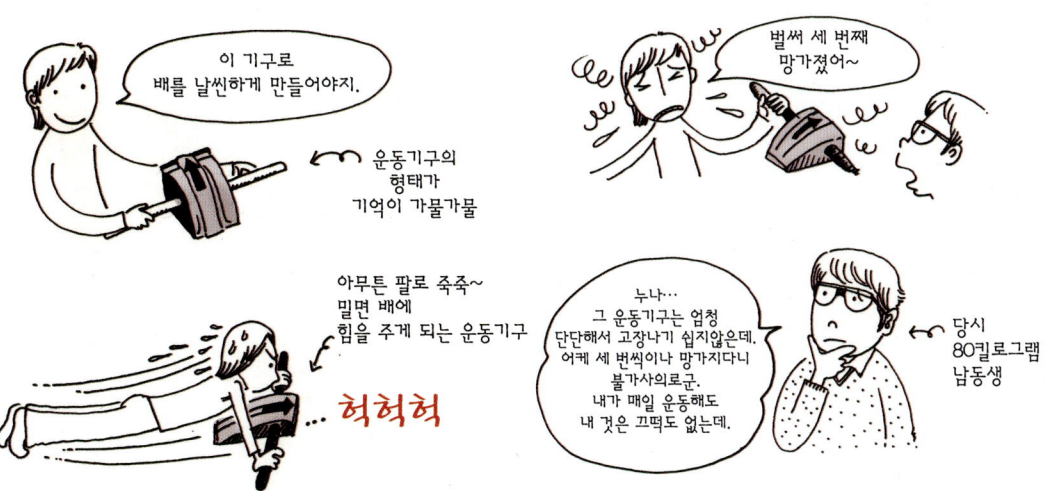

6 영 장애와 관계 있을지 모르지만 2004년에 이상한 일이 있었다.
그날은 열대성 기후가 극치를 부리던 한여름이었다.
아래층에서 한참 땀을 말리고
오후에 바람 한 점 없는 조용한 이 층 내 방으로 가보니
선풍기 목이 부러져 있었다.
전선이 나와 덜렁거릴 정도로 선풍기 목이
심하게 부러져서 소름이 끼칠 정도였다.
그날 아무도 이 층에 간 사람도 없었고
분명 아래층으로 내려가기 전의 선풍기는
정상적인 상태라서 그렇게 홀연히 갑자기
목이 부러질 일은 없었는데 이해가 가지 않았다.
결국 엄마에겐 '발로 차서 실수로 선풍기를 부러뜨렸다' 고
말할 수밖에 없었다.

> 앗!
> 아까까지만 해도
> 멀쩡하더니만!

7 오래전 어느 대학 선배는 내게 이상한 말을 한 적이 있었다.
"내 방의 펜촉이 책상 아래로 떨어져 물체에 수직으로 꽂히는
이미지 심상을 한동안 한 적이 있었지.
그런데 어느 날 조카가 내 방에서 놀다가
내 책상의 펜촉이 떨어지며 손을 다친 적이 있었어.
나는 그 일에 대해 너무 놀라 잊을 수가 없었지."
그 선배는 눈빛이 예사롭지 않은 사람이었다.
그 선배의 염력이 작용하면서
그 일이 발생되었다고 짐작할 수밖에 없었다.

대학 선배

> 펜촉이 떨어져
> 물체에 꽂힌다‥ 다다.
> 꽂‥힌‥다‥

> 앙!

사람에겐 누구에게나 영 능력이 잠재해 있다고 한다. 다만 정도의 차이일 뿐.
그러나 유독 영 에너지가 강한 사람은 파동의 강도에 따라 '영적 순화작업' 을 해야 한다고 한다.
일부에서는 염력을 뇌력이라고도 하는데 뇌의 힘과 영적 에너지가 조화를 이룰 때
염력이 더 발휘되는 것이 아닌가 한다.
특히 영 장애를 일으키는 대다수 사람들은 나처럼 이유를 모른 채 '나는 기계와 안 맞아' 하며
기계와 전자 제품들의 잦은 고장을 운명처럼 받아들이는지도 모르겠다.

그러나 어찌 보면 에너지의 흐름을 조절해서 정돈할 수만 있다면
영 장애를 일으키는 영 에너지를 좋은 일에도 사용할 수 있지 않을까 생각해본다.
영파 혹은 염파가 강한 사람들은 마음을 평온하게 해야 한다고 한다.
나 역시 그러하지 못해 그 에너지가 나를 더 어렵게 만드는지 모르겠다.
그래서 명상에 대해 관심을 가져봐야겠다는 생각이 드는 것은 당연한 귀결일 것이다.
다혈질과 예민한 영 에너지를 가진 사람들은
서서히 명상을 통해 흐트러진 에너지 흐름과 손상된 오라를 정돈했으면 한다.

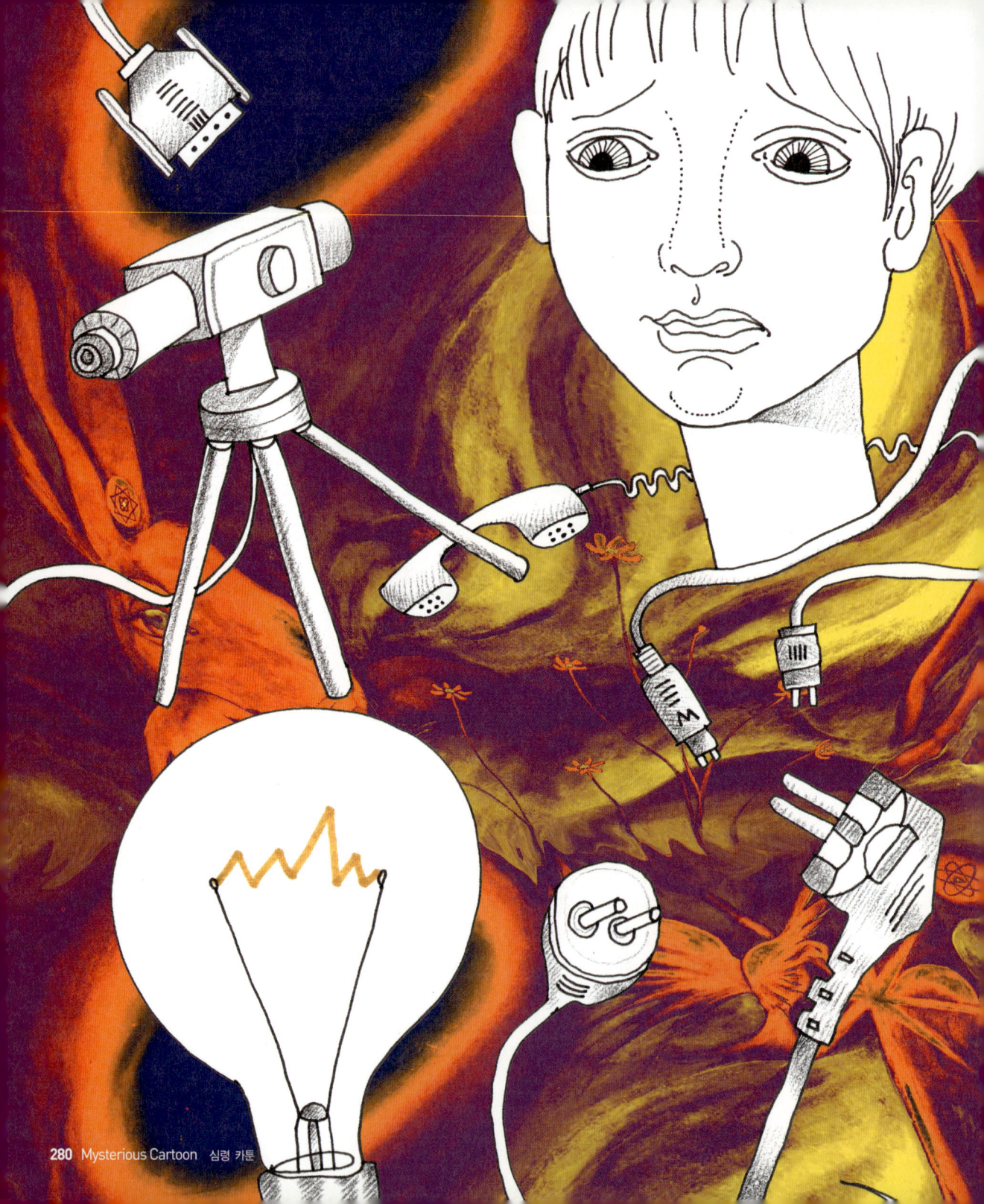

묘지
이장 날의 꿈

episode
31

아버지의 묘는 약 이십오 년 전에, 타인의 소유지이지만
조상들이 묻히던 선산에 급히 안장되셨다.

그러나 묘지 주변에 돌이 많은데다 생전의 아버지께서 그곳에 묻히기를 원하지 않으셨던 마음을
엄마가 알고 있었던 터라 자식인 우리에게 늘 묘지 이장에 대해 물어보시곤 하셨다.
나 역시 그곳이 마음에 들지 않았다. 왠지 그랬었다……

아무래도 마음에 걸린다…
네 아버지 묘지를
이장해야겠지?
네 생각은 어떠니?

…

엄마,
예전부터 아버지 묘지가
마음에 안 들었어. 좋은 터를
골라 이장했으면 좋겠어…

결국, 2005년
엄마는 묘지 이장을 결심하게 되었고
관리가 정갈하게 잘 되는 공동묘지를 가족들과 같이
오랜 기간 알아보신 후에 좋은 터를 결정했다고 말씀하셨다.
나는 가보지 못했기 때문에 사진으로만 터를 봐야 했다.

수소문 해보니…
○○관리묘원이 관리가
잘 되는 곳이래요.

○○관리묘원

이곳에서 너무
멀지도 않고…

누나,
바로 이곳이야.

○○관리묘원

아…
좋아
보이네.

묘지 이장 날은 가족들과 친척들이
모두 모여 함께하기로 했는데
그날 나는 몸이 불편해서 갈 수 없다고 했고
가족들은 내 사정을 모두 이해해주었다.

아버지의 묘지를
이장하기 전날 밤 꿈에…

나는
버스를 탔다.

그런데 아버지께서
내 뒷자리에
앉아 계셨다.

버스는
높은 언덕길을
오르고 올랐다.

한참 오르는데,
갑자기 고소공포증과
현기증이 생겼다.

왜 이렇게
높이 올라가는 거지?
어…어지러워…

아악…

어지럽다고 느끼다가
잠이 깨었다.
왜 이런 꿈을 꾼 걸까?
그 다음 날 묘지 이장은 무사히 마치었다.

곧 추석이 왔다.
그때서야 나는 이장한 아버지 묘지를
가볼 수 있게 되었다.
워낙에 넓은 면적의 대단위 공동묘지여서
산과 평지가 모두 묘지로 자리 잡은
아주 넓은 장소였다.

그곳을 차로 달리다가 언덕으로
올라갔는데, 언덕길도 가파른데다
한참을 올라가야 했다.
'왜 아버지가 현기증을 느끼셨던 것인지'
그제서야 이해가 되었다.

아버지의 영혼은 시공간을 초월해 묘지 이장 터를
미리 가보셨으며, 묘지의 위치가 아주 높은 곳에 있어서
잠시 어지러우셨음을 이장하기 전날,
꿈에 자식인 나를 통해 느끼게 하셨다.

어…
어지러워…

그로부터 시간은 또 흘러 몇 개월이 지난 후,
아버지는 다시 한 번 내 꿈에 나타나셨다.
하늘색 와이셔츠를 입으시고 엄마 옆에 앉아
더욱 젊어진 모습으로
환하게 웃는 모습을 보여주셨다.

아버지의 묘지 이장은 그렇게 편안하게 마무리 되었고 이후에도 별 탈 없이 지내고 있다.
묘지 이장을 잘 못할 경우 집안에 변괴가 생긴다는 풍설도 있어서 엄마는 행여나 하고 걱정이 많으셨지만,
나를 통해 아버지 영혼의 안위를 확인하신 후에는 엄마의 마음은 편안해지셨다.

혹시 아버지 묘지 이장을
잘못했다가 집에 일이
생길까 무섭구나.

심란 … 심란 …

엄마, 걱정 마.
묘지 이장하고
얼마 전 꿈에 아버지가
멋진 옷 입으시고 엄마 옆에서
얼마나 밝게 웃으셨는데.

아~ 그래?
그렇다면 이젠
안심해도 되겠네.

그러나 여전히 영혼의 미스터리는 내게 의아할 뿐이다.

저편의 세상에 있는 아버지의 영혼이
묘지 이장까지 세심히 신경 쓰는 모습은
영혼 세계에 대한 의문을 증폭시켜주기에 적절했다.

제한적인 물질계에 사는 우리 인간이
시공간을 초월하는 한 차원 높은 영의 세계를 이해하기에는 언제나 역부족이다.
그러나 가족에 대한 깊은 사랑과 관심이라고 생각하면
변함없이 하늘 세상에서 묵묵히 우리를 지켜보시는 아버지의 영혼을 이해하는
충분한 이유가 될 수 있지 않을까…

기면증과
가위눌림

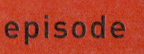
episode

32

요즘은 기면증세가 조금 나아진 것 같다.

물론 칩거 생활과 자유로운 시간, 남의 구속 없이 자고 싶은 만큼 잘 수 있는 여건 때문에
그런 건지 모르지만 그래도 여전히 출판사 일거리 마감 때는 가만히 앉아서 줄곧 마감을 마치기 위해
분투해야 하므로 다시 지독하게 졸린 증상이 고개를 내밀게 된다.

마감이 아닌 일, 즉 평소 카툰이나 개인 작업을 할 때는
십 분에 한 번씩 일어나 마당이나 집안을 배회하게 된다.

이런 나에게 엄마는 "대체 일을 하는 거냐! 노는 거냐" 하고 질책을 하시곤 한다.

그것이 오랜 기면증 생활에 인이 박힌 나의 탈출로인 것을 엄마는 이해하실 수 없을 것이다.

내 증세가 기면증임을 알게 된 것은
인터넷 덕분이다.
그렇지 않았다면 지인들이
나를 보고 판단하듯 '잠이 많은 게으른 사람'으로
죽는 날까지 스스로 나 자신을
단정지었을 것이다.

기면증?

기면증
이란?

어려서부터 나는 가만히 앉아 있으면 졸렸다.
학교 수업 시간 오십 분은
언제나 나에게 지옥같이 힘든 시간이었다.
유난히 내성적이었던 내가 졸린다고 무작정 잠자기에는
선생님이 너무 무서웠으므로
언제나 이를 악물고 졸음을 참으며
오십 분을 견디고 살아야 했다.
이런 내게 학교는 당연히
너무도 가기 싫은 굴레였지만,
성실한 어린 학생이 학교를 못 견디게
싫어할 거라는 생각은 아무도 하지 못했다.

낮 1시

여..보..
세..요

어휴~ 누나!
또 자는 거야?
어떻게 전화만
했다 하면
잠자다 받냐?

언제 잠에서
깨는지 말해봐

졸린데 어떡해.
흠냐흠냐…ZZZ

졸려 … 졸려
잠이 와 죽겠어

꾸벅 꾸벅…

아~
아 …
비몽사몽

졸음을 견뎌야 해…

그렇지만 도저히 못 참겠어
어서 종이 울리길….

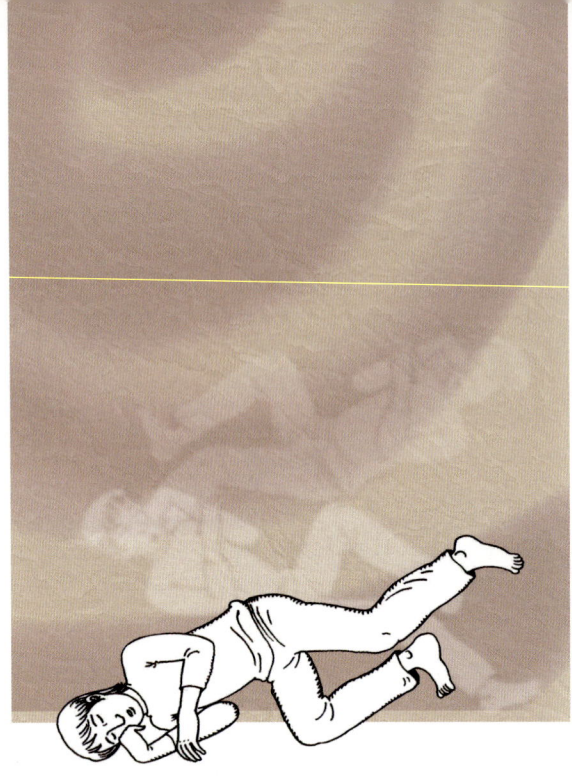

이번 심령 카툰에서 말하고자 하는 주제는
기면증과 가위눌림의 연관관계이다.
나의 오랜 기면증세와 심령 현상이
분명히 깊은 관련이 있을 것이란 생각이
집요하게 드는 것은 잠과 꿈,
심령 현상의 밀접한 관계 때문일까?
이러한 의문점을 풀어준 정보는
인터넷 검색 엔진의 백과사전이었는데
기면증에 가위눌림을 지칭하는 '수면마비'와
'입면시 환각' 증상이 있다고 분명히 말하고 있었다.
'병원 신경과의 교수팀'이 말하는 '수면마비'와
'입면시 환각'에 대한 증세로는
환시, 환각, 환청 등이 있다.
이처럼 과학적인 분석 방법과 해석만으로
가위눌림의 증상에 대해서 설명하는 것은
심령학적 차원을 무시한
일종의 신체 반응처럼 구별하는 것으로
나는 동의하기 힘들다.

누구나 자신이 경험하지 못한 일들에 대해선
굳이 믿으려 하지 않는 사람들이 대다수다보니
그럴 수도 있다고 이해는 한다.

그런 한계에도 불구하고 기면증세를 연구한 자료들을 보면
내 지난 일들에 대한 수많은 의문들이
대부분 풀어지기에 연구진들에게 감사할 따름이다.
만일 그들의 이러한 노력이 없었다면
희귀병이나 다름없는 '기면증'을 가진
많은 사람들은 '나는 잠이 많고
너무나 게으른 구제불능이야'라는 자괴감에
언제나 절망할 수밖에 없기 때문이다.

나는 잠이 많고 너무나 게으른
구제불능 인간이야…

우선 이 병은 현대 의학으로는 완치가 불가능하다고 한다.
기면증에 나타나는 증세는 주간수면 과다증, 수면발작, 수면마비,
입면시 환각 등등이 있다고 한다.
주간수면 과다증은 낮 시간에 교실이나 강의실, 차 속에서 쉽게 잠이 드는 현상이라고 한다.

나의 경우를 보면, 학교 다니던 내내 교실에서 졸음과 싸우던 일이 생각난다.
강의실이나 세미나, 목사님 설교 시간이 되면 졸음으로 고개가 흔들릴 정도였다.

또한 차만 타면 졸아서 '너는 차만 타면 왜 잠만 자냐'는 핀잔을 들고 살아야 했다.

수면발작은 참을 수 없이 잠이 쏟아지는 증세라 하는데
가만히 앉아 운전할 때에 수면발작이 발생할 경우가 굉장히 위험하다고 한다.

약 십수 년 전,
초보운전 당시에 부평에서 서울로 가던 도로에서 갑자기
잠이 무한정 쏟아져서 큰일 날 뻔한 적이 있었다.
남이 운전하든, 내가 운전하든, 가만히 앉아 있으면 잠이 쏟아지는
기면증세를 가진 분들이라면 운전은 일단 포기해야 하는 것이 옳겠다.

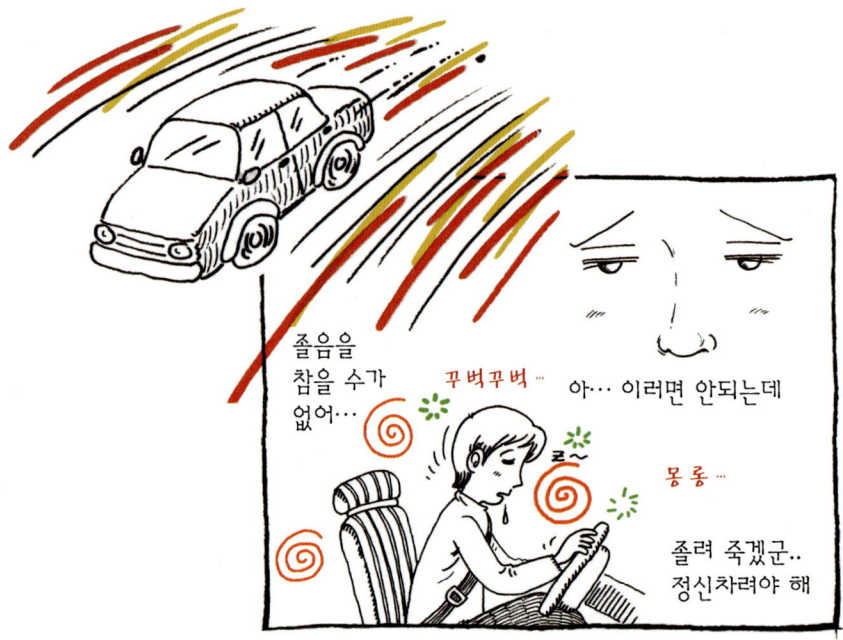

수면마비는 잠들려고 하거나 잠에서 깰 때 온몸이 마비되는 증상으로
'입면시 환각'을 동반하는 기면증이다.
소위 많은 이들이 경험하는 '가위눌림'이라 한다.
왜 수면마비와 가위눌림이 물질 반응처럼 연관지어지는지 몰라도
영적인 측면에서 볼 때, 복잡다단하게 심령학적인 연결이
밀착되어 있는 것으로 보인다.

과거의 시간 동안…
수없는 수면마비 증상으로 밤마다
공포의 시간을 보낸 그 세월이 마치 악몽 같다.
그 외에도 여러 증세가 나타난다고 하나
대표적 증상은 위와 같은 것으로 알고 있다.

기면증이 심한 사람들은
사회생활이나 공동생활이 어렵다고 한다.
그 실질적인 체험이야 내가 직접 해왔으니
두말할 나위가 없다.
기면증을 선천적으로 타고난 내가
규칙적인 학교생활과 모임, 종교생활, 회사생활을 하면서
견뎌야 했던 '졸음과의 전쟁'에 대한 고통을
일반 사람들이 이해하기는 쉽지 않을 것이다.

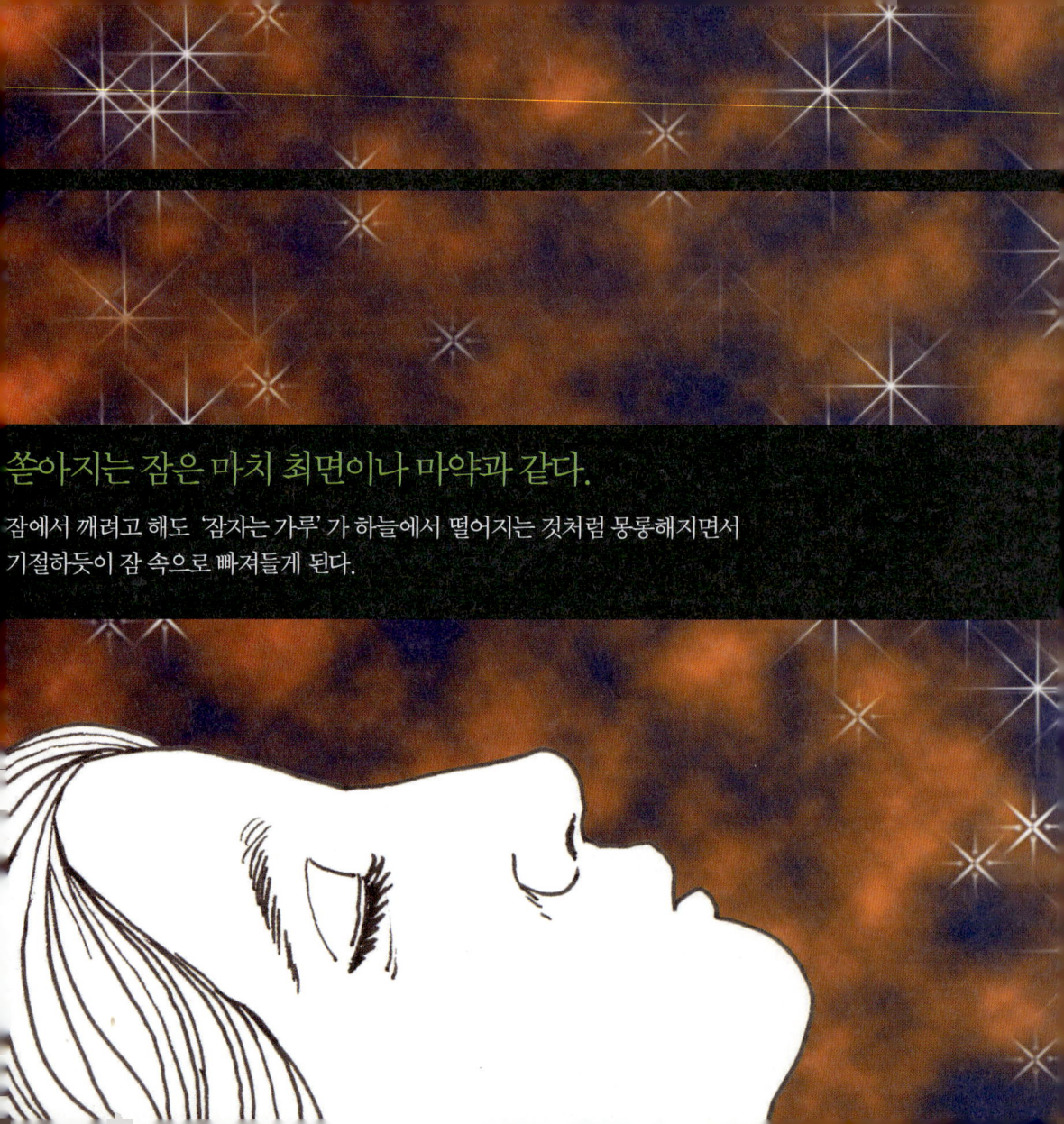

쏟아지는 잠은 마치 최면이나 마약과 같다.

잠에서 깨려고 해도 '잠자는 가루'가 하늘에서 떨어지는 것처럼 몽롱해지면서
기절하듯이 잠 속으로 빠져들게 된다.

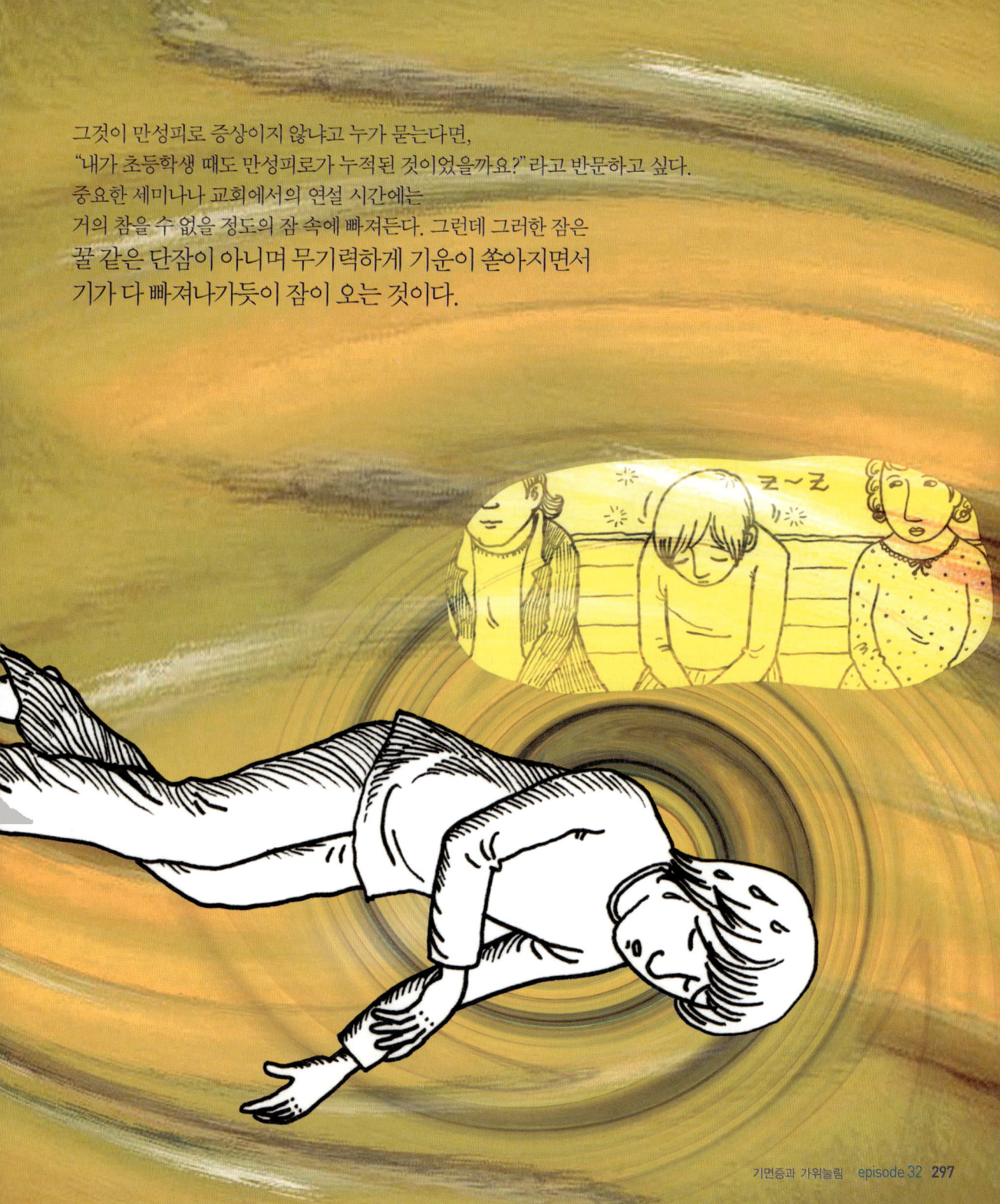

그것이 만성피로 증상이지 않냐고 누가 묻는다면,
"내가 초등학생 때도 만성피로가 누적된 것이었을까요?"라고 반문하고 싶다.
중요한 세미나나 교회에서의 연설 시간에는
거의 참을 수 없을 정도의 잠 속에 빠져든다. 그런데 그러한 잠은
꿀 같은 단잠이 아니며 무기력하게 기운이 쏟아지면서
기가 다 빠져나가듯이 잠이 오는 것이다.

가만히 앉아 일할 때는 집중이 되질 않는다.
내 성향이 외향적이 아니므로 책상 위에서의
그림 작업이 적성에 잘 맞을 거라고
아는 이들은 말할지 모르지만,
하나님께선 내게 그림을 생업으로 선물하시곤,
기면증세를 함께 내려주셔서 '졸음의 고통' 속에서
일을 마치게끔 카르마의 고리를 하사하셨다.

나는 그림쟁이다 보니 영상미가 아름다운 영화도 좋아한다.
그러나 영화관에서 보든, 집에서 보든,
영화를 끝까지 다 보지를 못한다.
중간에 반드시 졸거나, 자게되다 보니
영화를 보는 일조차 내게는 아주 중노동일 때가 많다.

기면증은 삶 속에서 기운을 다 뺏는 무기력한 병이다.
잠자면 상쾌해지고 몸이 가뿐해야 하는데 자도 자도
늘어지고 아무 때나 잠이 오니 누가 이해해 주겠는가.

나는 움직이는 게 편하다.
그래서 집안에서도 끊임없이 움직이고
그림 작업 하다가도
십 분에 한번씩
마당으로 내려가곤 한다.
기면증을 가진 사람은
차라리 이렇게
동적인 생활이
편할지도 모른다.

끊임없이
움직이는…

아니… 어쩌면 피로가
극심했던 도시 생활을 떠나
칩거하며 마음대로 살 수 있는 시골에서
내 마음대로 자유롭게 살고 있어서
기면증이 좀 나아진 것은 아닌지 모르겠다.
분명 예전보다는 기면증의 극심한 증세들이
조금 사라진 건 분명하니까.
물론 여전히 가만히 앉아 있을 때는
지금도 졸리긴 하지만
그래도 악몽과 가위눌림의 시간 동안
나를 괴롭혔던
귀신들에게서 해방된 것 같아 기쁘다.

무기력해지는 기면증을 선천적으로 타고났던 나는
심령 현상과 악몽을 통해
지난 세월 많은 고난을 겪으며 살아야 했다.
비몽사몽간에 보이던 유령의 존재들은
내게 공포보다 더한 '쏟아지는 잠'으로 최면을 걸어왔었다.
('무섭다'라고 생각하기도 전에 잠 속에 빠진 적이 더 많았으니)
게다가 그러한 하위계의 존재들은
늘 사람의 프라나(prana, 氣, 생명에너지)를 흡수하므로
정상적인 잠이 아닌 비정상적인 잠 속에서
기면증세의 사람들 중 많은 수는,
나처럼 영들에게 생체 에너지를 빼앗기며
무기력하고 절망적으로 살아왔을 것이다.

악 …

잠들어라~

이러한 '수면 과다증'에 대해
완치하기 어렵다고 해서
정상적인 사회생활을 포기하고
그 절망감에 자포자기하기보다는
그에 맞는 적절한 생활 패턴을 찾아야 한다.
잠과 꿈을 통해 나타나는
하위계의 기생충 존재에 대해
강건하게 대응하는
스스로의 정신 무장도
중요하다.

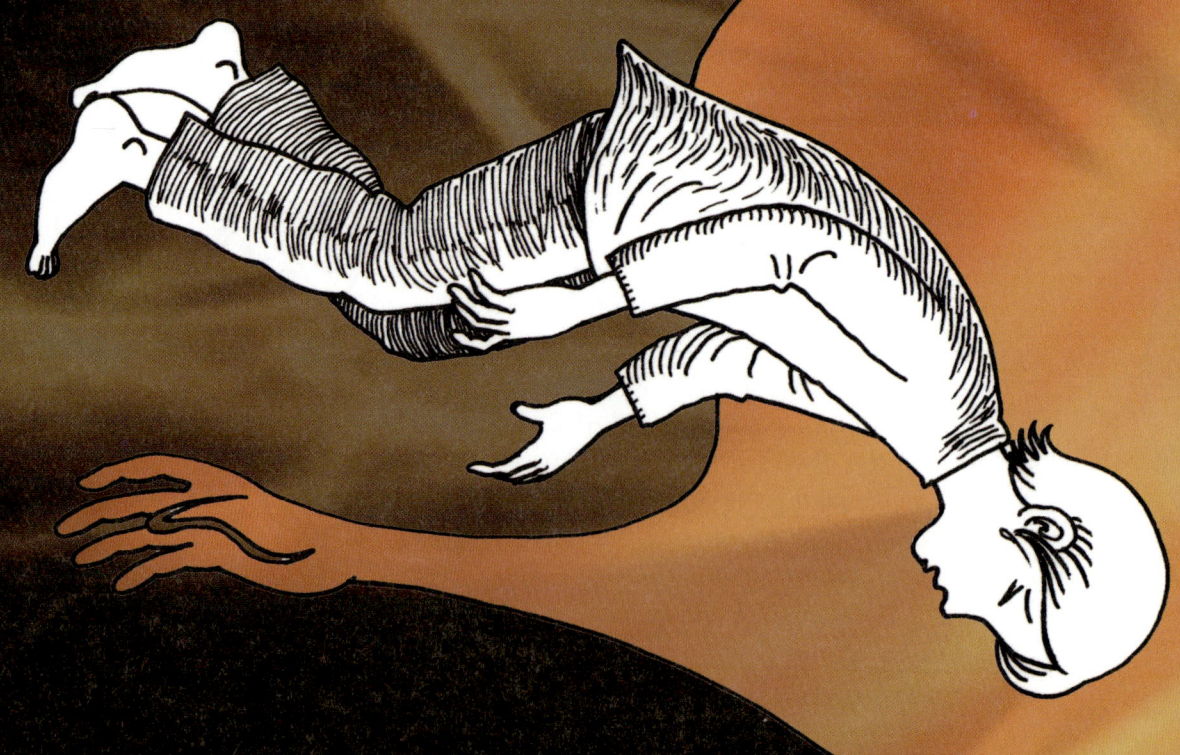

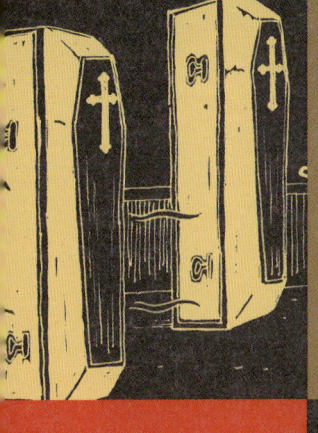

문 앞에
서있던
두개의 관

episode
33

1998년 7~8월에는 이사 갈 집을 물색하고 있었는데
근교에 새로 신축하고 있는 아파트가 있어서 전세 입주를 계약하게 되었다.
우리 가족은 깨끗한 새 아파트로 갈 생각에
매우 기분이 좋았던 걸로 기억된다.
그 당시 나는 새 아파트에선
영을 만나는 일이 없을 거라
안도하였지만 결국 그곳에서
삼 년을 지내면서
물질 세계에서 영들의 활동은
한계가 없음을 알게 되었다.

1998년 9월,
지은 지 얼마 되지 않은 이 아파트로 이사 왔을 때,
사람들이 모두 입주하지 않아
건물의 반 정도가 텅텅 비어 있는 상태였다.
아파트의 구조는 복도식이었으며 현관은 음산했고
내가 지낼 방의 창문은 베란다를 통한 창문이어서 은근히 답답했다.
이 아파트로 이사한 뒤, 어느 날 꿈을 꾸었는데 어둡고 답답한 사 층의 복도가 보였다.

그리고 복도의 중앙에 위치한 엘리베이터로
시선이 옮겨졌다.

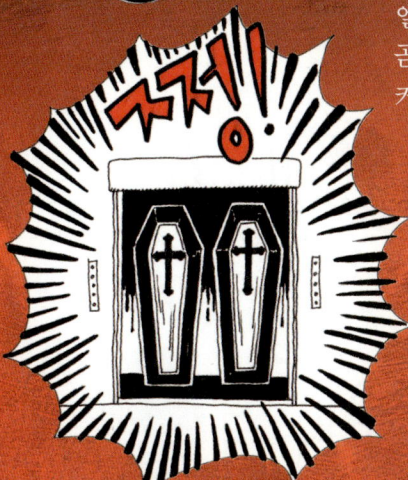

엘리베이터에는 무언가가 올라오고 있었는데
곧 엘리베이터 문이 열리면서
커다란 두 개의 관이 마치 유령처럼 서있었다.

으스스하고
섬뜩한 분위기의
검은색 관…

그 관들은 죽음의 분위기를 발산하며
내 집 현관문 앞으로
스르르 움직이기 시작했다.
두 개의 관은 곧 현관 정문 앞에 멈춰섰다.

그 검은 관들은 똑바로 내 집을 소름끼치게 바라보고 있었다.

무서운 꿈을 꾸었지만 가족들에게 내색을 하지 못했다.
불길한 꿈이어서 애써 잊어버리려고 노력하기만 했다.
그 당시 나는 생업으로 숨 쉴 시간조차 없을 정도로 바쁘게 살아야 했기에
이러한 현상에 대해 퇴치하거나 막을 수 있는 방법을 전혀 찾지 못했다.
아니 어떻게 해야 하는지 전혀 알 길도 없었다.

이 집의 이상한 현상이 있다면
현관문 앞 천장에 붙은 자동등이었을 것이다.
사람이 들어올 때만 켜지도록 되어 있는 자동등이 홀로 켜지는 일이 잦았다.
바람 한점 없는 날에도 혼자 꺼졌다 켜졌다 했다.

그리고 방문들도 스르르 열리거나 닫힐 때가 많았다.
물론 우리 가족들은 단순한 물리적 현상이라고만 여겼다.

어느 날 또 이상한 꿈을 꾸었다. 하얀 옷을 입은 귀신들이 우리 집안에 여기저기 서있었다.
나는 그 귀신들을 쫓아내야겠다는 생각을 했다.
곧 나는 뛰어다니며 그들을 내쫓았다. 어느 귀신은 나에게 쫓겨나 베란다 밖으로 그냥 뛰어내렸다.
그때는 내가 모두 쫓아냈었다.
그렇게 영들에 대항해서 집을 지키려 노력했다. 모두 내보냈다고 생각했지만
그날의 영들은 일부에 지나지 않았다. 이후에 더욱 괴롭고 은근히 무서운 사건들이
내게만 연달아 일어났으며 밤마다 유령들에게 시달려야 했다.

그때를 생각하면 지금도 아찔하다. 영들의 존재 여부는 신축 건물이든 오래된 건물이든 상관없음을
그때야 깨달았다. 그 건물이 어느 사연의 대지 위에 지어진 것인지는 모르지만 기감이 예민한
영매 체질의 사람들이 그곳에서 산다면 나처럼 지독하게 고생할 여지가 있었다.

혈 자리가 부분적으로 열리거나 신기가 있는 사람들은
이사 갈 집의 기운을 상세히 체크할 필요가 있다.
아니면, 되도록 한 장소에 정착해 오래도록 집의 기운을 안정시켜
평안하게 지냈으면 좋겠다는 마음도 든다.

망령의
목소리

episode

34

종종 꿈에서 만나는 존재들과 대화를 나누기도 한다.
그러나 대체로 의미만이 전달될 뿐,
목소리의 억양이나 톤은 생각이 나지 않는 게 일반적이다.

그러나 딱 한 번…
영혼의 소리를 마치 옆에서 들은 것처럼
목소리의 파장과 억양,
개성까지 기억할 수 있었던 일화가 있었다.
약 1999년에 있었던 일이다.

꿈에…어느 시골집이 보였다.
처음 보는 집이었는데 문득 나의 집이라는 생각이 들었다.
모양새는 깨끗한 초가집이었으며 방은 오직 하나였다.

방에는 깨끗한 한복으로 단장한 할머니가 단정하게 앉아 계셨고
그 앞에 다소곳이 무릎 꿇고 앉아 있는 내가 보였다.

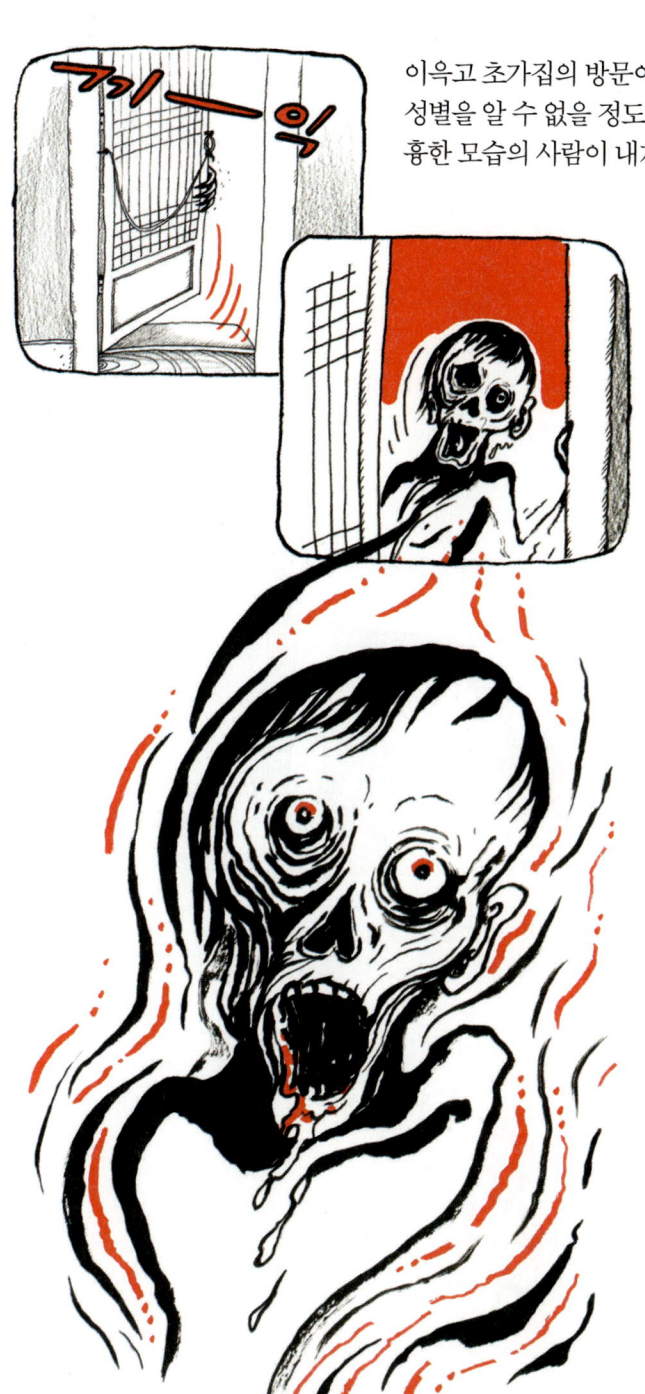

이윽고 초가집의 방문이 조용히 열렸는데
성별을 알 수 없을 정도로 얼굴이 일그러진
흉한 모습의 사람이 내게 부탁을 하는 것이었다.

"저⋯
방으로 들어가고 싶은데⋯
괜찮을까요?"

쉬어터지면서 뒤틀린 것처럼
갈라지는 높은 억양의 섬뜩한 목소리로
그 존재는 내게 허락을 구하고 있었다.

안 된다 …

나는 잠시 주춤거렸으나 할머니는 내게 마음으로
'안 된다'고 말씀하셨다.

그 사람에게 거절하자마자 그 일그러진 존재는 사라졌다.

그와 동시에 나는 바깥마당에 나타났고
그 일그러진 사람과 마당에서 이야기를 나누다가 꿈이 깨었다.

아침이 되어 나는 잠에서 일어났고
이상할 정도로 선명한 꿈 때문에
기분이 뒤숭숭했다.
엄마에게 그 꿈 이야기를 하며
그 사람의 말소리를 흉내 내었다.
너무도 선명하게 기억이 나기 때문에
거의 비슷하게 흉내 낼 수 있었다.
그런데 이상할 정도로 꿈에서 들었던
그 목소리가 그대로 나오는 것이었다.

앗! 꿈이었네?

찜 찜 …

…

엄마… 어젯밤 꿈에…

그런데 이상하게 말야. 그 일그러진 사람의 목소리가 무지 생생하게 기억나.

?

뭐라고 했냐면….

엄마는 그 영혼의 목소리를 흉내 내는
내 소리를 들으시더니 버럭 화를 내셨다.
마치 귀신을 내쫓는 것처럼!
그리곤 아주 기분 나빠하셨다.

저…
방으로 들어가고
싶은데…
괜찮을
까요…
…

버럭!

이게 뭐야!
듣기 싫어!

깜

짝!

어이쿠! ~~
기절할 뻔했네…

아니?
엄마가 왜
저러시는
거지?

그날을 생각하면 지금도 섬뜩하다.
그 일그러진 얼굴과 뒤틀리고
소름끼치던 목소리
너무도 선명했던 그 목소리…
그는 망령이었다…

초상현상과
예지몽

episode
35

지구는 삼차원 물질계와
사차원 심령계가 이원화되어 존재하는 세상이라 들었다.
따라서 물질 세상에 살고 있다 해도 누구든지 때때로
비물질적, 초감각적 경험을
할 수 있다고 한다.

나도 예외는 아니었다.
비록 남들보다 신기가 있는
예민한 체질이라 해도
특별한 초능력자가 아닌 평범한 사람인데도
부지불식간에 경험하는 불안정한
초상현상(超常現象)들이 종종 발생하였다.

초감각 현상들은 고착화된 사회적 관념으로 무장한
진부한 의식의 어른들보다는
맑은 영혼의 소유자인 어린이들에게
훨씬 많이 발생한다고 한다.

초상현상에 관한 조금 특별한 기억이 있다면 '라디오' 에 대한 기억이다.
아마 누구나 그랬을 것 같은데.
학창 시절에 나는 종종 내 방에서 혼자 노래 부르는 것을 좋아했다.
언뜻 생각나는 노래를 즐겁게 흥얼거리다가 문득 라디오를 켰는데
똑같은 노래가 라디오에서 나오는 걸 듣고는 당황한 적이 많았다.
그 현상은 한두 번이 아니었다.

말 없이 건네주고~ ♬ ♪
♬ 당아난 차가운 손~ ♪
가슴 속~ 울려주는 ~ ♬

↳ 꺼져 있는 라디오

눈물 젖은~ ♬

툭!

켜자마자...

편지~ ♬ 하얀~ 종이 위에~ ♪
곱게~ ♬ 써내려간~ ♪ 너의 진실 ♬
알아내곤 ~난 ~그만 ~울어버렸네~ ~♬

아니? 내가
부르는 노래가?

그 당시의 나는 라디오 주파수를
맞출 수 있는 능력이 있었던 것 같다.
물론 지금은 그 능력이 퇴색되어
전혀 감지하지 못할뿐더러
방에 라디오가 없어진 지 오래되었지만
그때의 현상은 즐거운 추억으로 남아 있다.

한국정신과학연구원
허창욱 님의 글에 의하면,
초상현상(超常現象)이란
과학적 상식들을 통해서는
설명할 수 없는 자연현상이라 한다.
즉 인간의 오감을 뛰어넘어 발현되는 현상인데
전문 용어로는
ESP(extrasensory perception)라 한다.
초상현상의 종류로는 텔레파시, 투시, 정신감응,
예지, 수맥 탐사, 염력, 공간 이동, 공중 부양,
염사, 물질화 현상, 심령현상,
심령 치료, 강령 현상 등등이 있다고 한다.
예지력도 그 중 하나라 할 수 있는데
예지몽은 기감이 밝은 사람이면
누구나 체험할 수 있는
초상현상이다.

나의 엄마도 기감이 예민한 체질이시다.
엄마가 나를 놀라게 한 사건이 있었으니 그때를 생각하면 지금도 신기하기만 하다.

한때, 나는 일신상 매우 심각하고 안 좋은 시기가 있었다.
매우 위험한 시기여서 하루하루가 초조했으며
앞날을 위해 무언가를 계획하지 않으면 안 되었다.
그러던 어느 날, 멀리 떨어져 살던 엄마에게서 전화가 왔다.
나는 엄마가 걱정하실까봐 편안하다며 매우 즐겁게 전화를 받았는데

> 아! 엄마~!
> 요즘 즐겁게 잘 지내고
> 있어… 몸도 건강하고~!

그런데

> 너 무슨 일 있는 거지?
> 요즘… 네 아버지가
> 매일 밤 꿈에 나타나
> 널 걱정하신다.
> 대체 너에게 무슨 일이
> 있는 거니?…

> 아냐…
> 엄마! 아무
> 일 없는데
> 왜 그러지?

> 아니?
> 어떻게
> 이런 일이…

그렇게 전화를 끊었지만
나는 그때 엄마의 예감이 매우 예리함을 느끼고
놀라게 되었다.
게다가 다른 세상에 계신 아버지의 영혼도
딸인 나를 걱정하고 계시니…

> 여보
> 우리 딸이…
> 우리 딸이…

이 세상의 모든 현상은 우주 에너지와 연결돼 있다고 한다.
따라서 거리가 멀어도 모든 공간에는 의식이 전달될 수 있는 우주 에너지가
그 매개체로 흐르고 있기 때문에 다양한 초상현상들이 가능한 것이라 한다.
특히 예지몽은 많은 사람들이 경험하는 초상현상인데
지난 심령 카툰 중 '원한령이 일으킨 차 사고' 는 대표적인 예지몽 케이스라 할 수 있다.
차 사고 나던 날 아침에 꾼 끔찍한 꿈으로
내게 무슨 일이 일어날 것임을 미리 예지해준 사건이었으니까 말이다.

우리 집 가족이었던
몰티즈(말티즈) '뽀미'가 다른 세상으로
떠나던 해에 꾸던 꿈도
다가올 일을 예지해주던 예지몽이었다.

그 꿈은 맑고 화창한 날에
쇠 이빨을 한 검은 늑대가 나타나
뽀미를 잡아먹으려 했고,
나는 그 괴물과 대항해 격렬하게
싸우던 상징적인 내용이었는데…

그 꿈을 꾼 바로 그날 아침부터 십 개월간…
뽀미에게 다가오는 여러 질환들과
극렬하게 투쟁해야 했다.

약 1996년에 꾼 꿈도 상징적 예지몽이다.
그해 어느 날, 내 방에 작은 뱀들이 우글우글 나타나더니
벽에 그대로 흡수되는 꿈을 꾸었다.
그 꿈을 꾼 뒤 그날부터 반년 동안 일거리가 없어
무척 고생을 해야 했으니 그 꿈은 참으로 지독하게
안 좋은 예지몽이었다.

내 방에
웬 뱀들이???

실뱀들이 집 밖으로 나가지 않고…
벽에 그대로 흡수되다니…
왠지 찜찜하구나…

암담…

아무리 노력해도
되질 않다니…
벌써 수 개월째…

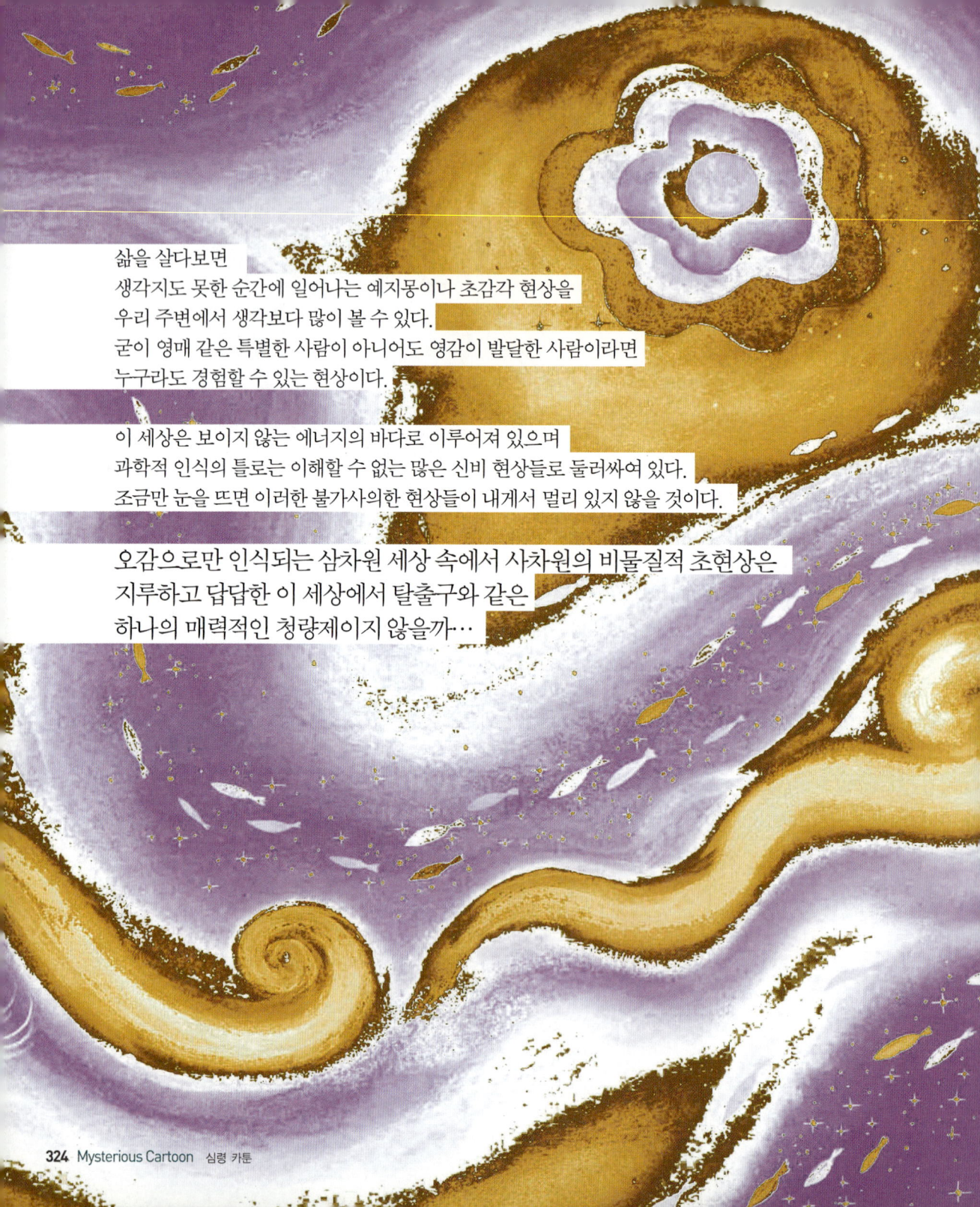

삶을 살다보면
생각지도 못한 순간에 일어나는 예지몽이나 초감각 현상을
우리 주변에서 생각보다 많이 볼 수 있다.
굳이 영매 같은 특별한 사람이 아니어도 영감이 발달한 사람이라면
누구라도 경험할 수 있는 현상이다.

이 세상은 보이지 않는 에너지의 바다로 이루어져 있으며
과학적 인식의 틀로는 이해할 수 없는 많은 신비 현상들로 둘러싸여 있다.
조금만 눈을 뜨면 이러한 불가사의한 현상들이 내게서 멀리 있지 않을 것이다.

오감으로만 인식되는 삼차원 세상 속에서 사차원의 비물질적 초현상은
지루하고 답답한 이 세상에서 탈출구와 같은
하나의 매력적인 청량제이지 않을까…

뱀
사념체의
공격

episode
36

그 즈음 내겐 복잡한 일이 있었다.
인간사가 대체로
이해관계에 얽혀 있다 하더라도
오해와 원망으로 빚어진
그때의 일을 생각하면
지금도 마음이 좋지는 않다.

바로 그 당시…
어느 날 밤에 나는 특이한 꿈을 꾸게 되었다.
어느 고혹적인 고대의 여인이 내 방에 스르르 들어왔는데
그녀는 내게 뒷모습을 보이더니
조용히 자신의 올린 머리를 풀었다.

뒷머리는 곧 뱀으로 변했으며,
그 순간 사방에서
수많은 벌레들이 날아다녔다.

곧 뱀은
커다랗게 입을 벌리면서
나를 잡아먹을 것처럼
대차게 달려들었다.

그런데…
획! 소리와 함께 뱀의 머리가 네 조각이 되어 바닥에
산산이 흩어지는 것이 아닌가! 그와 동시에 수많은 벌레들이
모두 얼음 조각들과 물로 변해 바닥에 흩어졌다.

이 아찔한 꿈을 꾸고 일어난 뒤, 대체 이게 무얼 의미하는지 그때는 알 수가 없었으나
며칠이 지난 후에 일어난 '어느 일련의 사건'을 통해 그제야 꿈의 의미를 알게 되었다.
게다가 아무리 꿈의 세계지만, 나를 무자비하게 공격하던 뱀의 정체가 무엇인지 오래도록 궁금했다.
또한 모습이 보이지 않았으나 그 뱀의 머리를 '네 조각으로 내리친 존재'도… 나는 오래도록 의문을 풀 수
없었는데 어느 날 영적 도서들을 통해서 내 꿈에 나타난 뱀의 정체를 비로소 어렴풋이 느낄 수 있었다.

아… 바로
이 일 때문에
그 꿈을 꾼 거였구나.
그리고 누군가가
날 도와준 거였어.

와! 바로
그 뱀이
이러한 존재
였구나…

이제야 알게
되다니

정신세계 or 뉴에이지 도서들

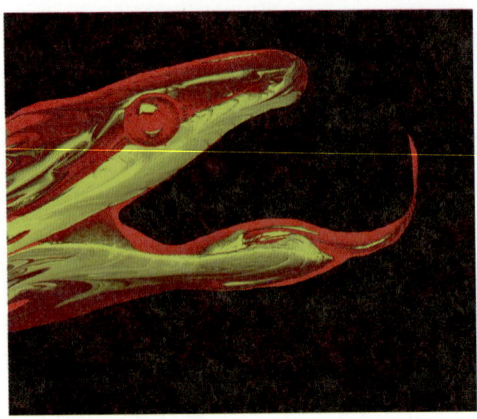

사념체…
바로 그 뱀은 부정적 사념체였다.
사념체가 무엇인지 이전에는
이해도 가지 않았지만
그 일이 있고 나서야 서서히
그 정체를 인지하게 되었다.
뱀 사념체는 아마도 나의 심신에 위해를 가해서
나를 상하게 하려던 목적이 있었음에 틀림없었다.

그렇다면 뱀을 친 존재는 아마도
나의 보호령일 가능성이 높을 것이다.
물론 나의 추측이다.
심령계의 일에 대해 일개 범인인 내가
단언하기는 힘들겠지만…

부정적 사념체란 인간이 마음(욕망과 염원)으로 만든 분신 같은 것이며, 영혼과 달리 소멸하는 존재라 한다. 또한 의식의 성장이란 없으며, 유령의 모습을 하고 인간의 영혼인 척 연기하기도 하지만, 영혼이나 유령과는 본질적으로 다르며 사람의 마음을 통한 에너지를 흡수해서 생존한다고 한다. 게다가 그들은 다양한 물질, 남녀의 모습, 동물 등 가지각색의 다양한 형상으로 나타나면서 사람에게 장난을 하거나 위해를 주는 부정적인 엔터티라고 많은 자료에서 증거하고 있다.

우리가 생각하는 모든 것은 우주에 낱낱이 기록되며
부정적 사념체처럼 염으로 존재한다고 한다.
이러한 점으로 볼 때,
모든 것은 사람의 마음에 달렸다는 말처럼
마음의 정화란 그 얼마나 중요한가!
다시 한번 새로운 시각으로
세상을 바라볼 필요가 있을 것 같다.

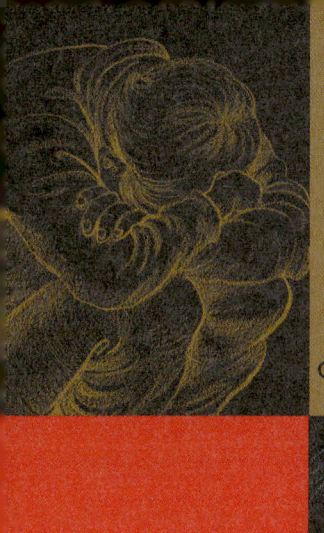

심령적
스폰지 체질과
에너지 뱀파이어

episode
37

나는 종종 기운이 고갈된
심한 무기력증에 시달렸다.
물론 출생부터 원기가 부족한 태생이었으나
사람을 많이 만날수록
무기력증은 상당히 자주 찾아왔다.
조금만 대화가 오래되어도
목이 쉬고 숨이 찼으며, 진땀이 나고 열이 나면서
앉아 있을 힘도 없을 정도로 기운이 빠지는 증상이었다.
이러한 현상에 대해, 나는 나의 기면증과 대인공포증,
사람을 만날 때 생기는 심한 긴장감이
원인이라 생각했지만 뭔가 설명이 부족한 감이 있었다.

2004년 어느 날 이상한 체험이 있었다.

엄마가 계신 안방에 가서
엄마 옆에 앉았을 때의 일이다.
무심코 내 무릎에서
이상한 징후를 느꼈는데,
엄마의 아픈 부분이
내게 전파된 것 같은 생각이 들었다.

물론 이렇게 '뚜렷하게' 엄마의 병증을
내 몸 부위에서 느낀 건 처음 있는 일이었다.
왜 나는 내 무릎이 아픈 거라고
생각을 하지 않았을까?
왜 엄마의 무릎이라고 생각한 것일까?

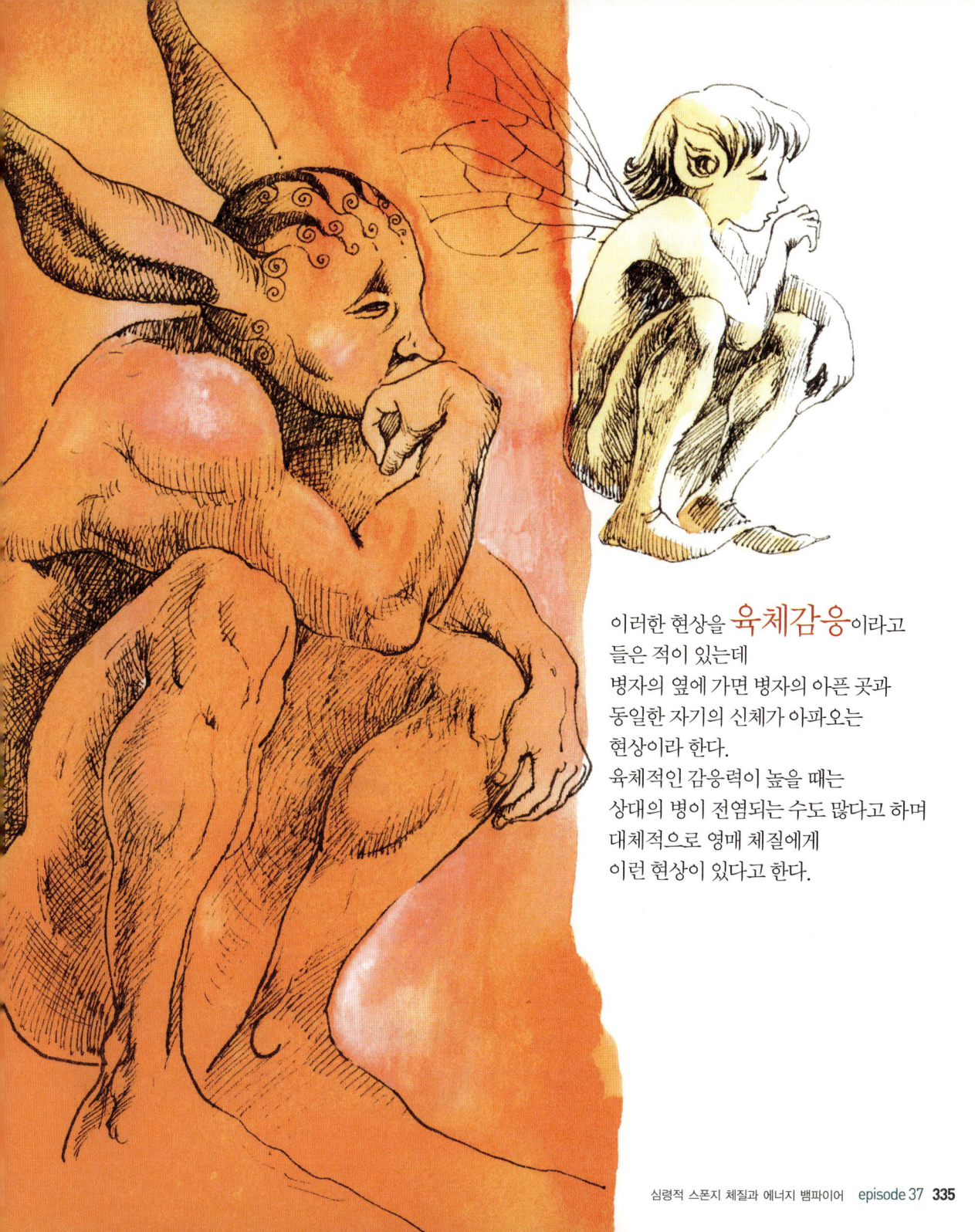

이러한 현상을 **육체감응**이라고
들은 적이 있는데
병자의 옆에 가면 병자의 아픈 곳과
동일한 자기의 신체가 아파오는
현상이라 한다.
육체적인 감응력이 높을 때는
상대의 병이 전염되는 수도 많다고 하며
대체적으로 영매 체질에게
이런 현상이 있다고 한다.

〈빛의 시대 빛의 인간〉(대원출판, 1997)에서
아모라 콴인이 '심령적 스폰지 체질' 을 언급한 대목이 있는데

심령적 스폰지 체질이란,
다른 사람들의 감정이나 고통을 무의식적으로 빨아들이는 체질을 말한다.
영매 체질은 대체로 심령적 스폰지에 해당된다고 하며,
전화 소통만으로도 상대방의 감정과 고통을 흡수해서
더욱 기가 소모되는 현상을 느끼게 된다고 한다.

특히 나는 몇몇의 사람들에게서 그러한 고통스런 체험을 자주 느낀다.
그 상대방이 에너지 흡혈귀라서 그런 것인지
아니면 내가 심령적 스폰지 체질이라서 그런 것인지는 몰라도,
직접적인 만남이든 간접적인 만남이든
상대방의 감정이나 고통 때문에 힘들었으며,
내 생명 에너지의 고갈 현상도
자주 경험하곤 했다.

더욱이 스폰지 체질은
에테르 속에 떠다니는 불결한 심령체들과
바람직하지 못한 에너지들조차
흡수할 수 있기 때문에 더욱 많은 위험에
노출되어 있다고 한다.

1996년의 일이다.
오피스텔에 살던 당시,
하루는 아는 후배에게서 전화가 왔다.
그 후배는 약 다섯 살 연하 여성이었으며
무척이나 마른 체질이었다.
나는 기본 화장을 하고
근처 커피숍으로 나갔는데
그녀와 한 시간 동안 마주보고 앉아
대화를 하면서 고통스러운 증상에
시달려야 했다.

대화를 하는 한 시간 동안,
앉아 있기도 힘들 정도로 기력이 소모되면서 신열이 나더니,
급기야는 내 얼굴의 화장이 모두 흘러내릴 정도로 땀이 비 오듯 쏟아지면서
몸의 힘이 다 빠지고 말았다. 그에 반해 마르고 날씬한 그 후배는 목소리도 변함없이
아주 편안한 상태였기 때문에 나와 대조를 이루고 있었다.

그녀는 나의
기진맥진한 현상을
보았다.

나는 그 후배를 보며 말라도 건강한 사람 같아 그녀를 무척 부러워했다.
그렇지만 지금 생각해보니 그녀가 혹시 '에너지 뱀파이어'가 아니었을까…

1998년, 동년배 친구와 함께 어느 지인의 병문안을 갔다온 날에도
나는 에너지 고갈 현상에 시달려야 했다.
그날 병문안 후, 함께 갔다온 그 친구와 자가용 좌석에서
세 시간 동안 앉아 대화를 나누는 중에 일어난 일이었다.
친구는 그 시간 동안 변함없는 목소리와 편안한 상태로
자신의 이야기를 하고 있었다.
나는 점점 기가 빠지는 것을 느끼면서
힘에 겨워하고 있었으며, 친구는 내 상태를
전혀 눈치 채지 못한 채 자신의 이야기를 계속 했다.

그런데 어느 순간부터 차의 앞 유리에 이상한 현상이 발생하기 시작했다.
즉, 차의 앞면 유리의 중간 지점에서 마치 경계선을 그은 것처럼 유리에 덮이는 수증기가
반으로 나뉘는 현상이 생긴 것이었다. 좀더 자세히 말한다면, 수증기는 내가 있는
오른쪽 앞 유리에만 뿌옇게 갈리고 있었으며 친구의 앞과 옆 유리는 수증기가 전혀 없이 맑기만 했다.

게다가 내 좌석 옆의 유리조차
수증기로 인해 바깥 풍경이
전혀 보이지 않았다.
친구는 이런 이상 현상을 보면서
무척 놀랐으며
그제야 눈치만 보다가 끙끙 앓는
나의 모습을 인식하고는 매우 미안해했다.
이날 친구는 오랫동안
자신의 이야기를 했음에도 불구하고
컨디션이 좋아보였고
나는 거의 들어주기만 했음에도
초죽음이 될 정도였으니,
이날의 현상은 대체 무슨 조화란 말인가.

에너지 뱀파이어를 다른 말로 '심령적 흡혈귀'라고도 한다.

W.E.버틀러가 쓴 〈초감각 투시〉(정신세계사, 1994)에서는 심령적 흡혈귀에 대해
이렇게 설명하고 있다.
"… 세상에는 자신의 생명 에너지를 일정 수준으로 유지하기 위해 다른 사람들로부터
끊임없이 그것을 흡입하는 인간들이 있는데 대부분 무의식으로 진행되며
스스로는 자신이 에테르 흡혈귀임을 모른다.… "

마스터 조곡쉬의 저서 〈사이킥 셀프 디펜스〉(물병자리, 2005)에는
이렇게 나와있다.
"… 어떤 사람을 몇 분간 상대한 뒤 에너지가
고갈되거나 피곤해져본 적이 있다면
그 사람은 당신의 생명 에너지를
빨아들이는 에너지 뱀파이어다.… "

물론 나쁜 의도를 가지고 하는 것이 아니며, 대개는 잠재의식적으로 행해진다고 한다.
에너지 뱀파이어들은 직업, 성향, 성격 등을 막론하고
우리가 생각지도 못한 고결한 사람들에서도 발견할 수 있다고 한다.
특히 이는 '의도' 된 것이 아니라 잠재된 몸의 체질이기 때문에 알 수 없다는 것이다.
이러한 현상을 막기 위해서는 자신의 에너지체를 강건하게 하거나,
에너지체를 정화하는 일을 부지런히 할 필요가 있다고 한다.
왜냐하면 "에너지를 빼앗기는 것은 몸의 오라 외피가 상처를 입었거나 찢어졌기 때문에
생기가 빠르게 유실되는 것으로, 무기력한 나날을 보낼 수 있다"고 W.E. 버틀러는 설명하고 있다.

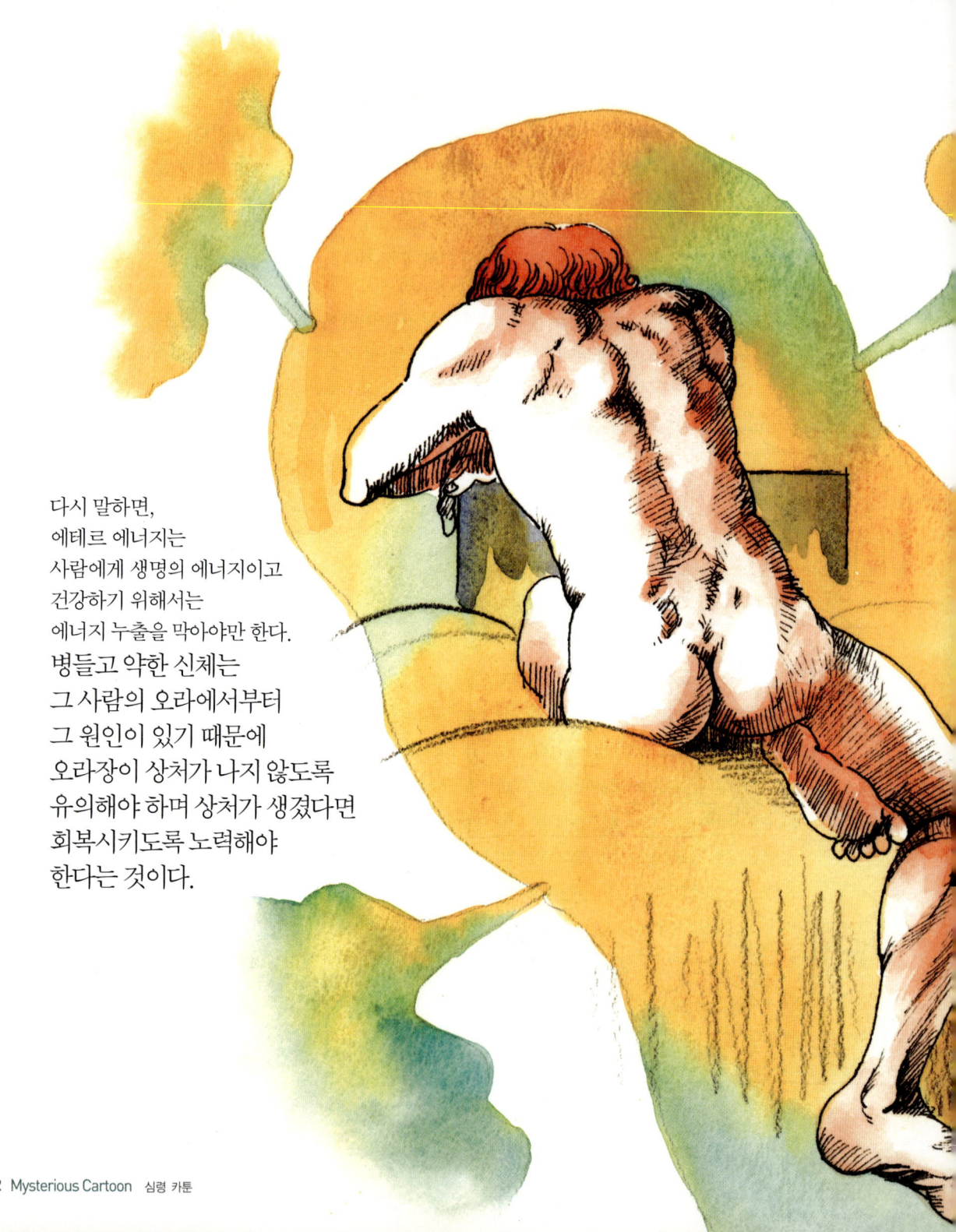

다시 말하면,
에테르 에너지는
사람에게 생명의 에너지이고
건강하기 위해서는
에너지 누출을 막아야만 한다.
병들고 약한 신체는
그 사람의 오라에서부터
그 원인이 있기 때문에
오라장이 상처가 나지 않도록
유의해야 하며 상처가 생겼다면
회복시키도록 노력해야
한다는 것이다.

또한 마스터 조곡쉬는,
에너지 뱀파이어라고 느끼는 사람을 만날 때는
팔과 다리를 교차하여 오라를 닫아주는 것이
좋은 방법이라고 대안을 제시하고 있다.

나도 이러한 방법들을 미리 알았다면 얼마나 좋았을까.
아마도 나 역시 오래 전부터
에테르 외피가 다쳤거나 찢어졌기 때문에
많은 생명 에너지를 뺏기며 살았던 것이겠지.

아무튼 원기 부족의 사람들에게도 방법은 언제나 있다.
〈초감각 투시〉에서는
살아있는 식물,
즉 나무가 방사하는 에테르 오라를 통해 에너지를
보충할 수 있다고 자세히 설명해주고 있다.

"… 소나무, 전나무, 참나무, 떡갈나무, 가시나무 무리,
너도밤나무, 사과나무 등이 이러한 목적에 합당하며
당신이 적당한 나무를 선정한 다음에는
나무 줄기에 단단히 등을 대고 바닥에 앉는다.
그런 뒤, 긴장을 풀고 나무의 참 모습인
살아 있는 존재에게 애정어린 느낌을 일으켜라.
그리고 단순히 휴식하면서 그것이 방사하는 에너지가
당신 속으로 들어오도록 허락하라.
그리하면 15분이나 그 이하의 시간만으로도
당신의 활기를 충분히 보충할 수 있다. …"

W.E.버틀러는 이 방법에 대해
'에테르적 배터리의 재충전'이라
말하고 있다.

우리는 늘 생명 에너지의 사각지대에서 살아가고 있다. 비록 눈으로 볼 수는 없어도
에테르 오라는 인간에게 가장 중요한 원천이라고 한다.
생명의 에너지…
그것은 언제나 인체를 보호하는 아름다운 빛살의 형태로 생동감 있게 진동하고
고유하게 방사하고 있으며 늘 우리에게 생명력을 주는 우주적 에너지라 할 수 있을 것이다.

두려운
영청 현상들

episode
38

때때로 우리의 주파수는 늘 인식하고 감각하는 가시 세계에서 확장되어,
평소에 들을 수 없는 미시 세계의 소리를 듣는 때가 있다.
영혼의 귀를 주관하는 혈 자리… 그 자리가 열려 다른 존재계의 파동과 주파수가 일치할 때…

영혼의 소리를 듣게 된 체험담을 잠시 소개한다.

1998년 어느 날, 초저녁 시간에 나는 피곤에 젖어 문을 닫고
내 방에서 푹 자고 있었다. 그런데 깊은 잠에 취해 있다가
갑자기 너무도 시끄러운 소리들이 들려와
결국 잠에서 깰 수밖에 없었다.

마루에 손님이 온 것인지… 약 서너 명의 사람들이
질러대는 소리 때문에 결국 난 참을 수 없어
침대에 누운 채 간신히 방문을 열고 엄마에게 물었다.

그런데 엄마는 혼자 부엌일을 하고
계셨으며 엄마 외에는 아무도 보이지 않았다.
엄마는 조금 놀라고 기가 막힌 것처럼 내게 답변하셨는데
잠이 덜 깬 상태였지만, 그제야 나는 내가 들은 소리가
유령들의 소리임을 깨달았다.
(그 방은 심령 체험이 아주 많았던 신축 아파트였다.)

영청 현상 중 가장 두려울 정도로 공포스러웠던 기억은
단연 심령 카툰 4화에서 다룬 육층 창밖의 여자들 대화 소리일 것이다.
그림 작업을 하고 있던 저녁 시간의 두려운 체험이었으니…

그리고 2007년 3월 14일 새벽에 있었던 일이다.

나는 종종 새벽에 깨어
그림 작업을 하곤 하는데…

갑자기 마당 강아지들이 심하게 짖어대는 것이었다.
개들이 심하게 짖으면 가까이 사는
빌라 사람들이 항의를 하기 때문에,
나는 개들이 짖지 못하도록 마당으로
급히 뛰어나가야 했다.
그런데…
누가 그랬는지 우리 집 대문이 활짝 열려 있는 것이었다.
대체로 밤이면 반드시 닫았는데
가족들 중 누군가 안 닫고 들어온 것인지
마당 강아지들은 대문을 향해 무섭게 짖어대고 있었다.
일단 난 급히 대문을 닫기 위해 뛰어갔다.

그런데 순간, 진동으로 울리는 여자의 소리가 들려왔다.

아···니?

바람 소리가 아니었다.
완벽한 여자의 소리였는데
'아니? 라는 짧은 두 마디…

여자의 음성이었다. 다만 울려퍼지는 듯한 소리의 음파였다.

그와 동시에 내 몸에서 느껴지는 그 오싹함… 캄캄한 새벽…
소리가 난 장소에는 나 외에 아무도 보이지 않았다. 다만 개들이 짖고 있을 뿐이었다.
나는 두려운 마음을 진정시키고 덤덤하게 앞으로 가서 대문을 굳건히 걸어 잠근 뒤,
내 몸에서 빛이 나는 상상을 통해 곧 하얀 오라의 보호막을 만들어야 했다.

나는 신성한 빛 안에 있다…
빛은 점점 강해지고 더욱 빛난다…
신성한 오라와 빛은 부정적 존재들에서
나를 안전하게 지켜줄 것이다…

아무래도 활짝 열린 대문을 통해 캄캄한 새벽에
여자 유령이 집 마당으로 들어온 것 같았고,
개들이 그 유령을 경계하며 짖었을 것 같다는 생각이 들었다.

이 외에도 밤에 그림 작업을 할 때
'아주 가끔씩' 들리는 환청이 있다.
"차원아~"
분명한 내 엄마의 목소리가
일 층에서 들려온다.
그러나 일 층으로 내려가
엄마에게 물어보면
부른 적이 없다고 하니
환청인지, 영청인지, 귀신의 장난인지
정말 모를 일이다.

차원아…
차원아…
차원아…

장휘용 교수는 〈보이는 것만이 진실은 아니다〉(대양, 2003)라는 책에서,
우리가 들을 수 있는 소리의 주파수는 20~20,000헤르츠에 국한되므로
물질계의 인간은 그보다 더 낮거나 높은 주파수의 소리를 들을 수 없다고 한다.
만일 듣지 못하는 소리를 듣게 될 때는
이명(耳鳴)이라 불리는 질환으로 취급되고 있는 실정이라 한다.
실제적으로도 영의 소리를 현실 세상에서 듣기는 쉽지 않다.
그럼에도 불구하고
나 같은 체험은 생각보다 많으며,
많은 사람들은 그 체험을 대체로 환상으로 여기고 인정하지 않고 있다.

소용돌이
불던
기수련 현상

episode
39

요즘 기(氣)에 대한
관심이 생기면서
기를 설명하는
도서들을 조금씩 읽고
기가 무엇인지 탐구하는 중이다.
물론 생기(生氣)와
원기(元氣) 같은 말은
흔할 정도로 자주 접하는
단어이긴 하지만,
막상 기(氣)만을 생각하면
내게 너무 요원한 개념이다.

기(氣)란 우주 삼라만상을
생성·유지·변화시키는 근원적 에너지라 한다.

수정은 우주 기 에너지를 흡수하여 결정된 물질로
잠재력을 계발시키고 영성을 높여 명상에 도움을 주기 때문에
영적 차원과 강력한 에너지로 각광받고 있다고 들었으며,

금속 탐사봉인 '엘로드'(L-로드)와
추로 측정하는 다우징(Dawsing) 기구 '펜듈럼'은
기와 수맥파를 측정하는 도구로 알려져 있다.

또한 기 제품(氣製品)으로는 피라미드, 히란야, 히라미드 등
많은 제품들이 출시되고 있는 중인데
나로서는 그 모든 정보들이 무척 신기할 뿐이다.

나의 지난 삶은 늘 생계 걱정에 매달려 있었기 때문에
기(氣)에 대해선 무지하였는데 그런 내가 기 수련을
하고 싶었던 때가 있었으니, 아마도 본능적인
심신의 요구에서 나오지 않았을까 싶다.

1999년,
내게 심령 체험이 많았던 그 방에서, 어느 날 새벽 두세 시에…
나는 수련의 기본 지식 하나 없는 무지의 상태에서 무언가를 해보기 시작했다.
미리 준비한 촛대의 초에 불을 밝히고 방 불을 끈 뒤, TV에서나 봄직한 가부좌 자세로
조용한 새벽에 수련 흉내를 시작했다.

천천히 몸에서 이상한 기운들이 감돌기 시작했다.
그리고 전율 같은 느낌이…
나는 몸의 신경세포들을 집중하며 온몸에 힘을 뺀 후,
서서히…
그저 느낌대로
손의 흐름에
나를 맡기기
시작했다.

발끝에서부터 묘한 전율이 느껴지면서
나는 정신을 통일하여 손을 마주하고 기를 모으는 시늉을 했다.

어느 정도의 시간이 흘렀을까…말랑말랑한 공이
'손이 마주 보이는 공간장 중심'에서 만져졌다.
그때 나는 생전 처음으로 기를 느꼈다.
기는, 다소 따뜻하며 말랑말랑한 공을 만지는 느낌이었고
신축성이 너무 좋아서 손으로 만지면서도 감탄하고 말았다.

와!

말랑말랑한
공을 만지는
느낌…

한참동안 그 행동을 하다가
다른 제스처를 해보게 되었다.
손바닥을 어느 정도 떨어뜨린 뒤,
마주보며 살살 돌리게 되었는데 이때,
내겐 기공을 만진 것보다
더욱 놀라운 일이 발생했다.

손으로 돌리는 속도, 방향과 똑같이
귀에서도 똑같은 바람 소리가 나고 있었는데
내가 손을 돌리는 그 방향 그대로 양쪽 귀에서
휭~ 휭~! 휘~ 휘~! 회오리바람 소리가 나는 것이었다.

휘~잉   휘~잉

헉!…

그 일이 있은 후 두려운 마음에
이후 칠팔 년간, 그와 같은 수련 흉내를 내본 적이 없다.
그러다 요즘에서야 기(에너지)에 관한 자료들을 접하면서 다시 관심을 가지게 되었는데…

어느 날, 벽에 붙여둔 상징 그림에
손바닥을 떨어뜨려 대보다가
그 기감이 느껴지면서
나는 또 다시
신기한 기에 빠지기 시작했다.

아····

기는 아주 미세하기 때문에 정신을 집중해야 하며 특히 고요할 때에 느낄 수 있었다.
그리고 그 느낌은 대체로 불룩했으며 미세하게 따뜻했다.
'에너지 볼'이라 일컫는 기 에너지 공은 손을 마주하면 조그맣게 만들어진다.
그렇게 집중할 때 손끝에서 나오는 에너지는, 반대쪽의 손바닥에 미세한 전기적 파장을 전해주기도 했으며,

엘로드는 더욱 신비해서 우리 가족들이 보는 가운데, 컵들 속에 감춰진 돈을 찾아내기도 했다.

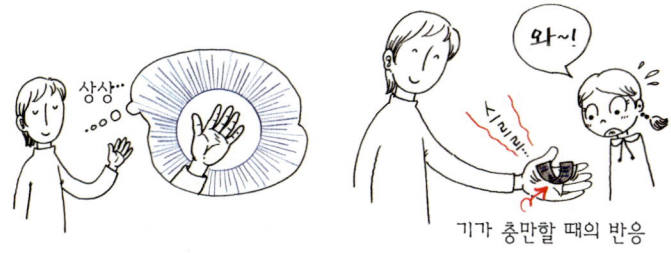

기가 충만할 때의 반응

내게는 '한국신과학협회'에서 구입한 에너지 페이퍼(기 측정 페이퍼)가 있는데
손에 기가 충만할 때는 에너지 페이퍼가 많이 구부러지곤 했으며,
기가 없을 땐 손에 하얀 빛의 기가 충만하다는 상상을 집중해서 하고 난 뒤,
에너지 페이퍼를 손에 얹으면 금방 구부러지기도 했다.

내 방에서
키우는
하늘이

오라가
느껴져…

나는 종종 방에 있는 식물의 오라(aura)를
느껴보기도 한다.
식물체에서 약 십오 센티미터의 거리에서부터
오라가 느껴지지만, 그 오라를 보지는 못하며
그저 미세하게만 느끼곤 한다.

펜듈럼도 구입했지만 아직 내게는 어렵다.
얼마 전에는 수정이 너무도 갖고 싶어
작은 팬텀(phantom)수정을 구입했다.
수정과 처음 만났을 때, 나는 팬텀 수정에서 나오는
무한한 진동의 기를 느끼고 그 환희와 공명의
에너지에 엄청나게 감격했었다.

이 카드가
좋은 카드면…
오른쪽으로
돌아주세요.

무 … 반응

내겐…
너무 어려운
펜듈럽…

나는 아직도 수행을 시작하지 않았다.
그러나 이제 오라(aura)와 기(氣)에 대한 관심을 갖기 시작했으니,
좋은 책을 통한 독서와 정신 집중을 통해
서서히 명상을 시작해보려고 생각 중이다.

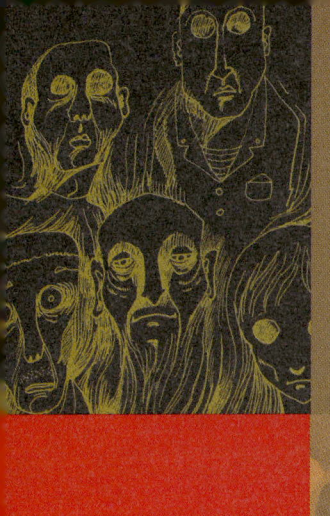

현관문의
부유령들

episode

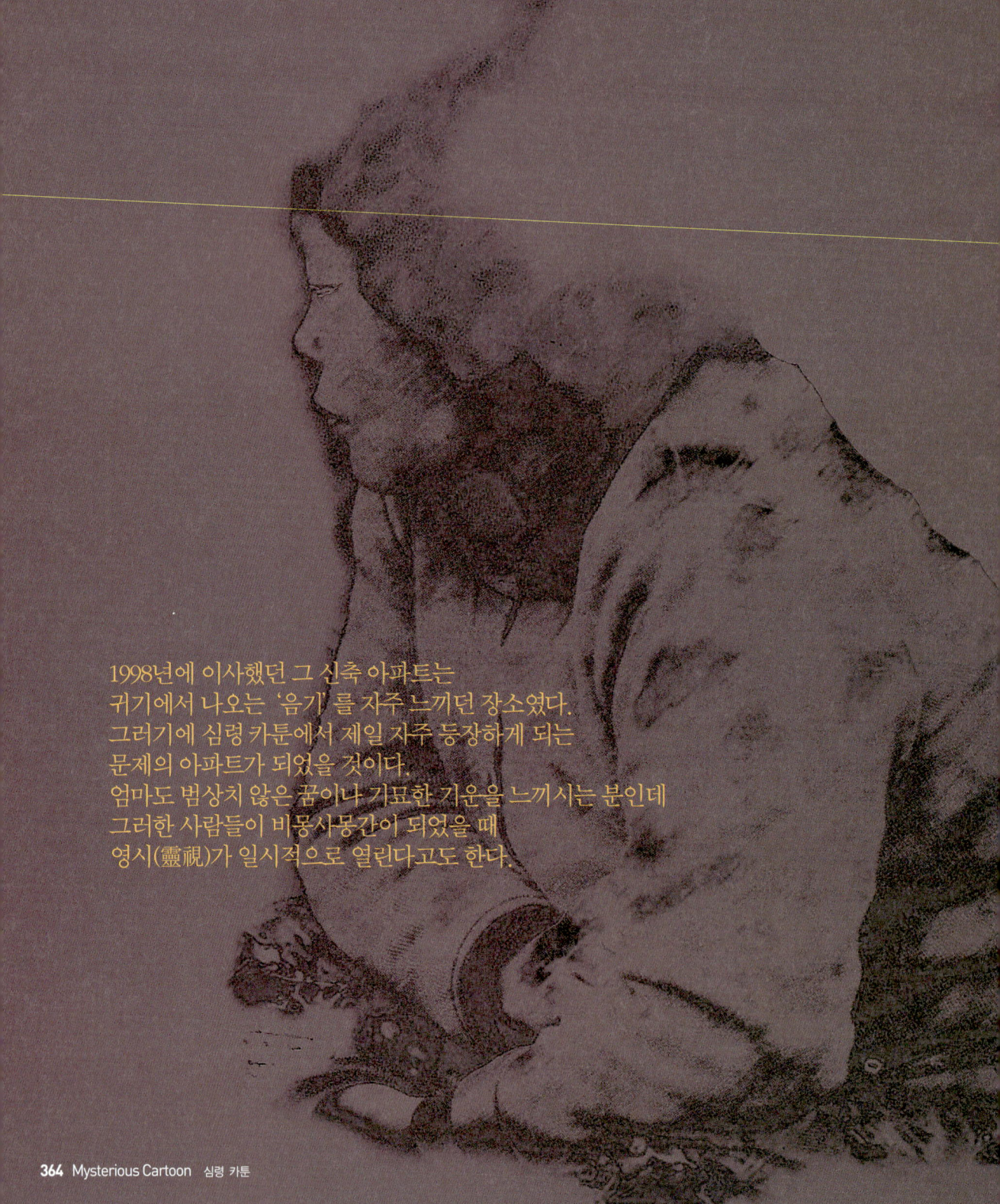

1998년에 이사했던 그 신축 아파트는
귀기에서 나오는 '음기'를 자주 느끼던 장소였다.
그러기에 심령 카툰에서 제일 자주 등장하게 되는
문제의 아파트가 되었을 것이다.
엄마도 범상치 않은 꿈이나 기묘한 기운을 느끼시는 분인데
그러한 사람들이 비몽사몽간이 되었을 때
영시(靈視)가 일시적으로 열린다고도 한다.

1998년의 어느 날 저녁나절에, 엄마는 일찍 잠자리에 드셔서 주무시던 중이었고,
나와 남동생은 할 이야기가 있어서 마루에서 대화를 나누고 있었다.

그런데 엄마가 부스스한 채 마루에 나오셨다.
아마도 화장실에 가셔야 해서 졸린 눈을 한 채 일어나신 것 같다. 엄마는 잠이 덜 깬 눈동자로
천천히 화장실로 향하시다가 문득 현관을 보시더니, 손가락으로 가리키며 뭐라고 말씀하셨다.

순간 나와 남동생은 사색이 되어버렸다.

현관에는 아무도 없었기 때문이다.

엄마가 화장실에서 다시 방으로 들어가신 후,

나는 곧바로 신발장의 가벼운 신발들을 골라 현관문을 향해 던지기 시작했다.

남동생은 엄마의 말과 나의 행동 때문에 상당히 공포스러워 했다.

그 존재들은 떠돌아다니는 부유령이 아닌가 싶다.
아마도 떠돌아다니다가 그 아파트로 오고 싶어서
현관까지 들어왔는지도 모르겠다.

다음날 아침…엄마는 전혀 기억하지를 못했다.

나의 진동과 파장은 순간순간 영들과 일치하는 때가 많은 것 같다.
음기를 잘 느끼는 기감의 발달로 인해,
다른 이들이 결코 느끼지 못할 시각에도 나는 그들을 종종 발견하곤 했다.

1999년
그 아파트에서 살고 있을 때,
가족들이 모두 외출을 나가고
나 혼자 집안에 있을 때 일이었다.

저녁 아홉 시쯤에 나는 마루에 있는 싱크대에서 설거지를 하고 있었다.
싱크대에서 퍼지는 조명이 은근히 을씨년스럽고 음침한 분위기를 자아내고 있었는데…
아무 생각 없이 그릇을 닦고 있는 그 시간에
갑자기 한기와 오싹한 느낌이 내 등 뒤에서 느껴지는 것이었다.

그날 따라 조명은
왜 더욱 음침했을까.
보이지는 않지만
차가운 유령들의 음기가
너무도 강하게
내 등 뒤에서
밀려들어왔다.

그들은 대체 몇 명이었을까?

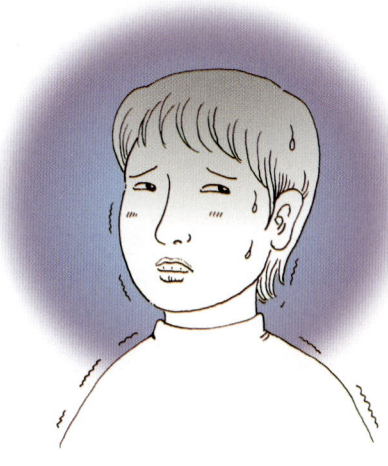

그들의 오싹한 존재감이
너무도 예리하게 지각되어
두려움과 공포감이 나를 짓눌렀다.
나는 무서움을 극복하기 위해 큰소리를 질렀다.
나는 싱크대의 물건들을
음기가 느껴지는 쪽으로
이리저리 던지고 있었다.

이후의 기억이 없다.
무슨 일이 있었던 것인지…
아니면, 초자연 존재에 의해 기억이 소실된 것인지,
아무 일도 없었던 것인지…

에바의
미스터리

靈
物

episode
41

나는 어려서부터 고양이를 무척 무서워했다.
아마도 어른들이 내게 오래도록 세뇌해왔던
고양이에 대한 좋지 않은 편견과
어릴 때 읽은 소설 〈검은 고양이〉 때문에
고양이를 더욱 싫어하고 멀리하게 되었던 것 같다.
특히 고양이의 눈과 울음소리는 나를 공포에 떨게 했다.

세월이 흘러 어느 순간부터 동물 보호에 관심이 생기던 나는
동물 보호 사이트 게시판에서 알려주는
학대당하는 길냥이들의 현실과
고양이의 사랑스러운 특성들을 접하게 되면서
서서히 나의 강철같이 두껍던 미신 같은 편견의 우에서 벗어나
그들에게 측은지심이 생기게 되었는데.
그 작은 동물들에게 드리워진 편견의 역사들 속에서
행해왔던 사람들의 오래된 학대가
그 약한 존재들을 얼마나
고통스럽게 만들었을지 생각하니
어느 순간부터 무척 가슴이 아파왔다.

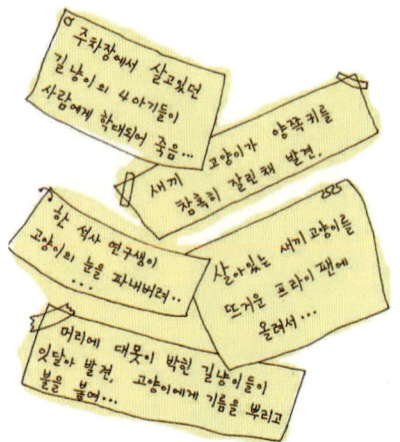

주차장에서 살고있던
길냥이의 새끼들이
사랑에게 학대되어 죽음…

고양이가 양쪽 귀를
새끼
참혹히 잘린 채 발견.

한 석사 연구생이
고양이의 눈을 파내버려
…

살아있는 새끼 고양이를
뜨거운 프라이 팬에
올려서…

머리에 대못이 박힌 길냥이들이
잇달아 발견. 고양이에게 기름을 뿌리고
불을 붙여…

너희들…
진짜루 고생이
많았구나…

냐~웅~

어느 겨울날…
나는 추위와 배고픔으로 죽어간
작고 불쌍한 길냥이들 시신 두 구를 발견하면서
본격적으로 길냥이들을 챙겨주기 시작했다.
그러면서 알게 된
에바, 예쁜이, 색시, 얌전이, 애곱, 깜보, 조폭… 등등은
예전에 한결같이 비슷해보이던 고양이 얼굴들이
정말 제각각 다름을 느끼게 해준 존재들이었으며
성격도 참으로 다양해서 경이로웠다.

그 중에 친절한 고양이 '에바'는
동네 길 창고에서 가을에 태어났으며
눈이 너무 커서 휘둥그레한 분위기를 풍기는
독특하고 예쁜 아기고양이였다.
에바는 형제들과 함께 그해 겨울을 잘 이겨냈고
건강히 성장해갔으며
매일 밤 길 창고 옆 담 위에 앉아서 날 기다렸다.
그 애는 내가 어딘가를 갈 때…
마치 강아지처럼 따라다니기도 했는데,
그런 에바가 밭에서 홀로 지내던
고아 아깽이를 발견하곤 친절하게 동네 길 창고로 데려가
늘 곁에서 돌봐주는 걸 보곤 나는 몹시 감동했었다.
고아 아깽이 '애곱'은 그 당시 너무너무 작고 예뻤으나
아주 당당하고 대찬 아이였다.
나는 애곱과 에바,
또 에바의 형제도 밤마다 챙겨주었다.

에바

그러던 어느 날, 아기냥이 애곱이 사라졌다.
그리고 며칠이 지난 저녁, 갑자기 내 집 담 위에 나타난 에바는 무척 초조해보였다.
에바는 나를 응시하며 조용히 소리를 내기 시작했다. "냥~냥~"
무언가 내게 말을 전하려고 하는 것 같은데, 나는 그 아이의 말을 알아들을 수가 없었다.
게다가 집 안에서 엄마가 급히 나를 부르셨기에 집 안으로 어쩔 수 없이 들어가려니까,
에바는 담에서 걸어다니며 다급하게 더 가까이 오려 했다.

그렇게 그날 밤이 지나갔는데…
에바는 그날 이후 보이지 않았다.
그리곤 마치 마법처럼…
아깽이 애곱이 다시 우리 집 문 앞에 나타난 걸 보곤
무슨 사연인지 모르나 그렇게도 귀여워하던 애곱을 대신해
에바가 생명을 희생한 것이 아닌가 하는
묘한 예감이 들어 나는 오래도록 우울해야 했다.

대체 그날 밤 에바가 내게 말하려던
메시지는 무엇이었을까 …
에바는 진정…
애곱 대신 사라진 것일까? …

착한 고양이 에바는
고아 아기냥이 애곱을 돌보던
친절한 삶을 통해 고양이가
지극히 마음이 깊은
'지성의 영물'임을 내게 보여주었다.

영물의 의미는 나쁜 것이 아니다.
영물(靈物)이란
신령스러운 동물이란 뜻이다.

소, 개, 고양이도 모두 영물로 불리고 있다.
영물이라 불릴 정도로
신령스런 고양이들은 그 의미만큼이나
깊이 있는 신비함이 내재되어 있으나
그들의 육신은 약하고 조그맣기만 하다.

특히 에바같이 작은 길냥이로 태어난
존재를 보라.
그들에 대한 잘못된 편견과
길냥이에 대한 각박한 인심 때문에
집이 없는 불쌍한 고양이들을 매번
'도둑고양이'로만 내몰기에는
그들이 처한 현실이 너무나 처연하기만 하다.

〈고양이가 궁금해〉(마티 베커&지나 스패더포리, 펜타그램, 2007)에서는, 역사적으로 많은 나라에서 고양이들을 숭배의 대상으로 추앙했다고 한다. 특히 고대 이집트에서는 여자의 몸에 고양이 머리를 가진 바스트(Bast)여신을 숭배했고,

수천 구의 고양이 미라가 발견되기도 했을 정도로 중요한 존재로 떠받들었다고 하며, 북유럽 신화에서는 매력적인 프레야(Freya)여신이 여행할 때마다 고양이들이 끄는 전차를 타고 다녔다고 전한다.

더욱이 〈미카엘 대천사의 메시지와 예언〉 (버지니아 에센&오피어스 필로스, 은하문명, 2003)이라는 책에서는 사자(고양이과), 고래(돌고래)는 천상계에서 지구로 내려온 존재들이라 전하고 있으며, 이들 큰 고양이과(사자)들의 일부는 미래의 작은 고양이로 다시 돌아와 전생에 함께했던 천상의 존재들의 벗이 되기로 했다는 구절이 있다.

고양이는 사람들의 반려동물로 살아왔는데
어째서 오랜 민간신앙에서는
섬뜩한 동물로 회자되어 왔을까 궁금해지기도 한다.
아마도 고양이의 신비한 능력을 두려워하는
사람들의 마음에서 나오지 않았을까 생각한다.

동물들에겐 인간에게 없는 초능력들이 많이 있다고 한다.
특히 고양이는 삼차원에서 육차원의 동물이라는 설이 있다.
그러한 독특한 초감각 능력에 주목하여
영화 〈콘스탄틴〉의 퇴마사 '존 콘스탄틴'은
지옥으로 가는 의식에서 고양이의 눈을 이용했는데
인상적인 장면이었다.

또한 〈19인의 초능력자 이야기〉(박희준, 단, 1998)에서는
제2차 세계대전 당시에
수천 마일 밖에서 다가오는 폭격기들을
감지하는 고양이의 예측 반응 덕분으로,
수많은 런던 시민들이 그 피해를
모면할 수 있었다고 한다.
이 고양이들에게 영국에서는
후에 전공 훈장을 수여했다고 한다.

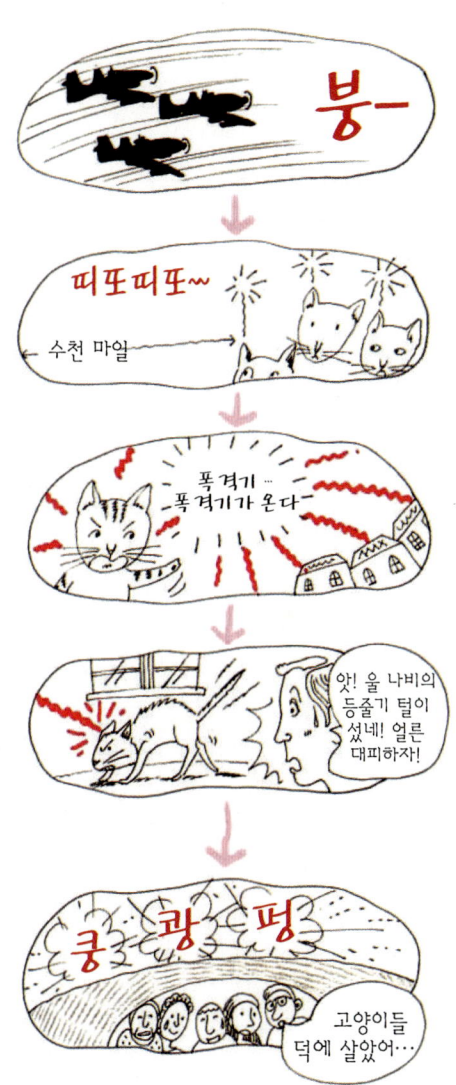

미국 로드아일랜드에 있는 '오스카' 라는 고양이는
질병으로 고통 받는 환자들의 '세상을 떠나는 시간을 예측' 하는
신비 능력을 가지고 있어 화제다.

고양이의 이러한 신비 능력들은 인류를 도와주는 일을 종종 하고 있으며,
특히 도서 〈동물도 말을 한다〉(소냐 피츠패트릭, 정신세계사, 2004)에서는
고양이의 치유 능력에 대해 자세한 내용을 설명하고 있다.

"… 어떤 고양이는, 누워 있는 사람의 몸에 올라가서
아픈 곳을 찾아내어 치유 에너지를 보내는 능력을 가지고 있다.
그런 고양이는 종종 주인의 가슴 위에 올라앉는다.
그들은 매우 주의 깊으며
자신에게 치유하는 능력이 있다는 것을 알고 있다.
만일 당신의 고양이가 당신 몸 위에 누우려고 하면,
그것은 치유 에너지를 보내서 당신이 갖고 있는 문제를
해결하려는 것임을 이해해야 한다.
동물들은 무슨 일이 생기면 인간에게 도움을 주고자 한다.
그러므로 만일 아픈 아이의 곁에 고양이가 누워 있으면
고양이의 헌신적인 사랑을 평가하고 감사하며 안아주어야 한다.…"

타이완 TVBS 방송이 보도한 악성 뇌종양을 앓은
열다섯 살 소년의 이야기는 고양이의 치유 능력에 대한
실제적 사례이다.
두 달 동안 정성이 듬뿍 담긴 '사랑의 손길'로
식물인간 소년의 손가락을 움직이게 한
기적을 일으킨 화제의 주인공은
길고양이 출신인 작은 고양이였으며,
그야말로 사람을 도와주는 선한 고양이의
치유 능력을 보여준 사례라 하겠다.

요즘은 길냥이를 데려다 키우는 사람들이 많은데
그들 중 예술인들은 고양이의 사랑스러움을 그림과 만화로 알려주곤 한다.
또한, 한때 쥐잡기 운동까지 할 정도로 쥐들이 많았던 시기가 있었지만
현재 쥐들이 많이 사라진 건 모두 길냥이들 덕이 아닐까?

정말이지 고양이는 사랑스러운 인류의 반려동물이다.
이러한 고양이들이 사람의 보살핌 속에
모두 집에서 살게 되면 좋겠지만, 현실은 그렇지 못하다.
길에서 지내는 가엾은 길냥이들을 위해
우리들 모두가 무언가 노력했으면 좋겠다는 생각이다.

한국고양이보호협회
(http://cafe.daum.net/ttvarm)는
인도적 차원에서 길고양이 TNR 프로그램을 알리고 실천하는 민간동물보호단체로 활동하고 있다.
TNR 프로그램이란 Trap (잡아서), Neuter (불임수술)을 하고, Return (되돌려 보내는) 프로그램을 의미한다.

Trap (잡아서),

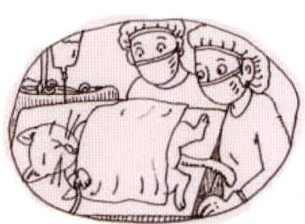

Neuter (불임수술)을 하고,

Return (되돌려 보내는)

과천시를 비롯해 일부 지자체는
TNR 프로그램을 시행하면서
주민들로부터 호응을
얻고 있다고 들었다.

이처럼 중성화한 고양이들은
밤에 울지도 않고 쓰레기통을 뒤지지도 않으며
성질까지 온순해져
주민들의 사랑을 받을 수 있다고 하니
길고양이와 사람의 조화로운 공생이 무엇인지
보여주는 듯해서 정말 기쁘다.

많은 고양이들이 길에서 태어난다.
그러나 그들은 종종 사람들에게 신비스럽고
기적 같은 감동의 일들을 행하며,
우리에게 동화 같은 이야기를 전달하기도 한다.

이 귀엽고 신비한 동물이,
혹시 천상계의 아름다운 천사들의
귀염둥이는 아니었을까?

몸이 없는
얼굴유령

episode

42

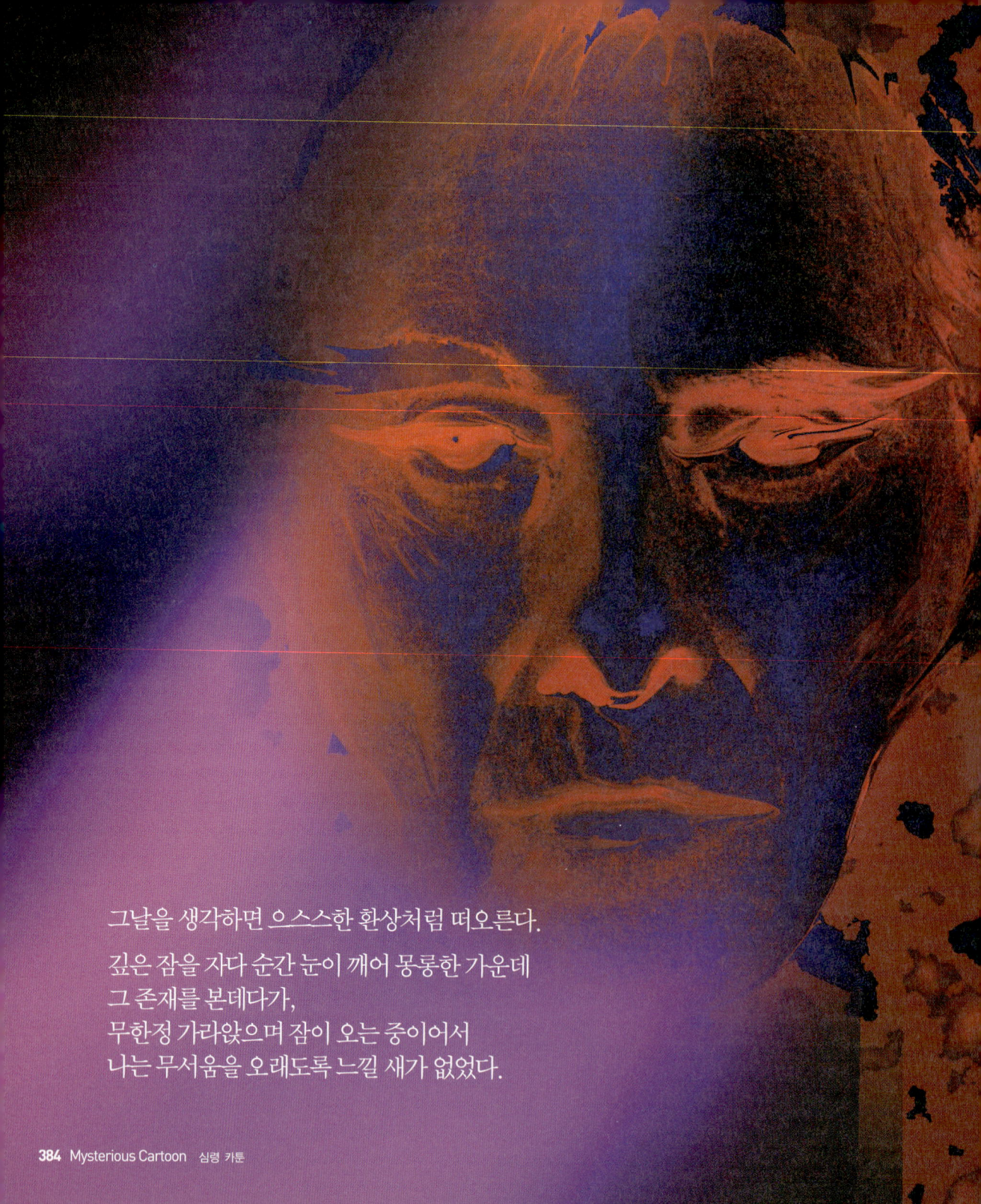

그날을 생각하면 으스스한 환상처럼 떠오른다.

깊은 잠을 자다 순간 눈이 깨어 몽롱한 가운데
그 존재를 본데다가,
무한정 가라앉으며 잠이 오는 중이어서
나는 무서움을 오래도록 느낄 새가 없었다.

이 체험도 바로 그 신축 아파트에서 일어난 일이었다.

약 2001년 어느 날 밤…
잠을 자다가 문득 불쾌한 기운을 느끼면서 비몽사몽간에
잠시 눈을 떴는데 내 왼쪽 다리 위치에
다소 날카롭게 생긴 남자 얼굴이 덩그러니 하나 있는 것이었다.

순간 나는 그 유령의 눈동자와 마주쳤는데!

 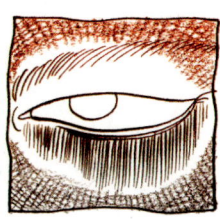

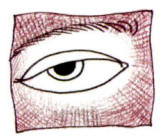

이상하고 무섭구나…라고 생각하기도 전에
너무나 심하게 졸린 나머지, 바로 그냥 그대로 깊이 잠들고 말았다.

쿨〰 쿨〰

으…

졸려…

아침에 일어나 생각해보니, 분명 꿈은 아니고 자다가 깨어 그 유령 얼굴을 봤던 기억이
선명하게 나는 것이었다. 내 다리 근처에서 마르고 날카로운 눈매로 날 노려보던 그 유령…
생각해보면 얼마나 끔찍한 경험인가?

아〰함

그러나 대체로 이러한 망령을 보는 순간은
이상할 정도로 졸음과 관련이 있다.
너무너무 졸린 상태…
혹시 유령들은
최면술을 하는 것은 아닐까?
그러한 글을 어디선가도 본 적이 있는데…
정확히 기억이 나지는 않는다.

유령들의 최면술?

쿨〰

또 다른 견해로, 몸이 이완되어 비몽사몽간이 된다는 것은, 의식이 약해져 무의식에 가까워질 때와 일치하며 바로 그 순간, 망령들의 세계를 보게 된다는 말이 있다. 워낙에도 그 순간이 의식이 명료하지 않기 때문에 이완되어 있는 몸의 상태로 계속 이완되어 곧바로 잠에 빠진다는 생각이 든다.

나는 정말로 비몽사몽간에 영혼들을 보았던 때가 많았다. 마음이 비어 있을 때, 즉 무상무념이 되었을 때 영안은 열리는 것일까?

과거를 생각해도 그런 일이 너무 많다. 자다가 깨서 마루에 나왔을 때, 자다가 깨서 화장실로 가고 있을 때, 자다가 깨서 문득 침대 모서리를 볼 때, 자다가 깨서 눈앞을 볼 때… 요즘은 잠자다 깨서 화장실을 가야 할 때가 되면, 혹시라도 유령을 보지 않기 위해 나는 애써 정신을 차리려고 무척 노력하고 있다.

사실 아직도 나는 유령이 무섭다.
이러한 내 고민에 답변해주신
몇몇 고마운 분들의 말씀으로는
내 상단전의 차크라가 조금 열려
영적 체험이 가능하다고 했다.
또 어떤 분은 상단전의
과도한 활성화로 인한 불청정 천안을
타고난 것이 아닌가 하고 답변하기도 했다.

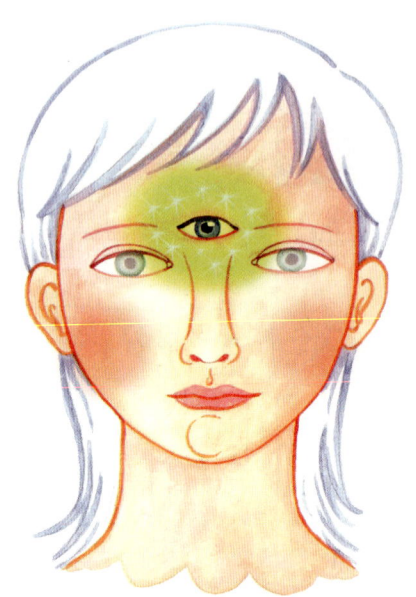

상단전이란 눈썹과 눈썹 사이 양미간에 위치해 있으며 인체의 일곱 차크라 중
아즈나 차크라로 불리기도 한다.
특히 이곳에 영계를 볼 수 있는 제 삼의 눈이 있다고 한다.
이곳과 긴밀히 연결된 부위가 송과체인데 송과체는 두개골 한복판에 깊이 묻혀 있으며
한때, 프랑스의 철학자 데카르트는
송과선을 인간의 영혼이 깃드는 자리라고 주장했다고 한다.

의학적으로는 기능이 확실히 알려져 있지 않은
신비의 기관이라고 전해지고 있으며
내부의 눈이라 불리운다.
실제로 송과체를 제 삼의 눈이라고 하는 이유는
송과체가 인간이 가진 영묘한 에너지의 가장 강력하고
가장 고위의 원천이라고 간주되기 때문이라 한다.

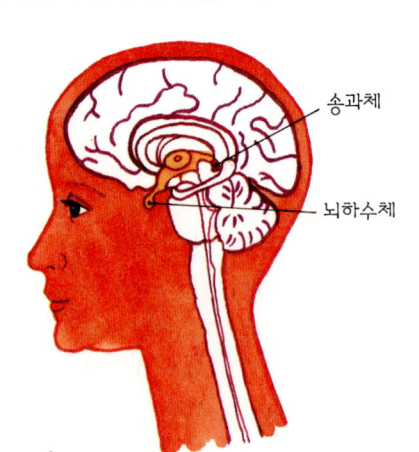

송과체

뇌하수체

내가 유령을 볼 때는,
아마도 이러한 제 삼의 눈이 활성화되어 일어나는 현상이라 생각되며
그러한 현상은, 타고난 나의 육감이었을 테고
'신기'와 관련된 나의 운명이었을 것이다.
그렇다 하더라도 〈식스 센스〉의 주인공 어린이처럼
아무렇지도 않게 모든 유령을 볼 수 있는 것은 아니며,
부지불식간에 보게 되는 아주 '불완전한 영안'이기에
삶이 더욱 불안했었는지도 모르겠다.

제 3의 눈이
활성화
될 때??

내가 본 그 유령은 특히 얼굴만 덩그러니 떠있어서
매우 기억에 남는다.
그 유령은 어찌해서 얼굴만 있었던 것일까?
예전에 어디선가 들은 말이 있다.
유령의 영적 파워는 머리 부분에서 나오며
그 영력으로 유령의 모습을 만들어낸다고 하던데…

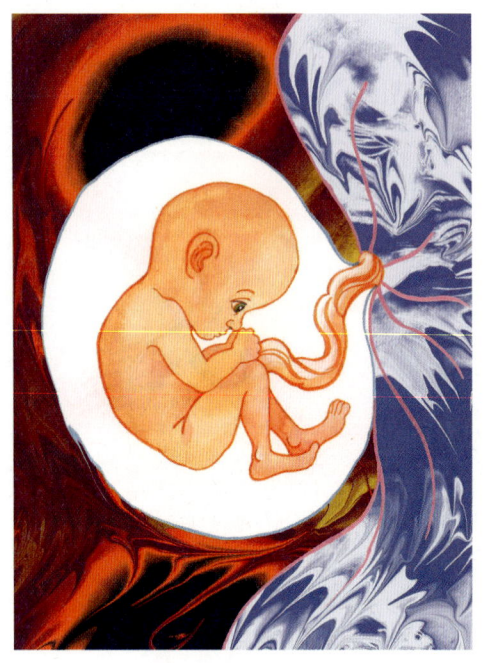

제 삼의 눈…

즉 '투시' 라는 초감각과 관련해,
아주 머언 과거에 엄마 뱃속이라고 생각한
모호하고 아득했던 기억이 늘 뇌리에 맴돌아
잠시 가볍게 그때의 일을 꺼내본다.

나는 모태 안에서 바깥이 보였고
어느 할머니를 보게 되었다.
내가 왜… 내가 있는 곳이 모태라고
생각했었는지는 모르겠다.
어쨌든 나는 그 할머니의 내부가 보였다.
나는 그 할머니의 내부가 보이는 것이
이해가 되지 않았다.

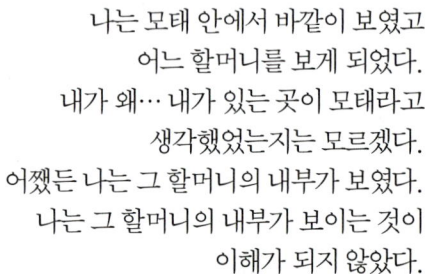

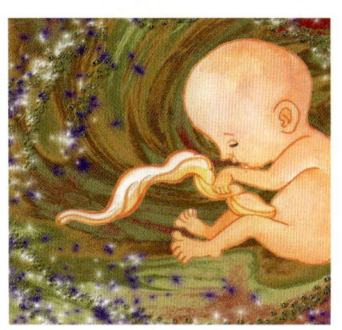

과연 내가 어머니 자궁 안의 태아였을 때,
영안의 눈으로 투시를 한 것일까?
그것이 진정 궁금할 뿐이다.

도시의
진동 소리

episode

43

1997년 어느 날…
나는 친구와의 약속 때문에 서울의 모 지역으로 가던 중이었다.

친구와 만나 전철을 타고 그곳에 도착했을 때,

갑자기 내 귀에는 도시 전체에서
울려퍼지는 진동 소리가
태풍같이 밀려들어왔다.

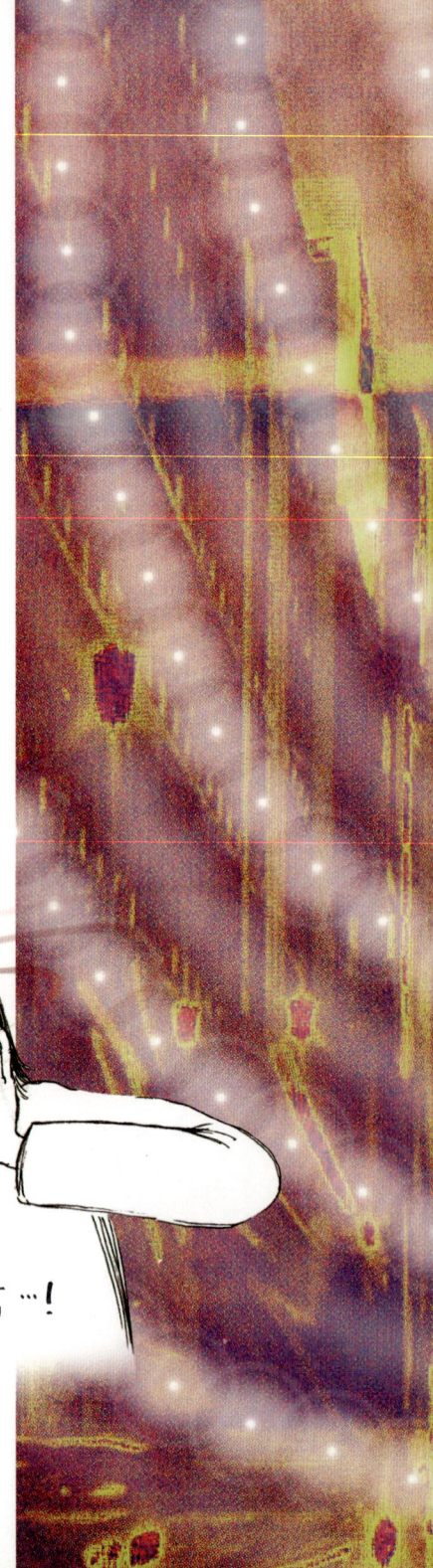

나는 귀가 찢어질 듯이 아파 정신없이 가까운 빌딩의 화장실로
도망쳐야 했다. 그곳에서도 귀가 먹먹할 정도의 울림과 진동 때문에
너무나 괴로웠다.

나는 그때 정신없이 귀를 막고 괴로워했기 때문에
그 친구의 경험에 대해 물어볼 새가 없었다.

단지 그 도시에서
나를 미치게 할 것 같은 거대한 음파가
왜 나에게만 들리는 것인지
이해할 수가 없었을 뿐이다.
이후 시간이 흘러 다시 그 장소에 갔을 때는
그 묘하고 엄청난 파장의 음이
다행스럽게도 들리지 않았다.

그 소리가 무엇이었을까.
벌써 십 년 전 체험이다보니
지금은 그 엄청난 음파가
정확히 어떠했는지 기억이 희미하며
단지 그 미스터리한 경험만이
내 뇌리 속에 있을 뿐이다.

종종 나의 경험을 누군가에게 이야기하다보면,
혈 자리가 열려서 그런 현상이 있는 것 같다고 대답하곤 했다.
뉴에이지에서는 현재의 세상이 변화되는 시기라 그렇다고 한다.
더욱이 혈 자리가 열려 있는 사람은
사람 많은 곳에 간다거나, 어느 누구와 전화 통화를 하거나,
누구를 생각하기만 해도 머리가 아프고,
상대방의 몸의 증상이나 정신적인 상태를 느껴서
많이 힘들어지기 때문에, 사람 많은 곳을
못 가게 된다고 한다.

그런 곳에는 많은 종류의 사념체가 있어
직접적으로는 영의 침입을
심하게 받게 되고,
다른 이가 내게 가지는
부정적인 생각까지
몸에 붙어 상대의 마음을
금방 읽기 때문에
그만큼 심신이
힘들어진다고 한다.

나는 정말로 대부분 사람들 감각이
얼마나 둔한지 알고 있다.
사람들의 '평범한 감각'은 타인의 마음을
거의 알아채지 못하기 때문에 서로 아주 자연스럽게
지낼 수 있다. 그러나 나는 모임에서
사람들의 파장과 마음이 예민하게 느껴져,
나도 모르게 사람들 사이에서
너무도 '어색하게 행동'하다가 오히려 많은 이들에게
'둔한 사람'으로 낙인찍히기도 했다.

나는 상대의 눈에서 나오는 마음이 읽어진 적이 많다.
상대가 나를 어떻게 보는지 그대로 리딩이 되기 때문에
모임이나 전시회에 갔을 때는,
너무나 불편할 수밖에 없었다.

어렸을 때에 나는 모든 사람들이
나의 감각과 같다고 생각했지만 훗날 성인이 되어서는
대부분의 많은 사람들이 상대의 마음을 전혀 고려하지 않고
행동하는 것을 인지하게 되었다. 그런 행동은 오히려 자신감이 있어보였고 매우 자연스러워보여,
모임에서 그들의 행동이 오히려 훨씬 편안해보일 수밖에 없었다.

그러나 나는 언제 어디서나 사람들 모임 자리가
불편하고 고통스러웠다. 나는, 나의 고통의 근원이
어디에서 왔는지는 생각지도 못하고,
오로지 나를 '열등아' 혹은 '대인기피증을 가진 사람'으로 치부해버리곤 했다.

이러한 경험에 대해
〈6감을 키운 아이가 행복하다〉
(리타니 번즈, 나무심는 사람, 2005)라는 책에서
아주 자세한 설명을 해주고 있다.

"… 직관력을 타고난 아이들은 마치 책을 읽듯
사람들의 마음을 읽기도 하며 남들의 눈에는 안 보이는
존재들을 보기도 한다. 이 아이들은 어째서 자신이
옳은데도 남들의 조롱을 받아야 하는지, 어째서 사람들은
자기의 느낌을 뚜렷이 알고 있으면서도
속내를 드러내지 않는지, 그 이유를 납득하지 못한다.
오늘날의 서구 사회에서는, 그런 아이들이 사람들의
두려움을 사고 조롱을 받거나 따돌림을 당하는 일이
여전히 일어나고 있다. 사람들은 육감을 지닌 아이들을
이상한 아이, 정신이 온전치 못한 아이, 또는 위험할
정도로 자기 또래들과는 다른 아이로 본다.
이 아이들은 종종 자신을 실패자나 낙오자로 느끼게 되며,
학교에서나 집에서도 자신감을 잃어가고 침울해한다.
어떤 아이들은 의기소침해지고, 과민해지며,
안절부절못하거나, 화를 내기도 하고,
심지어는 폭력적이 된다. …"

감정적으로 불우했던 학창 시절을 생각하면
나는 매우 불안하며 위축되게 살았던 것 같다.

나는 나를 무시하는 친구들의 감정을 읽을 때가
매우 괴로웠다.
친구들이나 주위 사람들은
나의 어색한 행동과 주눅들은 제스처,
이상한 말들로 인해 나를 도외시했으며
순진한 바보로 인식하기도 했다.
그런 나는 다른 친구들의
그 자신만만하고 당찬 행동들이
어디서 나오는지 마냥 부러워만 했는데
그들은 남의 마음을 읽을 줄 몰라
더욱 마음대로 행동하기가
편했던 것으로 사료된다.

나는 살아오면서 나의 육감을 신뢰하지 않았다.
그러므로 운이 없어 이상한 사람들을 알게 되었을 때, 그 사람들에게서 느껴지는
그 '음습한 느낌'을 무시하고 이성적인 판단으로만 상대를 대한 결과,
'배신의 상처'가 더 많을 수밖에 없었다.
그것은, 나의 이성적 판단보다 나의 직감이 더 정확했었다는 것을 알려주는 진실한 사례였다.

종종 사람을 처음 만났을 때도 나의 직감은
나의 판단을 앞서갔다.
처음 보는 사람인데도 불구하고 온몸에서
소름이 끼치는 사람을 만나거나

혹은, 처음 보자마자 깜짝 놀라기도 했던 사람이 있었는데
도저히 그 이유를 나의 기억이나 의식에서는 찾을 수 없었다.
나의 표면 의식이 모르는 뭔가를 나의 육감은
아는 것 같았다. 그리고 그 이유가 무엇인지
시간이 흐르면서 조금 혹은 전부 알게 되기도 했다.

육감
즉, 직관력은
사람의 합리적인
이성보다
뛰어난 것이었다.

세상에는
직관력을 타고난 아이들이 많다고 한다.
특히 최근에는 매우 직관적이고 특별한
'새로운 유형의 아이들'이
이 지구상에 태어나고 있다고 하는데
바로 그들이 인디고 아이들과 크리스탈 아이들이라 한다.

그들은 보통의 육감과는 달리 고도의 직관력과 수정의 에너지를 타고났으며
제 삼의 눈에 해당하는 남색 차크라를 띠고 있다고 알려져 있다.

아마도 그 아이들과 내 육감의 '정도'와는 천지 차이일 것이다.
뉴에이지에서는 그 아이들을, 지구의 평화와 인류의 영적 진화를 위해서
새롭게 온 아이들이라고 정의하고 있다.

그러나 이 고귀한 아이들도 일반적인 상식으로는 규정하기 어려운 행동 패턴을 보이며,
보통의 권위적인 학교 안에서 내성적이 되거나 심한 좌절감을 맛본다고 한다.

비록 인디고 아이나 크리스탈 아이처럼
뛰어나지 않다 하더라도,
선천적으로 육감이 발달한 아이들은 생각보다 많다.
이 아이들도 남들과 달라서
정서적 장애로 많은 고통을 받고 산다고 하니
그들의 삶도 정녕 쉬운 것은 아니다.

자… 그런 아이들이 바로 당신 곁에 있을지 모른다.
이제 그 아이들이 안절부절 자신 없게 살다가
사회의 낙오자가 되느냐, 아니면 직감을 발달시켜
사회에 기여하는 좋은 사람이 되느냐는
어쩌면 '가족의 책임'이 될 수도 있다.

비록 나는 평생 불안해하며 자신 없이 인생을 살아왔지만,
직감을 가진 많은 지구상의 아이들은 지혜로운 가족의 보살핌 속에
타고난 고유의 재능을 잘 계발하고
진정으로 풍요롭게 세상을 향유하기를 바라는 마음이다.

잠자는
나를 보던
지박령

episode
44

2002년,
새로 이사한 모 아파트에서의 일이다.
나는 잠을 자고 있었다.
책상 위의 스탠드 불빛은
희미하게 방안을 비추고 있었고
온 방은 약하고
음습한 노란빛에
둘러싸여 있었다.

그런데…

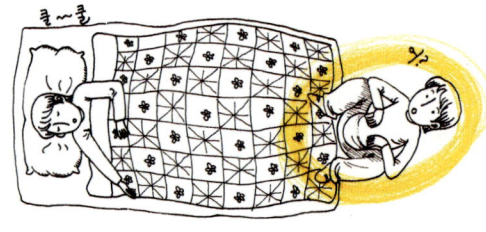

내가, 잠자는 나의 발끝에
앉아 있는 것이었다.
그리고…

아니?
내가 왜 여기 있지?
저기 잠자는 사람은
바로 나잖아.

잠자는 나를 바라보는
머리 풀은 여자 유령이 보였다.

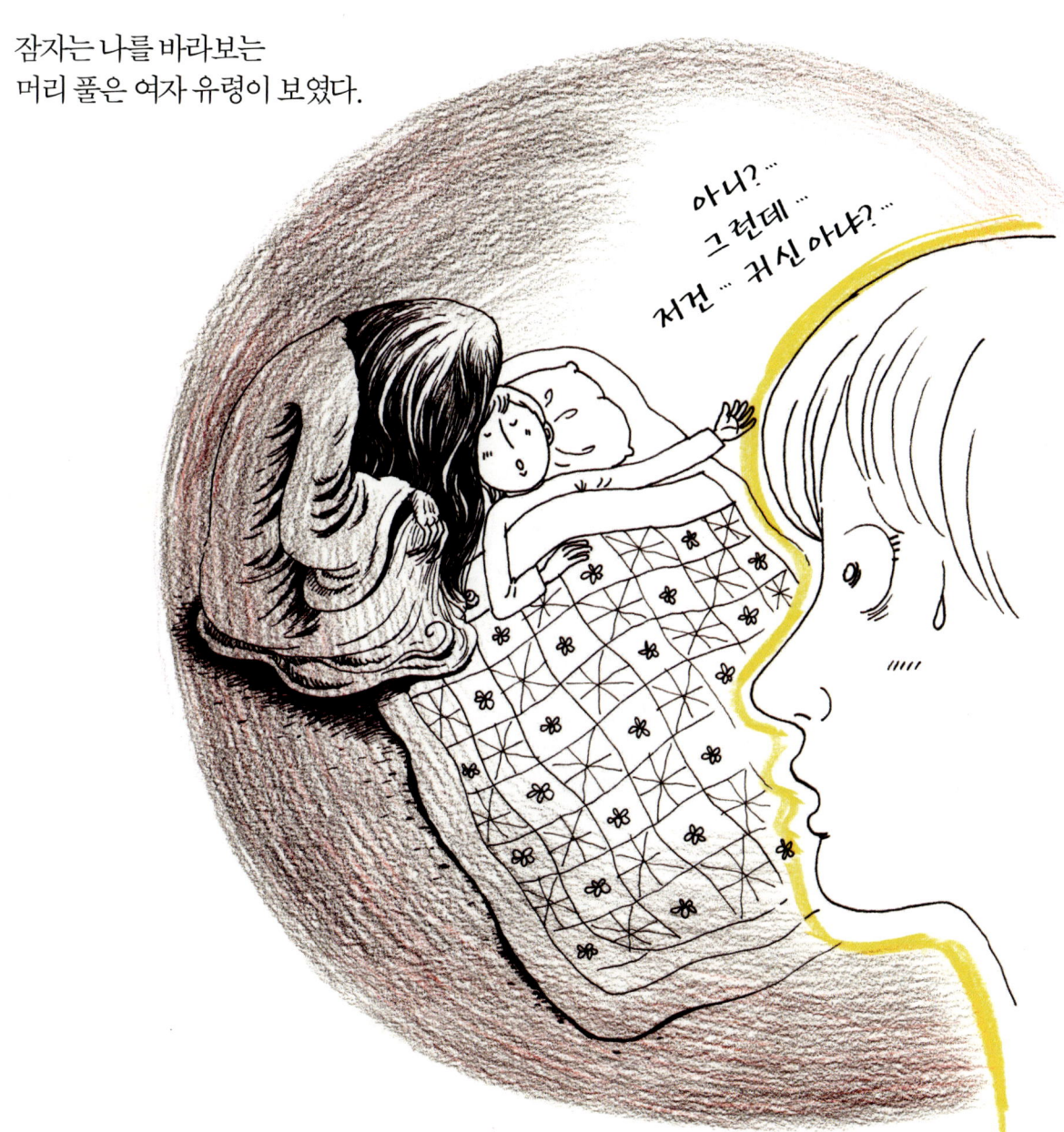

고개를 깊이 숙이고 잠자는 내 얼굴을 보는 유령의 얼굴은
그녀의 머리카락 때문에 하나도 보이지 않았다.

책상 위의 스탠드 빛이 어스름히 비추는 내 방의 풍경 속에
그 유령은 섬뜩하게 앉아 잠자는 내 얼굴을 마냥 지켜보고 있었다.
지금껏 선명할 정도의 그 으스스한 풍경…

그 아파트에서도 좋은 일은 일어나지 않았다.
그 존재는 지박령이 아니었을까?

지박령이란
옛날부터 '터 귀신'이란 말로 널리 알려져 있으며
어떤 특별한 자리에 집착을 가지고 계속해서
유령으로 머물고 있는 것을 말한다.
이 부정적 존재는 천도되지 못한 혼령이라 하는데
이러한 혼령이 머무는 곳은 대부분
죽을 당시의 장소나 죽기 직전 살았던 장소 또는
가장 정들었던 곳이며
가끔 심신이 허약한 사람의
몸속에 머무는 경우도 있다고 한다.

이 집은
내 집이야~
내 집~

지방으로 이사한 그 다음 해인
2004년에는
더 오싹한 꿈을 꾸기도 했다.

그 해 어느 날 밤 꿈에…
나는 희미한 불빛의 음산해 보이는 이 층 계단을
내려가고 있었다.

홀린 듯 내려가
일 층에 도착한 나는
천천히
일 층의 현관문을
응시했는데…

현관문 밖으로 머리가 엄청 길며 무시무시한 흉령이 서있는 것이었다.
칠흑같이 검고 긴 머리카락은 문의 위아래 틈을 통해 흉물스럽게 드러났고,
마치 석상처럼 그 존재는 문 밖에서 으스스하게 서있었다.
이 꿈은 이후에 두 번 다시 꾸지 않았으며 별 다른 일은 일어나지 않았다.

우리 집 옆에는 넓은 밭들이 있는데, 그 안에는
육안으로 보이지 않는 '오래된 무덤들'이 두 개가 있다고 한다.

넓은 밭의 땅 주인 할머니는
오래된 무덤에 전혀 신경 쓰지 않고
모두 빈틈없이 밭으로
갈아버렸다고 했다.

모두 싹~
갈아주세유…

네!

그 다음 주에 그 분은 밭농사를
짓지 못했다.

어? 밭 할머니가
오늘도 안 오셨네?

나는 그 이유를 엄마에게 물었는데

현재 살고 있는 단독주택은 나의 엄마가 오랫동안 남에게 전세를 주었던 집이었다.
전세 살던 사람들은 십 년 이상을 우리 집에서 지내다가, 2003년에 우리 가족이 그 집으로 급히
이사 오면서 다른 곳으로 이사를 가야 했는데…

이사 간 뒤 두 달 후에,
전세로 살았던 그 집의 아주머니가
돌아가셨다는 소식을 듣고
우리 가족은 매우 놀라야 했다.

그 일이 있고 약 한두 달 후였던 어느 날 저녁에, 큰오빠 방으로 갈 일이 있어
급히 방문을 열었던 나는 흠칫 놀라고 말았다.
순간 유령 모습이 보였기 때문이다.
그 유령도 나를 보고 깜짝 놀라는 것 같은 표정을 지었다. 아니 그런 것처럼 느꼈다.
바로 우리 집에서 오래 사셨던 그 아주머니의 모습 같았다.
물론 나도 그 모습을 선명하게 본 것은 아니다.
불이 꺼진 방에서 순간적으로 희미하게 보인 것이다.
아무튼 나는 그냥 슉~ 지나쳐갔는데, 등골이 오싹했다.
우리 시골집에서 오랫동안 살았던 그 아주머니는
돌아가신 후에도 우리 집을 떠나지 못했던 것일까…
아님 내가 환영을 본 것일까…
그 이후에 그 아주머니의 영혼을 더 이상 보진 못했다.
그분은 이제 자신이 육신의 몸을 가진 존재가 아니란 걸 깨닫고
저편의 세상으로 올라간 것은 아닐까 궁금해진다.

혹자들은, 이 세상이 산 사람의 숫자만큼
죽은 이의 유령들도 많다고 말한다.
그 말이 맞든 안 맞든, 우리는 오감으로 인지하지 못할 뿐,
언제나 물질계와 비물질계는 늘 이렇듯 함께 공존해왔었는지 모른다.

〈나는 영계를 보고 왔다〉(스웨덴보그, 서음출판사, 2005)에서는
유령이 이 세상에 자주 나타나는 현상들에 대해 이렇게 설명하고 있다.

"… 이 세상은 영계의 광대무변한 공간 속에 붕 떠있는 한낱 고무공과 같은 것이며,
이 고무공인 자연계의 주위는 온통 영계로 둘러싸여 있다.
그런데 고무공 속에도 영계는 스쳐들어가 있으며 고무공 속도 실은 영계인 것이다.

유령의 출현과 사라지는 비밀을 설명하기로 하자.
어느 농부는 유령이 문틈으로 출입했다고 했고, 어느 목사는 유령이 마루 속으로 사라졌다고 했다.
나는 이들 모두가 진실이라고 생각한다. 즉, 벽 속이건, 마루 속이건
그 안에는 모두 영계가 존재하기 때문이다.

영계와 이 세상은 한 개의 동전 앞뒤처럼 떨어지려야 떨어질 수 없게 '굳게 맺어진 것이 아니라'
본래가 한 개의 동전 앞뒤인 것이다.…"

스웨덴보그의 말에 따르면,
영계는 물질계와 아주 멀리 떨어져 있는
별개의 세계가 아닌 것 같다.
그래서 그들이 자주 느껴지는 것일까…

mysterious cartoon

다른 세상의
사람들

episode
45

생각해보면 나의 삶은 깨어 있을 때보다 꿈속에 살았던 시간이 더 길었던 것 같다.

꿈…

꿈은 무엇일까…

신지학에서는 꿈에 대해 아래와 같이 설명하기도 한다.

"… 사람이 잠자는 시간 동안 사람의 아스트랄체(영체 중 하나)는

자연적인 원리로서 거의 언제나 육체로부터 이탈하여 부근을 맴돌게 되는데,

이 아스트랄 매개체가 보다 활발해진 어떤 경우에는

다양한 아스트랄 흐름을 타고 꿈결같이 이리저리 떠돌아다니며,

이따금 비슷한 상태에 있는 다른 사람들과 만나거나

유쾌한 혹은 불쾌한 여러 가지 체험을 겪기도 하는 또 하나의 실재 세상.…"

또 다른 자료에서는,

'육체가 쉬는 수면 시간에 영혼의 눈을 뜨며 활동하기 시작하는 것이 꿈이다'

라고도 정의하는데 나 역시 그러한 의미에 동감하고 있다.

물론 '이것은 뇌파 활동이 아닐까?' 할 정도로 어지럽고 만화적인 꿈을 꿀 때는

내 영혼체의 활동이라고는 생각하지 않지만,

꿈을 통해 또 다른 세상을 여행하는 것 같은 체험을 할 때도 꽤 많이 있었기 때문에

꿈의 세상은 늘 내게 신비롭기만 하다.

2005년에 동물 관련 일을 하던 그 당시, 유기견을 구조하기 위해 긴급히 나가야 했던 때가 있었다.
나는 그때 시간이 남아 잠시 침대에 누워 쉰다고 하다가 한낮에 깜빡 잠이 들었다.

초
긴
장
…

초조…

1시 10분까지
나가야 하는데
시간이 좀 남네…
잠시만 누워서 쉬자!

10분만
눈 좀
붙여야지

흠냐흠냐…

ㄹ～ㄹ

쿨～쿨～

나는 그대로 침대에 누워 있었고
눈을 뜬 상태였다.
그런데 갑자기 방의 형광등 빛이
유난히 밝아졌는데.

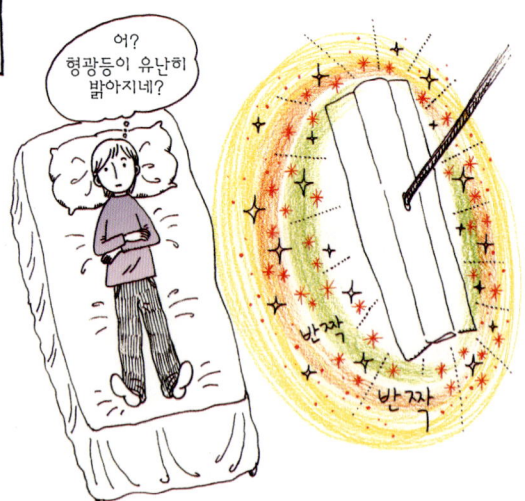

어?
형광등이 유난히
밝아지네?

반짝

반짝

곧 내 방문을 열고
너무너무 잘생긴 네 명의 젊은 사람들이
방안으로 들어오는 것이었다.
그들은 해맑고 아름다운 얼굴이었으며
웃고 있었다.

반짝!

헉!

아무도 없네?…

…

두리번   두리번

꿈을 꾼 거라니…

그러다 잠이 깨었다.
꿈이라고 하기엔 이해가 안 갈 정도로
금방 꾼 꿈속의 방 풍경만은 지금과 똑같았다.
도대체 무슨 일인가?
그들은 누구인가?

나는 아름다운 사람들의 그 얼굴들을 연상하며 곧 약속 장소로 나갔고, 차 안에서 내내 생각에 잠겼었다.
그리고 쉽지 않을 거라 생각하며 약 다섯 명의 사람들이 모여서 함께 갔던 유기견 구조 건은 너무도 순순히
해결되어 쉽게 강아지를 구조할 수 있었고, 그 때문에 같이 갔던 사람들은 모두 어리둥절해했었다.

구조가
쉽지 않을…
텐테…착잡…

어리둥절…

?

아니?
이게 어케 된
일이냐?

너무나
순순히…

나는 왠지 꿈속에 나타난 그 네 명의 사람들이
나를 도와주었던 것이 아닌가 하는 생각을 했었다.

아무래도
그들이 도와준 거 같아…

또 내가 어느 날 꾼 꿈에서도
신비한 여인이 하나 있었다.

내가 키웠던 어느 강아지가
아주 처참한 시체가 되어 있기에,
놀라 달려가서 어쩔 줄 모르며
무작정 울고 있었는데.

그런 나를 보곤 어느 여성이 다가와서는 나를 걱정해주며 말했다.

저… 잠깐
만요…

으흐흑~

네?

슬퍼하지 마세요.
이 형상은 가짜예요. 천천히 생각해보세요.
이 강아지는 그때 안락사 해서 편안히
천국으로 갔어요…
생각 안 나세요?

아…

이런 가짜
형상에
속지 마세요.
울지…마세요.

아…참
그랬지…
그 때…
안락사 했어…

아…

그때서야 나는 정신이 퍼뜩 들며
옛 기억을 되살리곤,
그 여인에게 고마워했다.
그런 뒤, 꿈에서 깨었을 때 나는
그 꿈이 단순한 꿈이 아닌
'어느 다른 세상으로 가서 그 세상 사람의
위로를 들은 것' 같았다.
왜냐하면 그녀는 내 꿈의 일부가 아닌,
에고가 존재하는 어느 한 인간인 것이
느껴졌기 때문이었다.

아…
그녀는…
자아가 존재하는
어느 타인
같았어…

현실의 나는 물을 무서워한다.
그러므로 전혀 수영을 하지 못하는데
이상하게 꿈속의 세상에서는 종종 강물에서 수영을 하기도 했다.

매번 같은 강물이었고
꿈속의 나는
수영을 매우 능숙하게 했으며
물의 느낌이 부드럽고 생생해서 매우 행복해했다.

지금도 그 강물이 선명하다.
피부에 닿는 물의 감각과 흔들리는 파동, 푹신한 강의 흐름과 물결은
너무 황홀해서 잊을 수가 없을 정도이다.

그런데 이상한 일은, 늘 강물 옆에서
나를 지켜보던 '한 여인의 존재'였다.
그녀의 얼굴은 보이지 않았으나 가만히 앉아
따스하게 나를 보살펴주면서
내가 안전하게 헤엄치는지 주시하는 듯했다.
그녀는 내가 꿈속의 이 강물로 올 때마다
내 곁에 있어주었다.

꿈의 게이트를 통해 나는 종종 다른 세상으로 간다.
그 세상은 무궁자재(無窮自在, 자유자재)하고 예측불허의 일들로 가득 차있으며
거친 껍데기가 아닌 가벼운 영체로 만나는 신비한 사람들과
그 에너지가 상상의 하늘같이 확장되어 있다.

그 아름다운 사람들과
절내지순의 따스한 느낌…
나는 오늘도 다른 세상의
그들이 무척 그리워진다…

44평
4호의
그 옛집

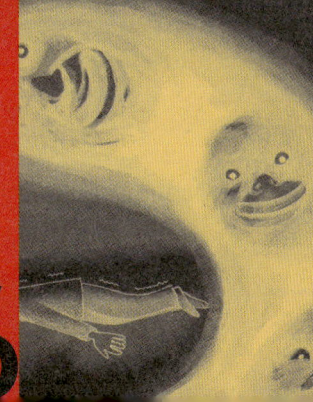

episode

나는 이전에 44평 4호의 옛집에 대해 언급한 적이 있었다.
오래도록 그 집의 평수에 대해 아무것도 몰랐던 내게,
2005년 어느 날 비밀스런 평수를 엄마가 알려주셨던 일은 내게 미묘한 충격을 전해주었다.
기묘한 평수…
그것이 심령 체험의 원인 중 하나가 아니었을까 생각해본 적이 있었다.
그 집은 확실히 이상한 주택이었음은 틀림없다.

약 1990년에 그 집에서 다른 곳으로 이사한 이후
십수 년이 지났음에도 불구하고,
나는 그 집의 악몽에서 오래도록 헤어나오지 못하고 있으니
이는 무슨 까닭일까.

마치 월례 행사처럼 종종 꿈속에서 나는
그 옛집으로 날아가곤 했는데.
분명 그 집이 헐렸다는 소식을
접했음에도 불구하고,
내 꿈에선 으스스하게
그대로 살아 있었다.

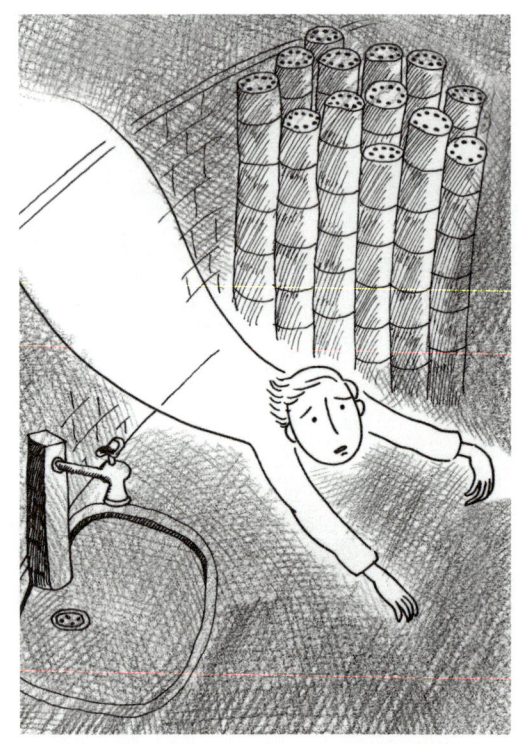

나는 뭔가에 홀려
담과 담을 날아다니고 있었다.
꿈에 자주 나타나던 우리 집의 모습은
어둡고 괴기스러웠으며 특히
음습하던 수돗가와
연탄이 높이 쌓여 있었던
침침한 뒷광의 장소들이
마치 나를 부르는 것처럼 나를 이끌고 있었다.

나는 왜 이 집에서 헤어나오지 못할까?
수십 년간 이 공포의 집에서 자주 날아다니는
꿈을 꾸는 이유는 무엇일까.
이미 다 헐려 다른 건물이 들어섰다는데도,
여전히 내 꿈에는
옛집의 모습 그대로 남아
그 저주스런 집을 날아다닌다.

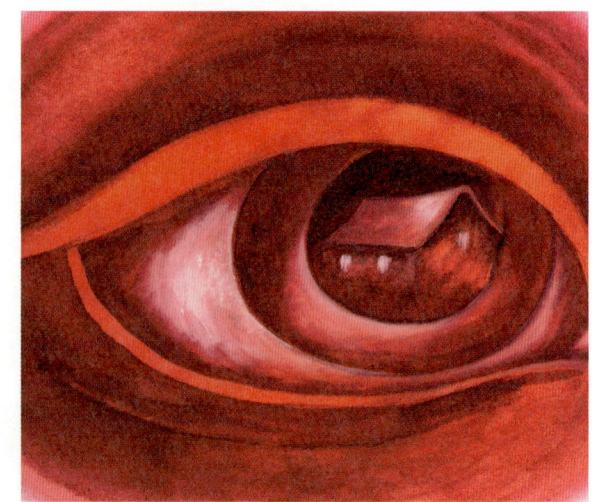

그 집은 아마도 풍수지리학적으로 수맥이 있거나(특히 수맥에서도 대동맥에 해당되는 곳이었거나),
아님 오래 전에 묘지였을 것 같은 추측도 든다.
혹은, 알 수 없는 억울한 사연이 담긴 곳이었을까.

이 집에서 사는 동안 나는 너무도 오랫동안 악령들에게 시달려야 했으며,
집에서 키우던 반려동물들이 연달아 죽어갔고, 내 아버지를 죽음으로까지 몰고 갔다.
게다가 앞집의 아들과 앞집 아저씨의 죽음도 잇달아 일어나면서
매우 기괴한 불운의 대지가 되었지만, 사람들은 모두 운명적으로 받아들이고 있었다.
오직 나 홀로 심령 체험을 하고 있었기 때문에
아무도 풍수지리학적인 조사나
악령들의 소행과 연결시키지 못했다.
게다가 나는 어른들을
설득시키기 어려웠던
힘없는 학생일 뿐이었다.

힘없는 학생…

어쩜 나의 그 심약한 기운은 나를 더 불행하게 했는지도 모른다. 건강하지 못하여 늘 비실거리던 체격을 하고 학교에서도 언제나 조심하면서 두려움 속에 살았던 나… 나는 사람이 어려워 말을 편안하게 하지 못해 늘 버벅거리고 긴장해야 했으며, 만사가 자신 없어 열등감 속에 살았고, 심장은 자주 두근거렸다. 이러한 경향은 아마도 부정적인 엔터티들에게 만만한 대상이 되는 조건이 되었을 것이다.

그 집에서 살던 어린 시절에는 〈전설의 고향〉이
인기 드라마였는데 무서움이 많았음에도 불구하고
호기심으로 인해 그 드라마를 자주 보았다.
어느 날,
'구미호' 드라마에서 불쑥 나타났던 귀신의 눈동자에
엄청난 공포를 느끼고 이불 속으로 들어가
덜덜 떨었을 정도로
나는 지독하게 무서움을 타던 아이였다.

장미희가 주연한 '천년호'를 자주 보던 그때도
이 년간 꿈에서 천년호에 시달리기도 했으며,
〈원더우먼〉을 보던 당시에는 꿈에서 피가 흐르던
원더우먼이 나타나 얼마나 두려웠는지 모른다.

세월이 흘러, 대학생이 되어 집에 왔을 때
일어난 일도 잊을 수 없다.
과의 과제로 나는 영문 테이프를 들어야 했는데
그것은 소설 〈검은 고양이〉를
영문용 라디오 형식으로 만든 테이프였다.

그때 왜 내가 혼자 집에 있었는지 모르지만,
기면증으로 졸면서 그 테이프를
들었던 것으로 기억된다.

그런데 녹음기에서 이상한 느낌을 받으면서 어서 꺼야겠다고 생각한 순간,
한낮임에도 불구하고 갑자기 몸을 움직일 수 없었다.
괴기한 음향과 소리들은 마치 살아 있는 것처럼 나를 짓누르고
내가 계속 들도록 강요하고 있는 것 같았다.
아무도 없는 방에 나는 최면에 걸린 것처럼 누워 있었고,
섬뜩한 소리와 음향은 방안을 진동하고
계속 반복되어 돌아갔다.
내 의식은 너무 선명해서 그 소리들을 모두 들어야 했다.
내 몸은 지옥 같은 소리들로 가득 찬 방에서
탈출하고 싶은 마음뿐이었지만, 라디오에서는
귀신 같은 소리로 검은고양이의 음침한 대목을
더욱 오싹하게 발음하는 성우의 소리가
더욱 크게 들려올 뿐이었다.
그 으스스한 시간은 마치 영원한 것처럼
나를 가두고 있었는데

무섭다… 너무 무섭다… 나는 선명한 의식 속에서 그 기괴한 소리들을 들으며
꼼짝하지 못한 채 살려달라고 마음으로만 외치고 있었다…

44평 4호의 특이한 면적은 어째서 생긴 것일까. 왜 4호로까지 나뉘어야 했을까?
그 일로 앞집, 옆집 아저씨들과 내 아버지와의 관계는 많이 소원(疏遠)했었다고 들었다.

중고 냉장고 위치에서 나타난 검은 머리의 악령과
수많은 밤의 귀신, 수없는 악몽들 속에 44평 4호의 그 집은 존재했다.
그리고 결국, 아버지를 데려가고 말았던 그 불길한 옛집.

허나, 정신력이 강한 나의 엄마와
엄마를 가장 많이 닮은 남동생,
밝은 기운이 넘치던 오빠에게는 전혀 영향을 끼치지 못했다.
그러나 정신력이 강하다고 해서
과연 악령의 폐해에서 벗어날 수 있을까?
혹시 가족들이 운이 좋았던 것은 아니었을까?

풍수학에서도 언급하듯이
세상에는 나쁜 일이 잘 일어나는 '기가 나쁜 곳'과
기분이 상쾌해지고 원기가 솟는 '기가 좋은 곳'이 있다고 한다.
그리고 그 기운을 육감으로 느끼는 사람은 분명히 있다.

기가 나쁜 곳   기가 좋은 곳

나는 풍수지리에 대해서도 전혀 아는 바가 없다.
그러나 인간은 최소한 자신의 집터, 땅의 기운,
수맥파의 영향에서 완전히 초월할 수 없다는 사실을 안다.
세상에는 우리가 알 수 없는 기운들이 난무하고 있다.
바바라 앤 브랜넌이 말하는 죽은 오르곤 에너지들,
수많은 사념체, 땅의 기운, 망령과 껍데기 존재,
사악한 엔터티와 꿈에서 사는 나이트메어,
유령들과 기생충 에너지, 부정적 에너지 등
이루 헤아릴 수 없는 나쁜 기운들이
지구상에 축적되어 깔려 있음에도
인간들은 그 공간에서 오감으로 인지되는 것만을
느끼면서 인정하려 한다.

더욱이 사악한 존재를 느끼는 사람에게는
그저 겁이 많아 어리석다고 말하며
들어주지 않으려 한다.
현실만을 인지하고 사는 그들은
다른 세계에 대한 귀를 열지 않으려 하며
눈을 뜨지 않는다.

나는 누구인가…
나는 오늘도
현실의 눈을 감고
다시 '미지의 눈' 을 떠본다.

길 잃은 영혼의 페이소스가
힘없이 출렁거린다.
나는 오늘도 어디로 가야 하는가…

mysterious cartoon

나이트메어

episode
47

2002년 어느 날 밤의 일이다.
나는 으슥한 길을 걷고 있었다.
이사했지만 꿈속의 길은 이사하기 전 동네의
외진 길이었으며 무척 어두웠다.

난 부지런히 걸으며 집으로 빨리 가야겠다고 생각했다.
순간 방송하는 소리가 동네에 울렸는데
그 동네에 정체 모를 무서운 사람이 나타났으니 조심하라는 내용이었다.
난 매우 두려워하며 어서 집에 도착해야겠다고 생각했다.

그런데…
내 등 뒤의 느낌이 안 좋았다.
뒤에서 뻗치는 무서운 손의 느낌이
점점 가까이 오고 있었다.

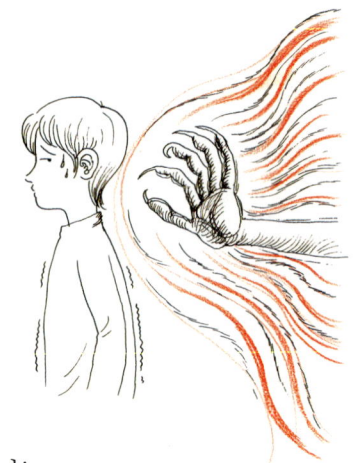

그리곤 덥석! 잡혔다.
너무도 공포스러운 그림자!

더욱이 손의 감촉은 무섭도록 억세고 사나웠다.
큰 덩치의 매서운 눈길, 그 어둠의 그림자…
난 그 존재에게 잡혀 꼼짝할 수 없었다.

순간 놀라서 잠에서 깨었지만,
꿈에서 나를 잡은 존재의
억센 손길이 어깨에 남아 있어 얼얼할 정도였다.

사실 이렇게 어둠의 존재에게 어깨를 잡힌 적이 처음 있는 일은 아니다.
1997년 열 평 오피스텔에서 있었던 일
즉, 심령 카툰에서 다루었던 어느 날의 악몽에서도
피거품 물은 악귀에게 어깨를 잡힌 적이 있었다.

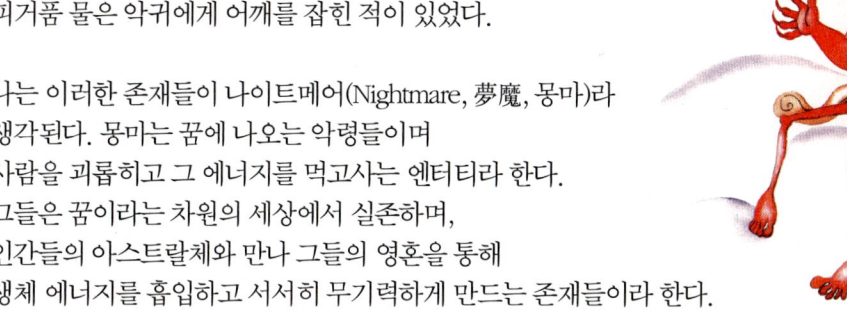

나는 이러한 존재들이 나이트메어(Nightmare, 夢魔, 몽마)라
생각된다. 몽마는 꿈에 나오는 악령들이며
사람을 괴롭히고 그 에너지를 먹고사는 엔터티라 한다.
그들은 꿈이라는 차원의 세상에서 실존하며,
인간들의 아스트랄체와 만나 그들의 영혼을 통해
생체 에너지를 흡입하고 서서히 무기력하게 만드는 존재들이라 한다.

실제로 이들과 만나서 당하는 날에는 무언가 좋지 않은 일이 생겼다.
예를 들면, 몸의 원기가 없어져 힘이 빠진다든가, 아니면 생각지도 못한 일이 생겨 사고가 나곤 했다.

이들은 환영이 아니라 실재하는 존재인가 하는 물음에 대부분
반신반의할 수 있음에 공감하지만, 나처럼 나이트메어에 오래도록
당해왔던 사람들은 그들의 존재를 인정할 수밖에 없다.

어렸을 때의 무서운 집에서는, 실제로 수많은 꿈의 악마들이
꿈에서 나를 섬뜩하게 괴롭혔기 때문에 밤에 잠을 자는 것이
정말 두려웠고 형광등을 끄는 것조차 싫을 정도였다.

이들은 어찌해서 꿈이라는 환영의 공간에서 사는 것일까.
신지학에서는 이들을 아스트랄계의 하위 존재로 보는 듯했다. 잠을 통해 갈 수 있는
아스트랄계에는 수많은 하위계들이 존재한다고 하는데 하위계의 수많은 존재들 중 이렇게 흉측한
존재들이 있는 건 어쩜 당연한 것 같기도 하다. 나뿐만 아니라 많은 이들은 잠을 통해 아스트랄계의
하위계를 떠돌기도 하며 나처럼 몽마를 만나기도 한다.
특히 저급한 아스트랄 하부계 체험은 상상하기도 싫을 만큼 끔찍한 장면들이 많다.

피만 보이던
어두운 극장의 내부,
공포의
섬뜩한 버스를 탔던 꿈과
무서운 열차 안에서의 일들.
어둡고 답답한 땅속에
영원히 갇힌 것 같았던 꿈속…

어느 날은,
불타는 학교 안에서 여학생들이 죽어가는 꿈도 꾼 적이 있었다.
그 꿈에서는, 내 곁에 있는 여학생 얼굴들이 귀신처럼 무섭게 일그러져 있었고,
모두 가까이 붙어 있으면서 불을 피하려 하나, 불은 점점 근처까지 타오르는 것이었다.
그 두렵고 답답한 느낌은 형용하기도 어려울 정도였는데
불 속에서 곧 타 죽을 것 같은 공포감을 나는 그대로 느껴야 했다.
특히 두려웠던 것은 바로 옆에 있던 여학생들의 얼굴이었는데
정말 생각하기조차 끔찍할 정도로
무서운 얼굴들이었다.

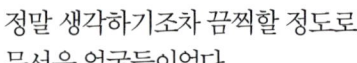

이러한 악몽과 몽마의 현상들은
단지 환영이라고 하기에는
너무도 생생한 공포와
선명한 영상의 기억을 남긴다.
그런 점에서 보통 꿈과 확실히 다르다.

꿈…
꿈의 사전적 의미는 수면 중에 일어나는
일련의 시각적 심상이라 정의하고 있다.
그러나 과연 꿈을
그렇게 간단히 정의내릴 수 있을까?

꿈을 통해 가는 세상이 육신의 옷을 입고 가지 않는다 해서,
과연 실재하지 않는다고 단정을 내릴 수 있을까.
과학자들은 육신이 가진 오감이 얼마나 제한적인지 알고 있다.
우리의 시신경은 가시광선까지만 인식한다고 들었으며
우리의 청각은 매우 국한되어 있어서 높은 주파수의 소리를 듣지 못한다고 한다.
또한 죽음의 문턱까지 가서 죽음 너머의 세계를 엿본 임사 체험자들은 육신보다
더 자유로운 영혼과 현실계와는 다른 차원의 세상이 존재하고 있음을 증명하고 있다.
그렇다면 꿈의 세계도 무조건 환영이라고만 하기엔 애매하지 않은가.

나는 나이트메어가 실존하고 있는 것만 같다.
아마도 나 같은 체험을 오래 한 사람이라면 그저 그들을 환영이라 부르지는 못할 것이다.

이런 나이트메어에도 몇 종류가 있다고 한다.
나이트메어의 어원을 찾아보면 '어둠을 달리는 말'
혹은 '지옥의 왕과 악마 등이 타는 마차를 끄는 말'을 뜻한다고 한다.

아나인쉬(LEANNAIN SHEE)라는 요정은,
나이트메어의 원조라고 하며,

알프(Alp)는 독일에 있는
몽마의 일종이고 안개나 뱀으로 변신해서
잠자는 인간의 입을 통해 들어가며,
흡혈귀적 성격이 짙다고 한다.
그리고 남자형과 여자형인 인큐버스와
서큐버스는 대표적인 몽마이며
인간을 타락시키는 것을 목표로 한다고 하는데.
이러한 판타지 종족의
몬스터들에 대해
사람이 지어낸 허구라고만
단정하기에는 무언가
석연치 않은 마음도 든다.
그건 아마도 허구라 생각했던
신화와 전설,
신화 속의 신들의 존재가
무조건 픽션이 아니었다는
고고학자와 역사학자들의
증거 유물들로 밝혀지고 있는 일들과
조금은 유사하지 않을까도
생각해본다.

그러나 그렇다고 해서,
꿈의 세계가 실재하고 있다고
무작정 주장하기엔 모호함이 없지 않다.
마치 꿈의 악마들을 과학적으로 증명하기 어렵듯이 말이다.
그러나
물질계에 갇혀 사는 인간은
보다 큰 세계의 진정한 진실을 정확하게 알기는 힘들 것이다.
마치 오감으로만 인지하는
우리의 제한되고 불완전한 감각을 보듯이…

mysterious cartoon

쌍둥이별의
운명

episode
48

앞에서 다루었던 '실버 코드란 무엇인가?' (에피소드 16화)의
내용에는 이런 글이 있었다.

"어렸을 때부터 나는 우주를 많이 체험해왔었다.
우주에 대한 체험.
물론 꿈에서나 가능한 일이었지만 꿈과는 또 달랐다.
어느 날 나는 우주 한가운데 떠있었다.
멀리 지구도 보였다.
별들만이 무수히 존재하던
광대무변한 은하 속에 나는 둥둥 떠있었다."

꿈을 통한 나의 잠재의식 속에는 늘 우주가 서려 있었다.
우주의 별들과 행성과 은하들의 풍경이 지극히 아름답게 내 앞에
펼쳐지던 그 장관에는 무슨 미스터리가 있었던 것일까…

또한 '실버 코드란 무엇인가?'의 내용 중에서
"우주여행은 언제나 아련했다.
우주를 바라볼 때 어째서 애달프고 구슬펐는지 나도 모르겠다.
어느 날은 쌍둥이별들의 생성과 소멸의 과정도 본 적이 있었다"
라고 말한 적이 있는데, 바로 그 쌍둥이별에 대한 이야기를 조금 더 자세히 해보려 한다.

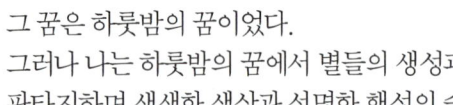

그 꿈은 하룻밤의 꿈이었다.
그러나 나는 하룻밤의 꿈에서 별들의 생성과 멸망을 지켜봐야 했다.
판타지하며 생생한 색상과 선명한 행성의 슬픈 모습은
오래도록 잊혀지지 않을 만큼 특별했다.
사실 오래전 꿈이라 언제 꾸었는지 잘 기억이 안 난다.
그리고 그 역사도 당시에 적어놓지 않아서 정확하지는 않지만,
잊혀지지 않을 정도로 강렬한 모습은 행성의 표정이었다.
행성은 살아 있는 생명체였기 때문이다.
이 모호한 미스터리에 대해 어떻게 설명할 수가 없었던지라
'실버 코드란 무엇인가?' 를 그릴 때, 단 몇 줄로만 언급하고
멈추려 했지만, 그 당시 누군가의 문의 리플에 의해 다시 꿈같은
그날의 이야기를 하고 싶어졌다.
지금, 그때의 꿈을 물 흐르듯이 더듬어 적어보련다.
과연 꿈이라는 세계였을까…

나는 우주를 보고 있었다.
그런데 나의 시각은
어느 한 인간의 시야가 아니었던 것 같다.
어쩜 나라는 존재는 우주 안에 녹아 있던
어느 무한한 공간 중의 하나였는지도 모르겠다.
왜냐하면 나란 존재가 어느 생명체가 되어
우주를 바라본 느낌이 아니었으니까.

행성…
아득한 시간 속에서 나는 아름답고 장엄한 두 개의 행성들을 바라보고 있었다.
지금은 기억이 희미하지만 그 행성들의 색깔은 아름다운 보랏빛 같았다.

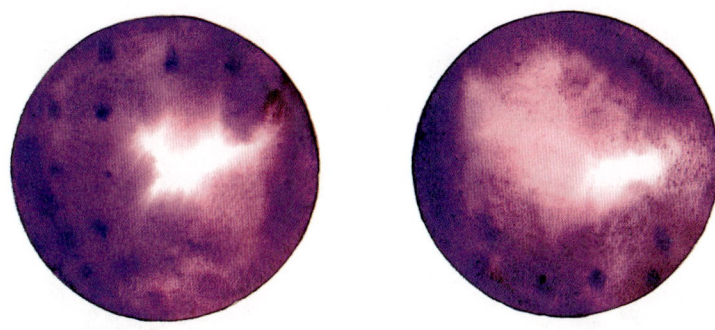

두 개의 행성은 적정한 거리에서 마치 쌍둥이처럼 똑같은 형태로
서로 마주보고 있었는데

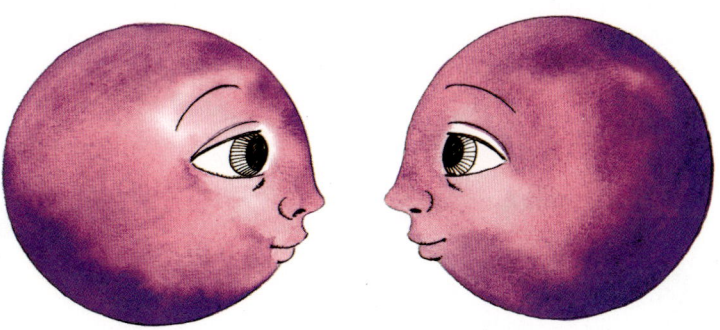

어느 순간부터 행성인들의 모습이 보이기 시작했다.
그들은 아주 바쁘게 움직이면서 무슨 까닭인지 상대 별에 분노하고 있었다.

결국… 마주보고 있는 상대 별의 행성인들과 격렬한 전쟁이 시작됐고

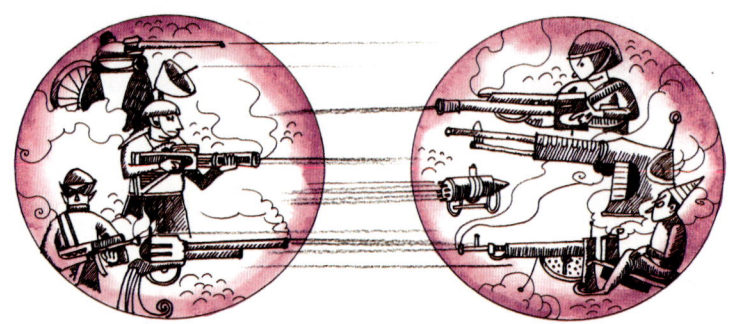

곧 거대한 폭발들이 일어나기 시작했다.

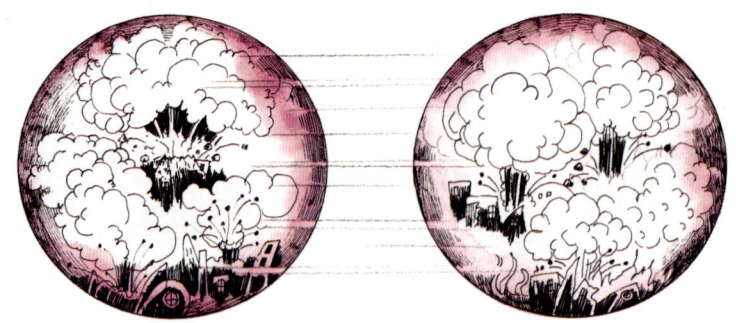

행성의 모습은 아수라장 같았다. 온갖 슬픔과 증오가 그들을 뒤덮었다.

그리고 어느 시간부터 행성에는 생명체가 존재하지 않게 되었다.
황폐한 쌍둥이별은 살아 있는 생명체였는데 그들은 통한과 슬픔의 표정이 되어
생명들이 소멸한 자신의 몸을 느끼며 매우 큰 슬픔의 한이 담긴 눈물을 흘리고 있었다.

쌍둥이별들은 황폐하게 변한 회색의 별이 되어 있었고, 그들이 부르는 아득하고 처절한 한스러움이
내게 오래도록 전해져왔으며 그 슬픔 때문에 억장이 무너지는 아픔을 느껴야 했다.

그런데 하룻밤의 꿈에서 행성들의 역사를 어찌 다 볼 수 있었을까.
그리고 내가 본 행성들은 꿈인가? 실재하는 역사였을까?

그 의문에 대한 궁금증 때문에
나는 생전 처음으로 외계 문명에 대한 도서들을 뒤지기 시작했다.
그렇게 해서 간신히 찾게 된 몇몇 도서들을 혹시나 하는 마음으로 읽으며
실제로 내가 본 행성이 있었는지 알고 싶었지만, 결국 발견하지 못했다.

어쩜 내가 꿈에서 본 어느 행성들의 역사가 실재하는 것이라고
환상적인 희망을 품는 것은
어리석은 우를 범하는 것인지도 모른다.
그러나 그만큼 그 꿈에서 느껴지는
역사적 에너지는 너무나
생동적이었고 강렬했다.

이 책에 있을까?

저 책에 있을까?

외계문명

UFO

꿈에서 일어난 일이
실제일지 모른다는
내 생각이 허망한 일일까?…

외계 문명…

나는 그 꿈의 미스터리를 풀기 위해
그간 반신반의하던 UFO와 외계인에 대해서도
자료들을 찾아보게 되면서
놀라운 사실들을 다시 접하게 되었다.
비록 나의 꿈에선 알 수 없는
미지의 행성 역사를 보았던 것이지만,
나는 내 삶의 대부분을
'우주에서 지구만이
생명체가 있다는 교육'을
받고 살아왔던 사람이었다.

8살 보리스카 소년…

저는 이미 화성에서 발생한 대 참사를 겪었거든요. 그곳에는 아직도 우리 같은 사람들이 살고 있어요. 하지만 핵 전쟁 이후 모든 것이 다 불에 타 없어졌죠. 화성인들은 가스로 숨을 쉬어요.

헉!

그러다 모 방송국의 프로그램 〈서프라이즈〉에서 '보리스카' 라는 인디고 아이 방송을 보면서 나로서는 정말로 충격적인 정보들을 접하게 되었다.
그 일은 나로 하여금 정신없이 외계 문명에 대한 자료들을 새로 수집하게끔 만들었다.
즉 라이라 성단, 안드로메다 성단, 시리우스 성단, 플라이아데스 성단, 오리온 성단 등을
언급하는 많은 외계 문명에 대한 도서의 정보를 찾아보면서
더할 수 없이 놀라운 '지구 역사의 새로운 진실들과 그 증거 유물'들을 사진으로 접했고,
오래도록 나를 혼란스럽게 하고 실망스럽게 했던
종교적 미스터리의 근원에 대해서도 많은 답을 알게 되었다.

그간 대체…
나는 무얼 한 걸까?

뉴 에이지
도서들 →

금성 화성
말 데크로의
기억여행

신들의
문명

빛의 시대
빛의 인간

환생과
신들의
탄생

셈 야제 이야기

신과 나눈
이야기

플레이아데
스의 사명

미카엘
대천사의
메시지와 예언

또한 뉴에이지 서적에서는
종교 교리의 감춰진 역사와 왜곡된 사실에 대항하여
새로운 진리와 진실들을 세상에 알려주고 있었다.
나는 이제서 이러한 경이로운 서적들을 접하면서
그저 놀라움과 감탄 속에서
그간에 아깝게 흘려보낸 지난 세월들이
어리석게만 느껴졌다.

인터넷 검색을 하면서 나는 한국에서도 UFO를 보았다는 기사들을
생각보다 많이 접할 수 있었다.
한국 분들이 글을 쓴 외계 문명에 대한 책들도 심심찮게 나오고 있다는 사실을
알게 되었으며, 한국에서도 외계와 주파수를 맞추고 있는 채널러들이
생각보다 많이 등장하고 있는 현실을 서서히 알게 되었다.

성모의
계획

신화는
수메르에서
시작되었다.

우주 창생
신화의
수수께끼

한국 분들이
쓴 책들?!!

보이는 것만이
진실은
아니다

가이아
프로젝트

하늘이
전래준
빛세상이야기

외계
문명

모든 사람들이 신성이 깨어나면
다 그렇게 될 수 있어요.
지구의 관점에서 보면
외계에서 온 존재죠. 그런데
본인도 외계에서 왔어요~

한국 채널러들

와…

채널러
모임의
회원들

그렇다면 외계 문명은 진정 실존하는 것인가.
비록 직접 외계인을 만난 적은 없어도, 나는 어느 새부턴가 외계 문명이 믿어지기 시작했다.

심령과학자 안동민의 〈심령치료〉(서음출판사, 1994)에서는 이렇게 말한다.
"… 외계인들도 상당한 수효가 인간으로 재생을 해서 살고 있는 게 분명하다.
우주인이 둔갑을 해서 지구인 모습으로 살기도 하지만,
그보다는 우주인의 영혼이 지구인의 육체를 쓰고 태어난 경우가 더 많으리라고 생각된다.…"

"… 오늘날 이 땅 위에는 이런 종류의 지구인의 모습을 가진 우주인들이
여러 분야에서 크게 활동하고 있는 게 분명하다.
아니 어쩌면 아득한 옛날부터 우리 인류는 이런 우주인들의 손에 의해
관리 발전되어온 것이 아닌가 싶기도 하다.
우주인들은 태양계 안에서만 온 것은 아니라고 생각된다.
시리우스, 오리온, 안드로메다에서 온 우주인도 있지 않나 한다.…"

이러한 충격적 자료들로 인하여
내 꿈의 미스터리 '쌍둥이별의 운명'에
대한 우주적 의문은 점점 더욱 깊이 증폭하고 있다.

나는 어쩌면 시공을 초월한 차원의 게이트를 통해
과거의 우주 속으로 떠났었는지도 모른다.
아니… 어쩌면 나는 하룻밤의 꿈을 통해
우리가 측정할 수 없었던
미지의 세계를 여행했는지도 모른다.

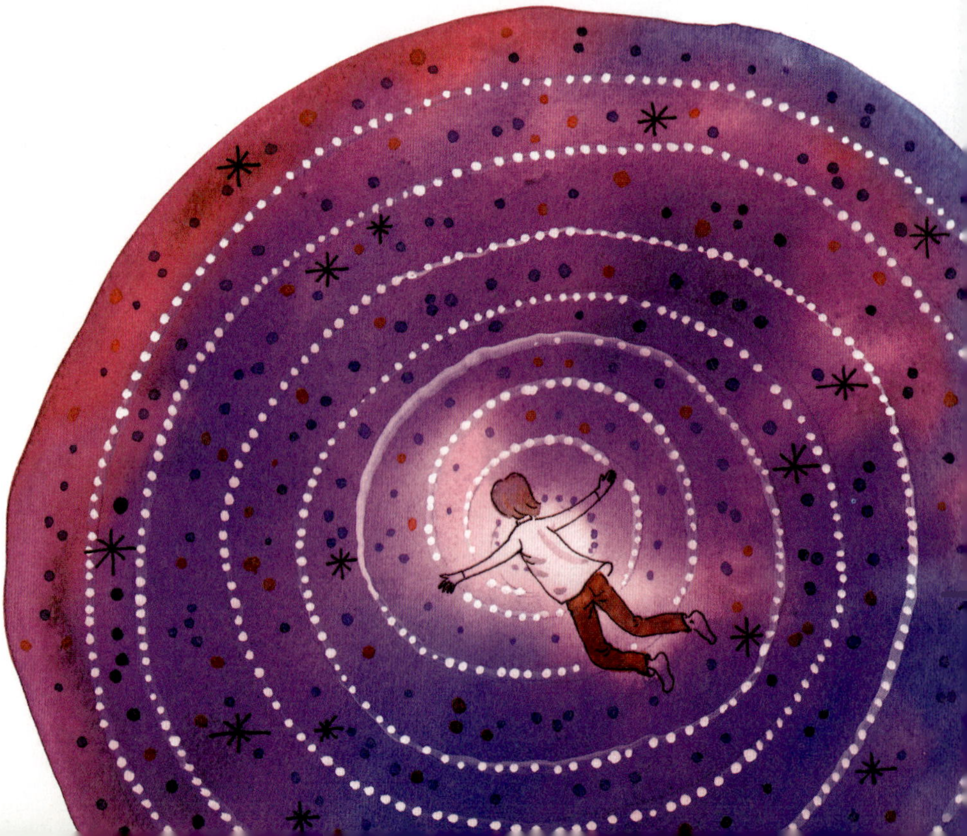

경이로운
기 체험

episode
49

2007년 9월 초에 나는 경이로운 기 체험을 하게 되었다.
그날 인터넷으로 풍경 사진들을 접하던 중이었는데

어느 순간, 어느 풍경 사진에서 갑자기 기(氣)가 내 몸으로 쑥 밀려들어오는 것 같은 느낌을 받은 것이다.
온라인에서 사진 작품의 기가 모니터를 뚫고 내 몸으로 바람같이 불어오다니
나는 정말 믿을 수가 없었다.

이 세상의 모든 생명체들은 진동하는 에너지로
둘러싸여 있고, 나의 말, 생각, 행동,
의식, 사진, 글자에도
파장을 가진 에너지가 존재한다고 한다.

나는 언제부턴가 에너지에 대한 관심이 증가하면서
에너지 측정 도구인 엘로드를 구입해 기 실험을 하기 시작했다.
사진 카드 뒷면에서 나오는 반응을 실험해보았고, (펼침 반응과 접힘 반응)
글자 카드 뒷면에서 나오는 반응을 보게 되었다.

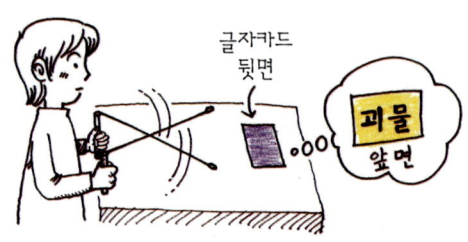

상징적 기호와 형상 에너지 그림에서
엘로드 반응을 보았고
(히란야를 빨간색으로 그린 뒤 기를 넣어주고는
엘로드로 측정했는데 펼침 반응에 조카가 놀람.)

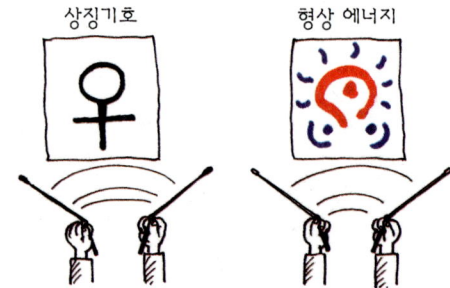

음식에서 나타나는 엘로드의 반응을 보았다.

또한 생각에서 나타나는
엘로드의 반응도 보게 되었는데…

이러한 실험으로 엘로드는 수맥파를 감지하는 도구일 뿐만 아니라,
일상생활에서도 유용히 사용할 수 있는 기 도구라는 데에 공감하게 되었다.

기(氣)란 우주 삼라만상을 생성 · 유지 · 변화시키는 근원적 에너지라 하며
이 세상의 모든 공간은 기 에너지의 바다로 이루어져 있다고 해도 과언이 아니라 들었다.
특히 기와 같은 맥락인 섬광 에너지 오라(aura)에 대해 흥미를 가진 지 얼마 안 되어
조용한 시간에 정신 집중 했을 때, 불명확하지만 나는 내 오라체(에너지체)를 느낄 수 있었고
그 크기를 가늠하고 조금 확장해보기도 했었다.
(이 일은 굉장히 섬세한 감각이 요구되기 때문에 고도의 집중이 필요했다.)

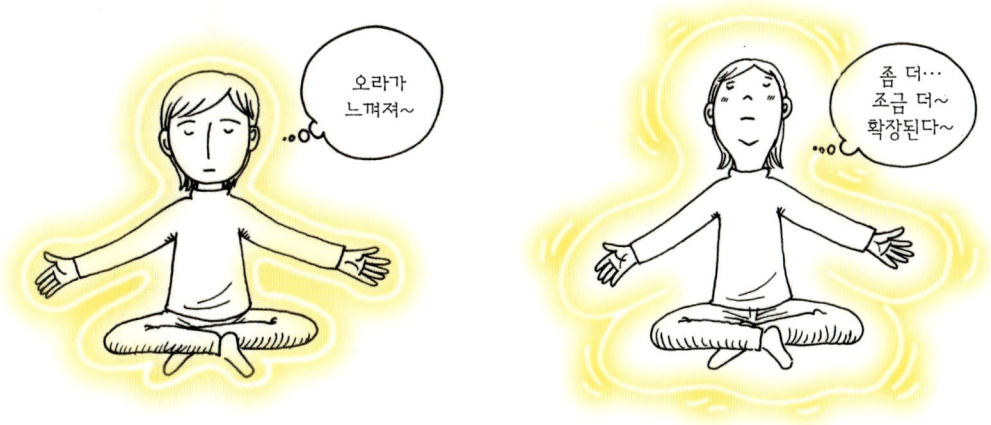

인간의 비물질 부분인 오라체는 일곱 가지 에너지층으로 이루어져 있고,
우주의 모든 기록을 담고 있는 우주 도서관인 아카식 레코드와
연결되어 있기 때문에,

오라는 아카식 레코드와
연결되어 있다.

사람과 사람이 만났을 때, 처음 보는 사람인데도
상대에 따라 불쾌감과 적대감, 혹은 친근감을 느끼게 되는 것은
개개인의 오라 접촉에서 일어나는
전생의 카르마적 정보교환으로
일어나는 감각이라고도 들었다.

나는 뇌 호흡 수련을 하고 있는 어린 조카와 서로의 기를 만져본 적이 있다.
기는 미세하게 따스한 감을 느끼게 해준다.
특히 손바닥의 노궁혈이 활성화될수록 손의 기감은 더욱 예민해지므로
기를 더 많이 느낄 수 있게 된다고 한다.

조카야.
너의 오라가 여기
부터 만져져.

아~

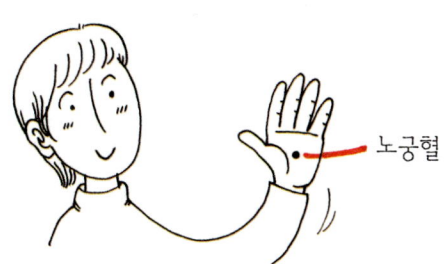

노궁혈

명···
상···

와!

조카는 눈을 가리고
매직으로 크게 쓴 글자의 기를
손으로 느껴서 글자를 맞추기도 한다.

에너지 볼
완성~!

부럽구나.
이 고모는~
한참 지나야
되던데…

조카는 에너지 볼을 만드는 일도
굉장히 수월하게 한다. (지감 훈련이라고도 함)
나는 정신 집중을 많이 해야만
신축성이 강한 에너지 볼이 만들어지는데 말이다.

지감 훈련 후엔
손가락 차크라
활성화

이렇게 에너지 볼을 만드는 과정을
오 분 정도만 해도 손과
손가락 차크라가 활성화되어
손이 기에 민감해질 수 있다고 하는데…

2007년 8월 초에 나는 엘로드로 트레이닝을 조금 해본 뒤,
엘로드를 이용해 세 개의 종이컵 속에서
천 원짜리 지폐를 발견하는 과제를 몇 번이나 정확히 맞춘 적이 있었다.
그 장면을 본 큰오빠와 조카는 엘로드를
매우 신기해했으며 조카는 그때부터 펜듈럼과 엘로드를
따로 구입해서 가지고 놀게 되었다.

그런데 이 도구들은 전문가들이 사용하는
수맥파의 발견보다는
정신 집중에 좋은 효과를 발휘했으며,
차크라 수련을 병행하면서 조카의 기감은
매우 빨리 발전할 수 있게 되었다.

정신집중

따로 구입한
조카의 엘로드

나는 그러한 조카의 발전에 흥미를 느끼면서,
나 자신에 대한 트레이닝은 접어두고
내가 고안한 프로그램을 통해서 조카를
집중 트레이닝시켰는데.

조카야! 오늘부터는
차크라 수련을 시작하자.

좋아요!

매일 매일 트레이닝을 한 지 약 십오 일이 지난 후…

어느 날…

차크라
기본을
아는
11살 조카
↓

자… 정신 집중!
눈 감고 1번 차크라
돌리고

네 개의
꽃잎이 돌아
간다고 상상…

2번 차크라
돌리고…

3번 차크라
돌리고…

4번 차크라
돌리고…

5번…   6번…   7번…

이때, 조카의 차크라가 개혈이 된 게 아닌가 하는
생각이 들었다.

그런데…
차크라 훈련 중

와하하하
깔~깔~
몸이 마구 가려워
죽겠어요.
아고 ~ 근지러~
깔깔깔~
하하하~

박, 박…

그리고… 인당혈에 심혈을 기울이며 차크라 수련을 하던 어느 날…

자… 6번 차크라
돌리는 상상~

조카 미간에
기를 넣어주는 시늉

앗! 눈 따거~!
눈이 따끔
거려요~
어휴…

부비
부비~

아즈나 차크라가
돌고 있다… 돌고 있다…

아~ 아…
빛이 번쩍번쩍
보이고,
눈이 이상해.

어느 날부터
조카의 인당혈이 열린 것인지 정확히 알 수는
없지만, 요정들을 접한다고 하며
그 요정들을 그림으로 표현하고
허공에서 누군가와 대화하는 조카를 보며
나는 상당한 경이감을 느낄 수밖에 없었다.
하지만 다른 차원의 마법사와
순간 교체를 했다면서
조카의 눈빛이 변하는 모습을 보았을 때는,
그 위험성에 대한 두려움으로 인해
아직은 어리기만 한
조카의 트레이닝을 그만두게 되었다.

차크라 수련하면서
고모가 말해준 꽃밭의 꽃들과 주파수를 매일
맞추었는데요. 어느 날 꽃속에서 살던 요정들이
나를 뒤에서 툭 치면서 말을 걸더라구요.
그때부터 11명의 요정들과 같이 지내고 있어요.
고모가 안 믿을 것 같아서 망설이다가 이제 말하게 됐네요.

고모! 사실은…
얼마 전부터 요정들을 보게 됐어요.
이 그림은 요정들을 보고
그린 거예요.

뭐?
요정을?

정말???
난 요정을 보지도
못하는데. 이런 일이~

하지만…
사실일까?

믿기
힘들어…
그렇지만…

그때의 장면을 회상한다면, 조카는 타로 카드를 두세 번밖에 만진 적이 없고
급초보자인 내가 가르쳐준 게 거의 없음에도 불구하고,

기 수련하던 어느 날, 이 층에 올라온 조카가 갑자기…

갑자기 눈빛이 바뀌면서 너무나 능수능란하게 홀로 타로를 배열하고 점을 쳤기 때문에,
나는 영혼 순간 교체를 그 당시 믿을 수밖에 없었고 그러한 발전이
내가 조카를 트레이닝시켰던 기 수련 기법으로 인한 것이었기에 부럽기도 하고 두렵기도 했다.

그 외에도 조카에겐
신기한 일들이 더 있다.
(삽화에서 보여지는 것처럼…)

조카가
엘로드를 잡고 있으면 마치
살아 있는 것처럼 따로
따로 생기있게 움직여…

처음엔 하나두 못하더니…
이젠 펜듈럼이 마법처럼 카드를
알아맞추고 좌우로 반응하네.

와~ 펜듈럼도
요술 같애…

그건요.
엘로드 끝에 요정들이
붙잡고 움직여서 그래요.
왼쪽은 이즈카,
오른쪽은 쿠아요정이에요.
헤헤헤…

그 당시에는 조카가 요정들과 대화하며 살았다. 그러나 그들이 조카에게 전하는 메시지는
그렇게 신뢰감이 생기질 않았다. 왜냐하면 조카가 묘사하는 그들은, 어린 요정들 같아서 메시지가
장난이나 수다같이만 느껴져 조카가 전하는 그들의 말을 그저 웃으면서 들어주기만 할 뿐이었다.
그러나 신비한 이야기들도 많아서 조카의 채널링을 듣다보면 동화의 세계에 와있는 것처럼 즐겁고
재미있다. (조카가 하는 말을 어디까지 믿어야 할지 모르지만)
어리고 감각이 예민한 어린이들의 영혼은 맑고 깨끗하기에 기감 훈련을 해도 빠른 발전이 있는 것일까?

아…
하베~! 저기 보이는
까만 애 누구야? 아~
그래? 그럼 네가
천국으로 보내줘!

혼잣말
처럼

조카가 연극하는 것
같기도 하고…
아닌 것 같기도 하고…

믿어야
할지…
말아야
할지…

고모~ 저번에요.
길에 가는데 어떤 아저씨가 서있길래
뭐 좀 물어보려고 아저씨~하고 불렀는데, 뒤돌아 저를
쳐다보더니 휙~ 날라가는 거예요. 어찌나 놀랬던지…
…그리고 뽀미는요, 요정들이 말해주는데 요즘 자기집에서
앞치마 입고 요리 연습하고 있대요. 후후.
참, 우리 동네에 신성나무가 저에게 말을 걸었어요.

종알
종알
…

흠…
마치 동화
같기두
하고…

정말인것
같기도
하고…

거짓말
같기도
하고…

상상력이
풍부한 것
같기도
하고…

부럽기도
하고…

얼마 전 나는 모니터 화면에 붉은색 우주를 배경으로 깔은 적이 있었는데
화면의 우주 그림에서 기감이 느껴졌기에 조카보고도 해보라 했다.
조카는 내가 느낀 위치에서 똑같이 파장을 미세하게 느끼고 놀라는 눈치였다.
우주 배경은 붉은색이었는데 그림 한가운데 있는 하얗게 빛나던 색깔 부분에서
열이 가장 많이 발생했으니 기 영향력은 모니터라 해서 예외가 되지 않는가보다.

그런데 색깔은 진동 수로 이루어졌다고 한다.

우리 몸의 세포는 분자로 이루어졌고 분자는 원자로,
원자는 전자로, 전자는 중성자와 양성자로,
그리고 마지막엔 진동이 남는다고 한다.
색깔뿐 아니라 세상의 모든 것은 궁극적으로는
진동체이며 삼라만상은 진동하는 기로 가득 차 있고,
기의 진동 수에 따라 차원의 레벨이 정해진다고 하니
나는 실로 놀랍기만 했다.

이러한 기 에너지는 시시각각 우리 곁에서
그 에너지 파장을 무한대로 퍼뜨리고 있다.
지금 내가 내는 소리에서
진동과 파장의 에너지가 나온다.
내가 듣는 음악과 소리들, 글자에서도
진동과 파장의 영향력을 느낀다.
나의 생각이나 의식, 방에 걸어두는
그림이나 사진에서
나의 삶에 영향을 미칠 수 있는
기의 진동과 파장이 나온다는 사실을
모두 알게 된다면
우리는 우리가 하는 모든 행동이
우주에 기록되고
영향을 주게 된다는 놀라운 사실을
깨닫고 각성하게 된다고 한다.

나에겐 초등 사오 학년 때,
기운과 관련된 기묘한 일이 있었다.
운동이란 운자도 모를 만큼 운동감각이 전혀 없는 나에게
어느 날 이상한 기운이 다가왔고,
그와 동시에 그 어느 거리에서든 골대에 공을
손쉽게 넣을 수 있는 마법적 감각이 들어와,
얼떨결에 대회의 선수로 뽑힌 적이 있었다.
그러나 막상 반 대항 농구대회를 하던 날에는
그 감각이 순간에 없어져버려
반 아이들이 내게 실망했던 기억이 있다.
도대체 일시적으로 내게 접촉해왔던
그 감각은 무엇이었을까.
우주의 또 다른 에너지였을까?

〈사이킥 셀프 디펜스〉(마스터 조곡쉬, 물병자리, 2005)에서는
이 세상이 상념체와 감정 에너지에 무한정 둘러싸여 있으며 끊임없이 부정적이고
해로운 에너지로부터 영향을 받고 있기 때문에,이러한 부정적인 에너지로부터
보호할 수 있는 사이킥(psychic) 자가방어 테크닉에 대한 여러 방법을 소개하고 있다.
기감이 예민하고 심신이 약한 사람들은 이 책에서 설명하는
오라 방호막과 에테릭 장갑, 정화의 테크닉, 매직서클 등에 관심을 기울일 필요가 있다.

나는 오래도록 사이킥 오염과 부정적인 에너지가 만연한
세상 속에서 힘겹게 지내왔다. 나에겐 부정적 기운들을 막을 수 있는
정보가 전혀 없어서 그 폐해 속에 살아왔고 그것이 내 삶의 주류를 이루었던 것 같다.

이제 나는 좋은 책들을 통해서 심신을 고양 중에 있다.
나는 그간 나의 마음을 이끌었던
슬픈 음악에서 밝은 음악으로 전환 중에 있으며,

되도록 좋은 기를 발산하는 우주 사진과
풍경 사진을 주로 보려 하고,
바람이 출입하는 창가와 베란다에는
내 삶에 처음으로 직접 기르는
식물아이 '하늘이' 를 통해 식물의 좋은 파장을 느끼고
집안으로 들어오는 기를 원활하게
바꾸는 데 노력하게 되었다.

또한 내 초조한 마음도 느긋하게 바꾸려 하고,
내 생각과 의식도 되도록 고요하게 만들려고 한다.
나는 진정으로 그간의
부정적인 삶에서 벗어나
그 모든 것에서 우주를 느끼며…
그 영향의 좋은 파장 속에서 많은 것을
깨닫기 위해 노력하고 싶다…

밝은 음악~

아… 멋진 우주

아름다운
풍경 사진

맑은 바람~
내가 처음
기르는 하늘이…

내가 가본
아스트랄계의
풍경

episode
50

나는 나의 물리적인 신체가
밤이 되어 이완되었을 때,
대체적으로 정신이 잠들어버리기도 하지만
종종 의식이 생생히 깨어
아스트랄 여행을 할 때가 많았다.

그럴 때면 무정형의 차원으로 넘어가
황홀한 체험을 하게 되는데…

거대한 이국의 도시들이 밀집한
가파른 언덕에서의 체험은
마치 슈퍼맨 같은 속도감으로
신나고 행복하게 날아다니던 여행이었다.

또 어느 땐
빌딩과 빌딩 사이를
갈매기 조나단처럼 비행할 때도 있었다.
그 장소가 아스트랄계의 한 차원인 것인지,
혹은 내 유체가 물질계의 빌딩에서
놀았던 것이 아닌지
혼동이 될 때도 있으나,

이국의 도시들이 밀집한 엄청나게 가파른 언덕은 분명 그 느낌이 달랐다.
가파른 언덕에 밀집해 있는 지구상의 도시는 분명 존재하지도 않을 테고
현실적으로 불가능하기에 더욱 그러했다.

이렇게 긴가민가하며 희미한 영상을 붙잡고
기억의 필름을 풀샷으로
클로즈업 해도 분명한 답은
나오기 힘들지만…

언젠가 딱 한 번 정말로 이 세상이 아닌 것 같은
아주 아름다운 지역을 가본 적이 있었다.
그날 나의 영체는 아주 가볍고 상쾌한 컨디션을 유지했던 것 같다.
어떻게 도착했는지는 모르지만
나는 광대하고 드넓으며
아주 높은 언덕에 서있었다.

하늘은 눈이 시리도록 푸르렀으며 오색의 구름들이 뭉게뭉게 떠오르던 창공과
들판에서 뿜어대는 아름다운 색의 환희는
이 세상에서 표현하기 너무도
어려울 정도로 그림같이 빛나고 있었다.

나는 감동과 환희에 차있었으며
높고 아름다운 들판에 서서 아래쪽으로 보이는
도시를 내려다보고 있었는데

그 도시는 굉장히 거대하고 이국적이었으며
고풍스럽고 고전적인 건물들이 밀집돼 있는데다
상당히 평화로운 분위기였다.

높은 들판과 오색의 하늘과
이색적인 도시는 하나가 되어
황홀한 진동으로 울리고 있었다.
나는 이 드넓고 진귀한 풍경에 압도되어
가슴 벅찬 행복감과 만족감으로
충만한 느낌 외에는
아무 생각도 나지 않았으며
그 아름답게 빛나는 영상들을
나는 내 뇌리에 각인시키면서
무한한 시간 속에 빠져들고 있었다.

나는 과연 그 환상적인 지천에서 언제 깨어난 것일까…
나의 뇌리에는 마치 어딘가를 여행했을 때 가장 인상적인 풍경을 촬영한 것처럼
그 광대한 언덕이 선명하게 기억이 난다.

꿈속 풍경이 마치
사진 찍은 것처럼…

혹자는, '당신은 그저 꿈을 꾼 것이오' 라고 말할 수도 있을 것이다.
눈에 보이지 않는 현상들을 믿지 않는 사람들과 '꿈은 꿈일 뿐이다' 라고
단정하는 사람들의 논리는 당연히 아스트랄계를 믿지 못할 것이다.
그러나 신지학을 포함한 오컬트 학에서는 꿈을 통한 아스트랄계를 여행하는 방법을
'아스트랄 프로젝션' 이라는 명명 하에 공식적으로 인정하고 있다.

그리고 혼의 집합장소인 영계를 나타내기도 하는
아스트랄계에 대해서 실제로 많은 책들에서는,
아스트랄계의 풍경을 우리가 사는 물질계처럼
숲과 산, 아름다운 호수, 유쾌한 정원들과 아름다운 집,
풀과 냇가, 꽃과 동물들이 살고 있으며
그것들은 물질세계에 있는 그 어떤 것보다도
월등히 뛰어난 것이라고 묘사하고 있다.

특히 실비아 브라운(Sylvia Browne)은
영계를 이렇게 표현했다.

"… 영원한 안식처는 몽실몽실 피어나는 하얀 구름의 바다와
파란 하늘보다 훨씬 더 웅장한 모습을 띠고 있다.
이승과 비슷한 모습이지만 산과 대양, 정원, 푸른 숲,
근사한 건물들뿐만 아니라 지구에 사는 동물이란 동물은 다 있다.
신의 가장 완벽한 창조물들 사이에서 조금의 두려움이나 공격성도 없이
순수하고 천진난만한 본래의 모습대로
충분한 존중과 보살핌을 받으며 신나게 뛰어놀고 있다.…"

이러한 실제적 표현은 다른 임사 체험자들의 고백에서도 종종 볼 수 있다고 한다.
그런데 아스트랄계가 영계임에도 꿈을 통한 여행이 어째서 가능한 것일까?

사람의 물질체로는 대체로 아스트랄체의 감각을 사용하지 못하기 때문에,
으레 사람들은 아스트랄 의식인 꿈의 통로를 부질없는 환상으로 여기고 있다.
특히 아스트랄 체험이 대체로 죽음 후에나 가능하기 때문에 많은
사람들은 그 세계를 불가능하게 생각하지만, 에테르체가 프라나가 남을 정도로
강력해지면 육체를 지닌 상태에서도 아스트랄계를 체험할 수 있다고 한다.

이렇게 해서 아스트랄계에
도착하게 되면 물질세계에서
나타나는 모든 존재들과
상상 속의 존재들이 살고 있는
마법 같은 매혹적인 세상을
만날 수 있다.

아마도 내가 본 아스트랄계 체험은,
나의 에테르체가 프라나로 충만되어 있었던 상태였기 때문에
그 여행이 가능했었을 것이다. 왜냐하면
육체가 쇠잔하고 기력이 없을 때 나타나던 유체이탈은,
마치 기운이 하나 없는 육체와 같아
걸어다니기도 힘겨웠던 기억이 있기 때문이다.
그때는 날아다닐 생각은 엄두도 내지 못했다.
실제로 내 유체가 너무도 무겁고 병약했기 때문이었다.

사람은 누구나 잠을 통해 심신의 피로를 풀고 하루 종일 가동했던 몸을 쉬려고 한다.
그렇게 육체가 잠이 들면서 물질계와는 다른 세상의 문이 열리게 된다.
상상하는 모든 것이 가능하고 무엇이든 자유롭게 할 수 있는
무한대의 세상에서 우리는 새롭게 눈을 뜰 수 있다.
그러나 이 마법 같은 세상은 언제나 누구에게나 열리지는 않을 것이다.
왜냐하면 물질세상의 논리와 합리주의, 낮은 진동수의 물질에 단련이 돼있으므로
우리 삶의 반 이상을 차지하는 또 다른 세계에 대해
애써 부정하기만 하고 있기 때문이다.

〈내 영혼의 빛〉(예후다 베르그, 나무와숲,
2003)에서는 우리가 살고 있는 물질계를
1퍼센트의 세계라고 설명했고,
오감의 범위를 넘어서며
장막 반대편에 놓여 있는 영적인 세상을
99퍼센트의 세계라고 말하고 있다.
암흑의 1퍼센트 세계와
빛의 99퍼센트 세계…

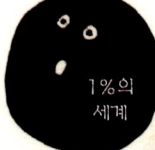

99%의 세계

1%의
세계

이 세상은
과연…
실재하는 세상인가…

나는 때때로 생각에 잠긴다.
눈을 뜨고 일어나서 접하게 되는
거친 물질계의 세상과
눈을 감으면 나타나는 자유롭고 이상한 세상.
이렇게 두 실재의 삶은
늘 우리들의 시간 속에
모래시계처럼 공존하고 있다.

나는 나비가 된 장자였을까.
장자가 된 나비였을까.

나는 바람과 물이 되어 떠돌던 꿈을
꾼 적이 있었다.
그 피부적인 느낌은 실로 생생했는데

혹시 나는 물이 아닐까…
혹시 나는 바람이 아닐까…
이 세계는 바람인 내가 꾸고 있는 꿈은 아닐까…

나는 오늘도 두 세계를 드나들며
어느 것이 진정 환영의 세계인지
혼돈의 미스터리에서 방황하고 있는
보헤미안이 되어,
오랜 영겁의 이술상계에서
하늘의 묵시를 기다리고 오뇌하는
우주적 만다라의
처연한 메아리를
듣고 있는 것만 같다…

나는 진실을 알기 위해
표류했으며
또 표류한다

"제발 평범한 일에도 흥미를 가져 봐요." 하던 지인의 목소리가 귓가에 맴돈다. 하지만 나는 '이 세상은 잠시 머무르는 곳'이라 생각했기 때문에 사람들이 모두 박수 치며 한마음 되어갈 때 스스로 홀로 지내며 언제나 세상사를 지루해했다. 그래서였을까? 신은 나에게 기면증을 하사하시어 평생의 반을 현실도 아니고 저승도 아닌 '중간계' 같은 꿈속에서 헤매도록 만드셨다.

❝모든 게 꿈이 아닐까…
  여기는 어느 곳인가?
  하늘을 나는 물고기가
  내게 와서 귀에 속삭인다.
  모든 건 너의 상상일 뿐이라며
  너는 지금 꿈속에 있다고… ❞

■ ■ 내가 컴퓨터와 만난 건 1999년이었을 것이다. 그 당시는 처음으로 홈페이지를 만들어 운영하면서 인터넷 서핑을 시작했고, 많은 사이트들을 방문하면서 온라인 세상에 새롭게 눈을 뜨는 중이었다. 카툰에 관심이 많았던 나는 다양한 웹툰들을 접하면서 신선한 충격을 받았으며 어느새 다른 웹툰 작가들처럼 연재하고픈 욕심에 포토샵을 겨우겨우 독학하면서 서툴게 카툰을 시작하게 되었다. 초창기 〈심령 카툰〉에선 내 심령 체험들을 홈 방문자들에게 보여주고 싶은 마음에 그저 시간 나는 대로 가볍게 그림을 그렸고 옛 기억을 더듬어가며 최대한 정직하게 보여주려고 애를 썼다. 그러나 이번 후기를 적으며 지난 카툰을 되돌아보니, 기억이란 마치 환영의 구름처럼 확실하지 않은 데가 있음을 다시 한 번 느끼게 되었다. 하긴 며칠 전 일상사조차 현미경처럼 선명하지 않으니 망각의 님프는 늘 우리 곁에서 모사를 즐기고 있는지도 모른다.

■ ■ 후기를 쓰기 위해 연재했던 카툰을 검토하다보니 많은 부분을 수정하거나 양해의 글을 올려야 할 대목들이 있었는데, 그 중 몇 가지만이라도 여기에서 언급하고 싶다. 에피소드 4화의 연재 당시에는 12층인 것 같아 '12층 창밖에서' 라는 제목으로 연재를 했으나 나중에 긴가민가하는 마음이 들어 주민등록초본을 떼서 확인해보니 내가 살던 곳이 6층이라서 정말로 놀랐다. 아마도 몇 층에서 살았는지 확실한 기억은 못 하면서 높은 곳이었다는 인상이 강렬했던 것 같다. 내겐 6층이 정말 높은 곳이었다. 그리고 에피소드 7화('다세대 주택의 투명한 단발머리 여자 유령')에서도 내 눈동자가 정말 움직였을까 하는 의문이 들고 그 유령이 정말로 오 분만에 사라졌는지 의심스러웠다. 혹시 눈 감은 상태에서 영안은 아니었는지……. 카툰에서는 유령이 사라지는 시간이 오 분이라 했지만 혹시 일 분은 아니었는지 책을 내면서 괜히 염려스러워졌다. 8화('매우 위험했던 그날의 악몽')에서 식용수 통 자르는 장면도 순서가 뒤바뀌게 그린 것을 나중에 알고 양해의 글을 덧붙였으며, 17화('수귀의 유혹') '수귀' 의 체험에서는 물이 나를 어떻게 불렀는지 지금은 뚜렷하게 기억이 안 날 정도이다. 그런데 카툰을 연재할 당시엔 그 기억이 있었던 건지 아님 추정한 건지 잘 모르겠다.

애매한 점은 바로 기억의 타임에도 있기 때문인데, 카툰 그릴 당시의 기억들이 점차 희미해져가고 있기 때문에 내 뇌 시스템에 문제가 있는 건지 자연스러운 현상인 건지 정말 모르는 일이지만, 시간이 갈수록 많은 추억들을 잊어버리게 됨은 사실이었다. 웹툰 당시에도 자꾸 잊혀져가는 신비한 체험들을 오래도록 간직하고 싶어서 기억을 되살려가며 투쟁하듯이 그렸던 생각이 난다. 게다가 후기를 쓰기 위해 며칠간 읽은 〈심령 카툰〉 원고는, 내가 작업했음에도 불구하고 지금은 잊어버린 기억까지 포함되어 있기 때문에, 마치 처음 읽는 독자처럼 얼마나 새로운지 모르겠다.

특히 직접적으로 잊혀져가는 기억은 대체로 숫자이거나(연도, 시간, 순서, 층수 등) 색상들이다.

그래서 이번에 수정한 부분들이 주로 연도나 순서, 층수 등이었고, 48화('쌍둥이별의 운명')에서 언급한 쌍둥이별의 색깔인 보랏빛에서도 갈등이 생겼었다. 정말 보랏빛이었는지 이젠 도무지 기억이 나질 않아서이다. 이럴 줄 알았으면 기록을 했어야 했는데 하는 아쉬움이 뇌리를 스친다. 49화('경이로운 기 체험')에서도 내 조카의 신비 체험에는 문제가 있었다. 카툰을 그릴 당시에는 내가 직접 보았던 조카의 행동들이 나를 너무도 경이롭게 해서 많은 걸 믿어버렸는데 어느새 조카는 자신의 체험을 마치 동화 속 세상처럼 표현하기 시작해 나를 의아스럽게 만들었기 때문이다. 조카가 보여준 몇 가지 행동과 일련의 말의 미스터리는 어디까지가 진실이었을까, 어린이들의 말을 모두 믿을 수 있는 걸까 하는 나의 의문 때문에 며칠간 고민하게 되었지만 지금의 심정으로선 베일에 싸인 어린 조카의 체험을 독자들의 판단에 맡기고 싶다.

■■ 나는 지난 십여 년간 신비 그림들을 즐겨 그려왔다. 많은 사람들이 나의 신비 그림에서 으스스함을 느꼈다고 고백했는데 나는 개의치 않았다. 사실 내 신비 그림에서 나는 공포를 거의 표현하지 않고 판타지를 강조했기 때문에 그들의 의견을 수용할 수 없었기 때문이다. 그러나 나의 신비 그림에는 문제가 있었던 것 같다. 내 잠재의식 속에는 순탄치 않은 과거의 삶과 자주 아픈 몸의 증세가 겹쳐 우울하고 어둡고 염세적인 사고가 가득 차 있었는데, 이게 은연중에 그림에 표현되어 판타지를 그리지만 그림에서 풍기는 이미지를 음습하게 했는지 모른다. 〈심령 카툰〉을 작업하면서 참으로 엄청 많은 귀신들과 악령들을 그려야 했는데 내게는 정말 고통스런 작업이었다. 왜냐하면 그간의 삶 동안 많은 공포와 마주하면서 두려움에 살아서 마냥 익숙해진 상태가 아니라, 영화 '식스 센스(The Sixth Sense)'의 처음 자살 환자처럼 유령과 어둠이 무서워 도피하고 싶을 정도였기 때문이다. 공포는 진정 익숙해지지 않는다.

■■ 〈심령 카툰〉을 작업하며 나는 결심했었다. 이 카툰을 모두 마치고 나면 나는 그간의 공포에서 해방되고 말 거라고. 그리고 미약하지만 정말 그리 되고 있다. 〈심령 카툰〉을 마치고 나서는 그간 나를 괴롭혀왔던 어둠의 그늘과 공포에서 점진적으로 벗어나 요즘은 밤이 무섭지가 않아졌다. 아니 어쩌면 내 귀여운 반려동물들 덕택인지도 모른다. 아무튼 나는 공포를 강하게 거부하고 있

고 그저 따뜻한 판타지만이 내 주변을 맴돌게 하는 중이다. 나는 앞으로 더는 무서운 그림을 그리지 않을 것이며 어두운 분위기의 이미지도 그리고 싶지 않다. 나는 그저 밝은 곳을 향해 나아갈 것이다.

■ ■ 이 책은 그저 흥미를 자극하는 무서운 심령 체험 카툰으로만 엮은 것은 아니다. 비록 공포 그림들이 많이 들어간 으스스한 책이지만 특별한 초능력자나 신비가들이 아닌 '나 같은 일반인'들이 겪고 있는 부지불식간의 영 체험 고통을 알려주고 어째서 영 공격들을 당하며 살아야 되는지 많은 자료들을 통해 분석하고 극복할 수 있는 여러 방법들을 보여주려 애썼다. 세상에는 심령 현상에 몰래 괴로워하며 지내는 사람들이 생각보다 많다고 한다. 해서 신비학과 오컬트, 신지학과 뉴에이지 등의 도서들을 통해 이러한 심령 현상을 심층적으로 설명하고 더불어 불가시의 세상과 현상들을 자료들을 통해 부분적으로 반영하려 노력했다.

■ ■ 누군가 내게 물었다. 영원히 살고 싶지 않냐고…… 과학은 아마도 멀지 않은 미래에 생명을 연장하고 인간을 불사신으로 만들지도 모른다며. 그렇게 질문한 이웃은 아마도 영원한 삶에 대한 희망을 가진 것도 같다. 하지만 늘 죽음의 세계에 대한 미지의 호기심으로 가득한 내게는 육신에 한한 영원한 삶에 대한 소망이 없다. 내 육체는 언제고 죽을 것이고 나의 사랑하는 존재들도 나보다 먼저 가거나 늦게 갈 것이다. 나는 그들을 만나고 싶고 저편의 세계를 체험하고 싶으며 윤회와 환생도 하고 싶다. 이렇듯 나는 늘 미지의 세계를 동경했다. 어릴 적 자주 가던 그 하늘 절벽을 다시 그리워하는 것도 본질적으론 이데아의 세계인 본향을 추구했던 것이 아니었을까? 그 꿈속엔 나의 우주가 있었다. 그곳엔 현실에서 찾지 못하는 몽환적인 세계가 있어 나를 두렵게도 했지만, 척박하고 건조한 이 세상의 실체보다 훨씬 더 내 마음을 매료시켰을 것이다. 재미없던 학교생활, 틀에 박힌 현실 세계는 어린 내게 꿈의 세상만을 동경하게 하였고, 마법 같은 판타지 세계만이 내게 진정 조용한 탈출구였던 것이다.

❝ 나는 진실을 알기 위해
표류했으며 또 표류한다.
동상이몽…
우리는 그렇게 각각의 꿈을 꾸며 처연히 방랑했지만
내가 가고 싶은 그곳.
마음이 가벼워 진실이 보이는 그곳.
그곳은
오늘도 여전히 아름답겠지.
영혼으로 다시 회귀하는 불생불멸의 빛 세상…
그 모태로 나는 돌아가리라.❞

■ ■ 지금 나는 열려 있는 문 외부의 하얀 구름 쪽 저 멀리 그저 깔려 있는 약간 어두운 그늘과 내리치는 냉한 바람에 왠지 이중적 구조로 엮어진 모순투성이의 세상을 덤덤히 바라본다. 언제나 내면 의식의 초월을 희망하면서도 세상 욕심 다 쫓고 있는 나 자신을 한심히 여긴다. 어느 따뜻한 이웃의 진심 어린 충고가 나직이 들려온다. '쥐고 있는 손을 펴고 나 자신을 비워야 합니다. 그래야 내 영혼이 자유로워집니다…'
다시 이 시간… 한심스레 나 자신을 쳐다본다.
쥐고 있는 손… 펼 수 있을까?
언 젠 가…

2010년 7월
오차원

● ● 〈심령 카툰〉이 책으로 나오게끔 연락주시고 수고해주신 펜타그램 출판사의 박종일 대표님과 추천사를 써주신 서승택 교수님, 어설픈 카툰을 책으로 만드느라 애써주신 맑은기획 박세나 실장님의 노고에 진심으로 깊은 감사를 드립니다.